유럽민족 분쟁의 진원지

발칸유럽 민족 문제의 이해

민족 기원과 민족주의

김 철 민

한국외국어대학교 출판부

▶ 18세기 말 민족주의 사상에 따라, 오스트리아 지배 하에서도 슬로베니아어로 된 최초 신문 발간과 일리리아주의 이상 실현을 위한 다양한 노력들을 통해 슬로베니아 민족 정체성을 고취시키고자 했던 발렌틴 보드니크.

▶ 19세기 슬로베니아의 대표적인 낭만주의 시인이자, 슬로베니아어의 표준어를 개발한 프란체 프레쉐렌. 그의 시 '즈드라블리짜(Zdravlica, 축배)'는 현재 슬로베니아 국가로 쓰이고 있음.

▶ 크로아티아 중세 왕국을 세운 최초의 왕, 토미슬라브. 그의 문장은 오늘날 크로아티아 국기의 기본 틀이 되어있음.

▶ 19세기 크로아티아의 독립과 민족주의 의식을 자각시킨 옐라취치 동상이 자리한 자그레브 구시가지의 옐라취치 광장

▶ 13세기에 로마네스크 양식으로 지어지고, 14세기 고딕 양식으로 재건축된 성 마르코 성당은 외세 침략 때마다 크로아티아 민족정신의 상징물로써 여겨져 왔음. 모자이크 처리된 지붕의 한쪽 면은 자그레브 성을, 다른 한쪽 면은 오늘날 크로아티아 영토의 근간인 크로아티아, 슬라보니아, 달마티아 지역을 상징하고 있음.

▶ 11세기 후반, 중세 크로아티아의 최대 전성기를 구가하였던 뻬타르 크레시미르 4세 (쉬베니크에 소재)

▶ 오늘날 세계적 관광지이자 아드리아해의 진주로 불리는 크로아티아의 두브로브니크와 아드리아해 인근 지역은 중개 무역을 통해 부를 축적해 가면서 중세 라구사 공국으로 명성을 떨치었음.

▶ 자그레브 고성 입구의 마리아상 앞에서 기도하는 크로아티아인. 크로아티아는 발칸유럽에서 가장 강력한 가톨릭 국가임.

▶ 동유럽과 발칸 유럽 지역에 문자와 종교를 전파시켜 준 콘스탄틴 치릴과 메토디예 형제의 이콘

▶ 로마 교회(가톨릭)과 콘스탄티노플 교회(정교) 세력권의 접합 점에 자리한 보스니아에서 자생한 보스니아 교회는 주변 국가들로부터 이단교인 보고밀교로 취급되었다. 사진은 보스니아 보고밀교도들의 것으로 추정되는 무덤.

▶ 세르비아 독립 정교회를 수립한 성 사바(스테판 라스트코)와 그의 아버지이자 세르비아 중세 왕국의 문을 연 성 시메온(스테판 네마니야)의 프레스코 벽화(세르비아 밀레쉐보 정교 사원에 소재)

▶ 1914년 보스니아의 세르비아계 청년인 가브릴로 쁘린찌쁘가 보스니아 독립과 세르비아로의 편입을 외치며 오스트리아 페르디난드 황태자 부처를 암살함에 따라, 제1차 세계대전이 발발하게 된 사라예보의 라틴교.

▶ 보스니아는 이슬람, 가톨릭, 정교가 서로 혼재된 종교와 문화의 대표적 모자이크 지역임. 보스니아 사라예보의 구시가지 안에 함께 자리한 과거 이슬람 지배 지역과 오스트리아 지배 지역의 대비된 건축 양식 모습

▶ 보스니아 내전 당시(1993년) 파괴되었다가, 2004년 UNESCO에 의해 재건된 모스타르 다리의 야경 사진.

▶ 14세기 오스만 터키 군과 세르비아를 중심으로 한 기독교 연합군간의 코소보 전투 장면. 이 전투에서 연합군이 패함에 따라 발칸반도는 오스만 터키의 영향력 하로 넘어가게 되었고, 이후 이 지역에 이슬람교가 전파되게 됨.

▶ 정교 묘지(세르비아 노비사드 인근), 가톨릭 묘지(크로아티아 자그레브의 미르고이 공동묘지) 그리고 이슬람 묘지(보스니아 사라예보 동계올림픽 스타디움을 개조한 공동묘지). 발칸유럽이 왜 종교와 문화의 모자이크 지역인지를 보여주는 상징이라 할 수 있음.

▶ 세르비아주의의 영토적 기원과 이념적 토대가 되는 세르비아 중세 왕국의 두샨 황제 즉위식

▶ 크로아티아어와 세르비아어의 아버지로 추앙받고 있는 류데비트 가이와 부크 카라쥐치. 남슬라브족 통합 운동인 유고슬라비아주의에 따른 두 언어의 화합과 이들의 노력에 의해 세르보-크로아티아어(혹은 크로아트-세르비아어)가 탄생하게 되었음.

머리말

20세기 이후로 유럽 내에서 발생한 주요 민족 분쟁은 주로 발칸유럽 내 여러 국가들에서 촉발되었으며, 이에 따라 발칸유럽은 통상 '유럽 내 민족분쟁의 진원지'란 별칭을 얻게 되었다. 그 별칭에 맞게, 20세기 발칸유럽은 세기 초에도 그러했듯 그 끝 또한, 민족 간 첨예한 갈등과 분쟁 촉발 그리고 뒤이은 국제 사회의 개입 및 국제 분쟁으로의 확대라는 수순을 이어온 게 사실이다. 20세기 초인 1914년 6월, 문화적 동질성 강요와 영토적 확대에 기초한 세르비아주의의 심화 그리고 발칸유럽에 대한 세계 강대국들의 영토적 야욕은 보스니아에서의 세르비아 청년에 의한 오스트리아 황태자 부처 암살 사건의 계기를 만들어 주었고, 이어 제1차 세계대전의 단초를 제공하여 주었다. 20세기 말, 사회주의 체제의 몰락 속에 민주주의로의 대체 이데올로기가 정착되지 못한 가운데, 발칸유럽의 민족들은 국가에 대한 충성보다는 과거부터 뿌리 깊게 이어져 내려 온 문화적 민족에 대한 충성, 즉 혈통, 종교, 신화, 언어, 역사적 공유와 관습 등의 문화적 요소에 따라 '우리'와 '그들'을 구분하는 '문화적 민족주의'에 심취해 있었다. 이에 따라, 오랜 동안 세르비아가 주도하여 왔던 사회주의 유고슬라비아 연방으로부터 이탈해 독립국가를 수립하려던 크로아티아와 보스니아에선 세르비아인과 비(非)세르비아인 간의 민족 간

갈등이 촉발되었으며, 연방의 분열을 지원하는 독일 등 서구 세력과 이를 반대하는 러시아 등 간의 갈등이 지속되면서 장기간 내전으로 확대되었던 게 사실이다. 20세기 초의 경우처럼, 세기 말 발칸유럽에서 일어난 민족 간 충돌 또한 UN군, NATO군 그리고 EU 등 다양한 국제 사회의 개입을 불러왔으며, 이어 1998년부터 본격화 된 이후 현재까지 진행 중인 코소보에서의 민족 분쟁 및 독립을 둘러싼 열강들 간의 첨예한 갈등으로까지 이어지는 원인을 제공하였다.

일반적으로, 고대부터 이어진 역사적 배경과 유럽 내 지정학적 위치 그리고 다양한 문화적 양상과 현상들을 고려해 볼 때, 발칸유럽 지역을 대표하는 표현들로는 '종교와 문화의 모자이크', '유럽과 아시아를 잇는 관문' 그리고 '또 하나의 유럽' 등을 들 수 있다.

발칸유럽이 이렇게 불리게 된 배경에는 무엇보다도 이 지역을 둘러싼 여러 강대국들의 지배와 이에 따른 다양한 종교, 문화적 보급이라는 역사적 배경에서 그 기원을 찾을 수 있을 것이다. 과거 이 지역은 로마의 지배와 크리스트교의 보급, 동·서로마 분리 이후 서로마 교회(로마 교회)와 동로마 교회(콘스탄티노플 교회)의 분열에 따른 '가톨릭'과 '정교'의 성립, 그리고 14세기말 이슬람 제국인 오스만 터키의 발칸유럽 진출과 함께 확대된 '이슬람교' 도입이 이루어졌었다. 이에 따라, 발칸유럽은 오늘날 세계에서도 대표적인 종교와 문화의 모자이크 지역으로 자리하게 되었으며, 이러한 다양한 종교, 문화적 특징은 발칸유럽이 20세기말 유럽 내에서 일어난 다양한 민족 간 분쟁의 진원지가 되게 하였다고 분석할 수 있다.

이와 함께, 발칸유럽은 고대 그리스와 로마 시대부터 유럽과 아시아 대륙을 연결하는 주요 전략적 요충지에 위치해 있었던 이유로, '유럽과 아시아를 잇는 관문'으로도 지칭될 수 있다. 유럽과 아시아를 잇는 지정학적인 주요 연결 고리에 자리한다는 이유로, 발칸유럽은 고대 이래로 전략적 중요 이해 지역이었던 이 지역을 차지하기 위한 주변 열강들의 끊임없는 세력 각축장이 되어야 했으며, 현재까지도 그러한 갈등들이 그대로 이어지고 있는 실정이다. 이러한 이유로, 우리는 발칸유럽을 유럽에 속하면서도 유럽 같지 않은 '또 하나의 유럽'으로도 평가할 수 있을 것이다. 하지만, 이러한 다양한 요소들로 인해 발칸유럽은 다른 유럽 국가들과 비교되는 독특한 사회, 문화적 특징들을 오늘날까지 유지해 올 수 있었으며, 이러한 차별성은 바로 우리가 발칸유럽 지역을 보다 더 흥미롭게 바라보고 연구하게 하는 매력이 된다 하겠다.

따라서, 본 저서에서는 발칸유럽의 특징을 지칭했던 세 가지 요소, 즉 '종교와 문화의 모자이크', '유럽과 아시아를 잇는 관문', 그리고 '또 하나의 유럽'이란 시각적 토대를 중심으로, 유럽 민족 분쟁의 진원지로 알려져 있는 발칸유럽의 민족 기원과 19세기 민족주의의 역사적 특징에 대해 심층적으로 분석하고, 이를 독자들에게 소개하고자 한다. 더불어, 20세기말 이 지역에서 발생한 다양한 민족 분쟁 및 민족 문제 현상이 다른 세계 지역에 비해 어떤 차별성을 지니고 있는 지를 역사적 함의와 그 진실을 통해 연구하고자 한다.

유럽 내 민족 분쟁의 진원지로 불리는 발칸유럽의 민족문제를 민족 기원과 19세기 민족주의의 양태들을 통해 이해하고자 한 이 책의 구조는 글의 내용과 구성에 따라 크게 두 부분으로 나뉜다. 특히 제2장과 제3장 각 절의 서두에는 <역사 키워드>란 항목을 만들어, 발칸유럽 민족의 기원과 정착 과정 그리고 19세기 민족주의 시대 당시 각 민족들의 역사적 상황 인식과 현황에 대한 독자들의 전반적인 이해를 쉽게 하고자 했다.

우선 본 책의 이론적 설명에 해당하는 제1장에는 "발칸유럽의 민족과 민족주의, 그 특징과 개념"이라는 주제 아래, 우리가 일반적으로 오해하기 쉬운 민족과 민족주의에 대한 내용들을 살펴보고자 했으며, 이와 함께 일반 학자들이 언급하고 있는 민족과 민족주의 개념은 무엇이며, 그 이론적 접근 방법과 적용은 어떠한 지에 대해 설명하고자 한다. 이를 바탕으로, 본 장에선 발칸유럽의 민족과 민족주의 개념 추론을 위한 일련의 조건들을 제시해 나갈 것이며, 더불어 동·서유럽 민족주의의 특징들을 비교하고 이를 통해 발칸유럽의 민족주의에 대한 정의를 도출해 나가고자 한다.

제2장과 제3장에선, 제1장의 민족과 민족주의에 대한 개념 그리고 발칸유럽의 민족주의에 대한 이론적 토대를 기초로, 발칸유럽 각 민족들의 사례를 연구하고자 한다. 이 중 제2장에서는 발칸유럽 내 각 민족들(슬로베니아인, 크로아티아인, 세르비아인)의 민족 기원과 정착의 역사, 그리고 각 민족들의 민족 정체성에 관해 설명하게 될 것이다. 무엇보다도 제3장에서는 19세기 민족주의 시대를 맞이해 발칸유럽의 각 민족들은 이를 어떻게 받아들였고, 또 어떠한 방식으로 이를 접근해 자신들만의 독특한 민족주의 특징들로 채워 나갔는지에 대해 분석하고자 한다. 이를 위해

본 장에서는 이 지역이 동·서로마의 분기점이자, 크리스트교(정교, 가톨릭)의 분열선, 동양과 서양 세력의 오랜 교차점이란 측면에서 각 지배 제국의 문화권별 특징에 따라 크게 '합스부르크 문화권'과 '오스만 터키 문화권'으로 분류해 분석을 시도하고자 했다. 이러한 분류를 기초로, 합스부르크 문화권으로는 슬로베니아와 크로아티아 지역을 그리고 오스만 터키 문화권으로는 보스니아-헤르체고비나와 세르비아 지역을 설정해 분석 작업을 시도하였다.

여기서 우리는 19세기 민족주의 시대 소수 민족의 한계를 지니고 있었던 슬로베니아의 경우, 독립된 슬로베니아 민족-국가 건설보다는 보다 현실적인 대안으로 '합스부르크 제국 내 통일 슬로베니아'를 지향하였다는 점을, 그리고 같은 제국 지배 하에 있었던 크로아티아의 경우는 이와는 전혀 달리 제국 내를 벗어나 '언어적 통합을 통한 독립 남슬라브 국가 건설'을 보다 강력히 추진해 나갔음을 확인할 수 있을 것이다. 오스만 터키 지배 하의 지역인 경우, 우선 보스니아는 19세기 민족주의 시대 동안, 오스만 터키에서 오스트리아로의 지배권이 넘어가는 혼란의 시기 속에서 어떤 과정을 거치며 '유럽 내에서 대표적인 동·서양의 종교와 문화의 모자이크 지대'를 형성해 갔는지를 분석하게 될 것이고, 발칸유럽의 그 어느 민족들보다도 가장 강력히 외세 지배를 저항하였던 세르비아는 자신들의 문화적 민족주의인 '세르비아주의'를 어떻게 형성, 발전시켜 갔으며, 이를 토대로 자신들의 강력한 독립된 민족-국가를 어떻게 건설해 갈 수 있었는지에 대해 분석하고자 한다.

‘동유럽의 민족주의 및 민족 문제’를 오랜 동안 연구하고 있는 역사학자의 입장에서, 동유럽 민족 문제 더 나아가 유럽 내에서 민족 분쟁의 진원지로 불리고 있는 발칸유럽의 민족 문제에 대한 깊은 분석과 함께, 이를 독자들이 보다 쉽게 이해하게 하려는 작업은 어쩌면 당연한 권리이자 의무라 할 수 있을 것이다. 하지만, 순수인문학 서적 출판의 어려움을 안고 있는 출판계의 현실과 대중적 메시지 전달 능력이 부족한 본 연구자의 한계로 그동안 발칸유럽 민족 문제에 대한 독자들의 이해를 돕고자 하는 작업이 결실을 맺지 못해 왔다. 따라서 인문학 연구, 그중에서도 소외 지역 연구라는 어려운 여건 속에서도, 본 책이 일반 독자들과 학자들에게 소개될 수 있도록 출판을 허락해 준 한국외국어대학교 출판부에 감사의 글을 먼저 올린다. 더불어, 본 연구서가 나올 수 있을 때까지 많은 도움과 조언을 아끼지 않으셨던 학과 교수님들과 학문적 배를 같이 탄 동료 교수님들에게도 감사의 인사를 드린다. 또한, 본 책의 고증과 감수를 위해 시·공간적인 불편함 속에서도 많은 정보를 전달해 주신 베오그라드대학교 역사학부의 리우보드라그 디미치(Ljubodrag Dimić) 교수와 쁘레드라그 마르코비치(Predrag Marković) 박사에게 진심어린 감사의 말씀을 올린다.

2010년 11월 7일

고즈넉한 왕산의 늦가을 향취를 즐기며

저자

목 차

제1장 발칸유럽의 민족과 민족주의, 그 특징과 개념

제1절 민족과 민족주의에 대한 일반적 오해

민족(Nation) 또는 민족주의(Nationalism)란 무엇인가? 라는 개념을 정의하고 이의 연구를 위해 수많은 시각과 다양한 접근방법이 시도되어 왔다. 하지만 이러한 연구와 노력에도 불구하고 현재까지 '민족' 혹은 '민족주의'로 인한 문제를 해결하는데 뚜렷한 해답이 존재하지 않는 것 또한 현실이다.1)

그러한 이유에 대해 첫째로는 민족주의를 인식하는데 있어서 지금까지의 연구가 민족주의를 단순히 이념적, 이데올로기적 측면의 정의로써만

1) 이에 대해 왓트슨(Hugh Seton-Watson)은 "여러 연구 결과 나는 민족에 대한 과학적인 정의 내릴 방도가 없다는 결론에 다다랐다. 하지만, 민족이라는 현상은 존재했고 또한 현재도 존재하고 있다."라고 언급하고 있다. Benedict Anderson, *Imagined Communities : Reflections on the Origin and Spread of Nationalism* (London : The Thetford Press, 1983) P. 13에서 재인용; 베네딕트 앤더슨(저), 윤형숙(역), 『민족주의의 기원과 전파』, (나남), 1993.

인식한 데서 비롯된 것이라 생각해본다. 더불어, 두 번째로는 민족주의의 실체를 이루는 민족 내용이 다양하고 개념이 다의적인 관계로 민족 혹은 민족주의에 대해 일률적인 정의를 내리기 어렵기 때문이라고 할 수 있다. 즉, 발칸유럽의 여러 민족들과 같이 세계 각 지역의 다양한 민족들은 자신들만의 독특한 민족 정체성(National identity)과 역사적 경험을 지녀왔고, 이에 따른 독특한 민족 개념과 민족주의의 특성을 지니며 현존하고 있다. 다시 말해, 민족주의란 마치 살아있는 유기체와 같다 할 수 있으며, 때와 장소에 따라 수시로 변화고 새롭게 평가되는 것이지, 단순히 이데올로기적 정의로써만이 결론지을 수 있는 무기체가 아니라는 점이다.

이와 함께, 일반인들에게 있어 민족주의를 이해하는 데 있어 자주 오해되는 생각들이 존재하고 있다. 첫째로는, 민족주의라는 게 민족이 존재하면 일률적인 활동들을 통해 자연스럽게 형성된다는 생각이다. 두 번째로는, 민족주의가 고대 국가 혹은 중세 시대 때부터 지속되어 오면서 오랫동안 우리의 정신세계를 지배해 왔을 것이라는 착각이다. 세 번째로는, 우리나라의 경우 과거 일제 강점기 이후 독립을 추진하려 했거나, 국가 재건을 위해 노력한 분들을 주로 민족주의 이념에 충실한 민족주의자로 인식하고 있다는 점이다. 네 번째로는 일부 마르크스 신봉자들이 북한과 같은 사회주의 국가에서 차용되는 민족과 민족주의 오용에 따라 일방적인 정의를 내리고 있다는 점이다. 마지막으로, 단순히 민족주의라면 우리와 같은 혈통과 언어, 피부색, 역사적 경험 공유, 심지어 발칸유럽의 경우처럼 종교 등 문화적 요소에 따라 서로를 구별 짓는 '문화적 민족주의(Cultural Nationalism)'만이 마치 모든 민족주의의 대명사인 것처럼 착각하고 있다는 점이다.

첫 번째 오해에 대해선 앤더슨(Benedict Anderson)의 민족과 민족주의에 대한 견해를 살펴볼 필요가 있다. 앤더슨의 주장에 따르자면, 민족은 자신들과 생각을 같이 공유하는 사람들이 모여 만든 '상상의 공동체

(Imagined Community)'라 할 수 있으며, 민족주의는 민족이 있으면 일률적으로 자연스럽게 생산되는 것이 아닌 세계 여러 지역에 흩어져 있는 각 민족들의 개별적 환경과 민족주의 도입 당시 민족이 처해 있었던 역사적 경험에 따라 해당 민족들의 의식 확대 및 실천 의지에 따라 수많은 형태의 민족주의가 탄생하고 등장할 수 있다는 점이다. 앤더슨은 모든 사회적인 실재는 문화적, 역사적인 의지에 의해 구성된다고 보았으며, 민족 또한 원초적으로 주어진 자연적인 집단이 아니고 역사적인 과정을 통해 문화적으로 구성된 것이라 말하고 있다. 그런 의미에서 앤더슨은 '민족은 상상의 공동체'란 인류학적 입장을 취하고 있는 것이다. 이와 함께 그는 인쇄 자본주의의 발달로 인한 산문과 소설 등 출판물의 대량 생산, 표준어 개발이 민족 공동체의 실체를 구성하고 재현시키는 데 커다란 공헌을 했다고 주장하면서, 이전의 종교 공동체나 왕조국가가 붕괴하고 민족이 의미 있는 공동체의 모형으로 등장하는 역사적 과정에 대해 높은 관심을 보이고 있다.[2] 이러한 점은 추후 설명되겠지만, 본 장의 제3절에서 논의하고 있는 발칸유럽의 민족과 민족주의 개념 추론을 이해하는 차원에서 눈여겨보아야 할 점이다.

두 번째와 세 번째 오해에 대해선, 우선 민족과 민족주의 발현의 기원과 우리나라로의 민족주의 도입 당시의 상황 인식이 전제되어야 한다. 우리 눈에 보이지 않으면서 공기처럼 우리 주변에서 맴돌다가, 어느 순간 집단을 움직이는 강력한 힘을 발휘하는 민족과 민족주의의 개념은 18세기 말 미국의 독립 전쟁(1775-1781)과 프랑스혁명(1789)을 통해 최초로 등장하였고, 이후 나폴레옹의 유럽 원정에 따라 전 유럽에 걸쳐 파급되었다. 당시는 일부 힘 있는 민족이 여러 소수 민족들을 자신의 지배 하로 두는 것을 국력의 척도로 간주하던 제국주의 시대로 유럽의 몇몇 제국들이

2) *Ibid.*

세계의 상당 부분을 지배하고 있던 시기라 할 수 있다. 민족주의는 초기엔 주로 제국의 지배자였던 서유럽 민족들에게 영향을 미쳤으며, 19세기 초와 중엽엔 제국의 지배 하에 놓여 있었던 발칸유럽을 비롯한 동유럽 지역의 여러 민족들에게, 그리고 19세기말에는 더 나아가 아시아의 여러 민족들에게까지 영향을 미치게 되었다. 발칸유럽의 여러 민족들을 비롯해 외세 지배 하에 놓여 있던 피지배 민족들에게 있어 민족주의는 초기 발현된 서유럽에서의 본래 민족주의 뜻에서 변질되어, 제국에 저항하고 자신들의 독립국가를 수립하기 위한 중요한 도구가 되었으며, 일본 지배 하에 놓여 있던 우리나라 또한 민족주의는 독립 운동을 위한 중요한 이념적 도구로 활용되게 되었다. 이에 따라, 우리는 외세의 지배를 벗어나 독립국가 건설을 추진하고자 한 독립 운동가들에 대해 자연스럽게 민족주의자란 칭호를 붙이게 되었으며, 현재까지도 이러한 개념이 지속되고 있다 하겠다.

이러한 맥락 차원에서 볼 때, 민족주의에 대한 일반인들의 네 번째 오해 또한 이해될 수 있을 것이다. 본래 마르크스 이념에 따른 사회주의의 이론적 관점에서 볼 때 민족주의와 종교는 사회주의 질서와 혁명을 파괴시키는 아편으로써 치부되어 왔던 게 사실이다. 따라서 과거 사회주의 체제 시절 동안 소연방 및 동유럽 국가들 사이에서 민족 혹은 민족주의란 용어 사용은 엄격히 제한되어 왔었다. 하지만, 북한의 경우 사회주의 국가 수립 당시, 일본의 지배에 저항하였던 김일성의 업적을 강조하고 정권 유지를 위해 외세의 영향력을 거부하는 독자적 국가 수립의 정신을 추종한다는 차원에서 민족과 민족주의 개념을 도용하였으며, 따라서 북한에서 언급하고 있는 민족과 민족주의란 개념은 엄밀히 말하자면 북한 권력층의 정권 유지와 지속을 위한 도구로 활용되고 있다고 말할 수 있다.

마지막 오해라 할 수 있는 문화적 요소에 따른 민족 간 구별에 기초한 문화적 민족주의에 대한 맹신은 어찌 보면 과거 19세기 당시 민족주의의 본래 뜻이 그대로 전달된 미국을 비롯한 서유럽 국가들을 제외한 거의 대부분의 지역 내 민족들에게 만연되어 있는 민족주의에 대한 착각이라 할 수 있다. 민족주의 시대인 19세기 당시 발칸유럽을 비롯한 세계의 거의 대부분 국가들은 유럽의 식민지 지배 하에 놓여 있거나, 혹은 해당 지역의 일부 제국 국가들의 영향력 하에 놓여 있었다. 본래, 미국의 독립 전쟁과 프랑스 혁명에서 비롯된 본래의 민족주의는 민족의 경계와 영토적 경계가 상당 부분 일치하면서, 민족보다는 국가에 대한 충성을 요구하는 '정치적 민족주의(Political Nationalism)'에 보다 큰 가치를 두고 있었다. 따라서 민족 구분 자체가 단순히 피와 혈통, 언어와 종교, 그리고 과거 역사적 경험 공유와 같은 문화적 요소에 따른 민족 구분이 아니라, 루소의 일반의지(General Will)와 성문법에 기초한 즉, 국적이 어디에 속했느냐에 따른 정치적 요소 구분에 의해 자신의 민족이 결정되는 '정치적 민족주의' 특성을 지니고 있었다고 할 수 있다. 하지만, 당시 발칸유럽을 비롯한 동유럽 내 민족들은 여러 제국들의 지배 하에서, 본인들의 희망과는 달리 민족이 각자 나뉘어져 있었으며, 민족의 경계와 영토의 경계가 전혀 일치되지 못하는 상황에 놓여 있었다. 따라서 서유럽의 민족주의와는 달리 전혀 이질적인 민족주의, 즉 문화적 요소에 의해 '우리(We)'와 '그들(They)'을 구분하는 '문화적 민족주의'가 확립되게 된 것이다. 우리나라 경우 또한 민족주의가 본격적으로 도입되게 된 것은 국가 혹은 민족보다는 왕과 왕실에 대한 충성을 요구했던 조선 왕조가 무너진 후인 20세기 초 일제 강점기가 들어서면서 부터이며, 이에 따라 자연스럽게 발칸유럽과 같은 '문화적 민족주의'가 주요 민족주의 이념으로써 정립되게 된 것이라 할 수 있다.

제2절 민족과 민족주의 개념 그리고 이론적 접근 방법과 적용

민족이라는 단어의 기원은 라틴어 '*natio*(이방인 집단)'에서 출발하고 있다. 민족주의라는 개념이 본격적으로 등장하기 이전 초기, 민족은 단순히 사회의 한 일부를 지칭하는 '무리(rabble)'나 '평민(pleb)'이라는 의미로 사용되다가, 16세기 영국에서 국가의 대중에게 적용되었고 이후 '주민(people)'이라는 단어와 유사하게 되었다. 하지만 점차 민족이란 용어는 '주권을 가진 주민(a sovereign people)'이란 뜻이 보태어졌고, 이후 정치적, 지리적 그리고 인종적 특질에 따라 좀 더 세분화된 '그들만의 주권을 가진 주민(a unique sovereign people)'을 암시하게 되었다.[3] 즉 민족이란 개념은 점차 특정한 어떤 집단을 지칭하는 의미가 되었고, 이합 집산된 이러한 집단들에게 그들이 누구인지에 대한 정체성(identity)을 일깨어 준게 민족주의이며, 이러한 집단들의 정체성의 공유가 확대되어 가면서 하나의 민족적 동질의식이 형성되었던 것이다.

민족주의가 인류역사에 영향을 미치기 시작한 시기는 18세기 말부터라 할 수 있으며, 미국 독립전쟁과 프랑스 혁명이 그 사상적 토대로 되었다. 19세기 나폴레옹 전쟁에 따라 민족주의는 유럽전역으로 확산되었으며, 이어 19세기 말과 20세기 초에는 아시아와 아프리카로 파급되었다. 이에 따라 미국의 독립 전쟁과 프랑스 혁명 이후로 민족주의는 계속하여 국제정치에 있어서 중요한 동인이 되는 정신적, 감정적인 힘이 되어 왔으며, 또한 국가 형성의 중요한 원리로써 작용해 오게 된 것이다.

과거 농경사회는 수직적이고 위계적인 사회 체계라는 특징과 함께 세계의 기원과 인간의 기원이 본질적으로 동일하다는 의식을 지니고 있었다. 또한 당시 왕은 하늘로부터 그 권위를 인정받았다고 생각하였으며, 피지배자나 지배자의 운명은 태어날 때부터 정해져 있어 자신에게 주어진 운명에 따라 인생이 결정되어져야 했음으로, 피지배자들은 자신의 운명을 보험자로서 인정하고 있던 지배계급에게만 의지해야 했었다. 하지만 18

3) Lian Greenfeld, *Nationalism: Five Roads to Modernity*, (Cambridge: Harvard University Press, 1993), pp. 3-5.

세기 말에 들어와 유럽 세계와 이들이 차지한 북아메리카 등 식민지 곳곳에서는 급격한 산업화와 공업화가 진행되게 되었으며, 이에 따라 경제적 부를 축적한 중산층의 급속한 확산이 이루어지게 된다. 이와 함께 사회, 정치 체제의 새로운 변화들이 시도되게 되는 데, 특히 보스턴 차 사건을 계기로 일어난 미국에서의 독립 전쟁과 1789년에 일어난 프랑스 혁명은 과거의 수직적이고 위계적인 사회체계를 평등사회로 전환시키는 중요한 계기를 마련해 주게 되었다.

미국의 독립 전쟁과 프랑스 혁명이 전 세계에 던져준 의미는 여러 모로 그 의미가 매우 크다고 볼 수 있다. 이러한 사건들이 남긴 여러 의미 가운데서도 우리가 주목해야 할 점은, 이들 사건들을 계기로 과거 인간의 운명이 이미 정해져 있다는 기존의 세계관이 깨트려지고, 인간 스스로가 자신의 운명은 물론 기존 질서와 정치, 사회 체계를 바꾸고 새롭게 수립할 수 있다는 의식을 심어주었다는 점이다. 미국의 독립 전쟁을 통해 그리고 프랑스 혁명의 확산에 따라 일반 대중들은 기존의 지배계급이 행했던 역할을 대체해 줄 새로운 무언가가 필요했으며, 그 대행 세력으로 새로운 지배 세력이 장악하는 국가가 등장하게 된 것이다. 일반 대중들과의 소통과 사상적 공유의 부족이 얼마나 무섭고 참혹한 결과를 낳을 수 있는 지를 그들 스스로 체험한 새로운 지배 세력들은 자신들과 일반 대중들을 이어줄, 즉 국가와 백성들 간의 연결고리가 되어 줄 새로운 사상적 이념 체계가 절실히 필요하다는 것을 인식하고 있었다. 이에 따라 '민족주의'가 탄생하게 된 것이다.[4] 민족주의의 확대에 따라, 과거 피지배계급에게 일방

---

4) 미국과 프랑스에서 태동된 민족주의는 성문법을 기초로 국가에 대한 충성이 진제된다는 짐에 있어서, 그리고 정치적 요소에 따라 '우리(We)'와 '그들(They)'을 나눈다는 점에 있어서 '정치적 민족주의(Political Nationalism)'라 말할 수 있을 것이다. 하지만, 유럽 및 아시아 전역으로 확산되게 된 민족주의는 당시 외세 지배 하에서 자신들의 독립된 민족-국가가 존재하지 않았었던 발칸유럽 및 아시아 상당 지역의 민족들의 경우엔 다른 형태,

적이고 수동적인 충성만을 요구했던 관계는 점차 사라지고, 일반 대중들 스스로 국가에 충성하는 자발적이고 능동적인 애국심의 발효가 자연스럽게 대두되게 되었다. 물론 이들 일반 대중들을 스스로 움직이게 한 것은 바로 민족주의에 대한 심취와 교육 그리고 이에 따른 대중들의 자발적인 국가에 대한 충성심과 애국심의 발효였던 것이다.[5)]

민족과 민족주의의 개념을 정의하는 데 있어선 학자들 간에 여러 주장들이 존재하고 있는 게 사실이다. 이 중 그린필드(Greenfeld)는 민족주의라는 단어는 민족에 기초를 둔 집합적 그리고 민족적 동질성(혹은 국적)에 연관된 현상들을 포함하는 '우산'과도 같은 의미로 사용된다고 말하고 있다. 그에 따르면 민족주의는 민족 각 개별들에게 민족 정체성을 제공하여주고, 이러한 정체성의 인식이 공유되어 가면서 '민족적 동질성(National homogeneity)'이 증대되어 간다는 것이다. 그리고 이러한 민족적 동질의식의 확대로 인해 그들 자신을 스스로 어떤 하나의 민족이라 정의 내리게 되는 것이다.[6)] 또 브루윌리(Breuilly)에 따르자면 민족주의는 국가권력(State power)을 찾거나 유지시키고자 하는 정치적 운동이라 할 수 있다. 그는 스미스(Smith)의 민족과 민족주의에 대한 논증[7)]을 근거로

즉 과거 역사에 대한 향수와 부활에 대한 욕구, 혈통과 언어, 종교 등 문화적 요소를 중요시 여기는 '문화적 민족주의(Cultural Nationalism)' 성향으로 변질되어 나타나게 된다.

5) 어찌 보면, 애국심과 민족주의는 공동체 전체에 대한 애착이라는 면에서 그 구분이 어렵지만, 엄밀히 말하자면 애국심의 주체는 개인의 만족을 바탕으로 한 개인 수준의 문제이며, 민족주의는 개인과 개인 간 관계의 문제라 할 수 있다. 또한 다른 방식으로 구분해 보자면, 애국심이 전정치적(Pre-Political) 단계라면, 민족주의는 정치적(Political) 단계라고 말할 수 있을 것이다.

6) *Ibid.*

7) Anthony D. Smith, *Theories of Nationalism*, (London: A Torchbook Library, 1971), p. 21 참조.

민족주의에 대한 다음과 같은 세 가지 기본적인 핵심가정을 내리고 있다. 첫째는, 민족주의에는 분명하고 고유한 특징을 지닌 민족이 존재한다. 둘째는, 이러한 민족의 이익들과 가치들은 다른 어떤 것의 이익들과 가치들보다 더 우선시된다. 셋째는, 민족은 가능한 독립되어 있어야 한다. 그렇지 않은 경우 민족은 적어도 정치적 자주권의 획득을 요구한다.[8)]

또한 브루윌리는 민족주의 이론들에 대한 접근방법에 있어 민족주의적 접근(The nationalist approach), 커뮤니케이션 접근(The communications approach), 막시스트적 접근(Marxist approaches) 그리고 심리, 기능적 접근(The psychological and functional approach) 등을 제시하는 등 민족주의로의 다양한 접근 방식을 제시하고 있다.[9)] 본 내용에서는 이러한 접근 방법들을 발칸유럽에서 보이고 있는 민족주의의 여러 행태들에 대비시켜 가며 하나씩 설명해 나가도록 하겠다.

우선, '민족주의적 접근 방법'이란 민족주의의 이해를 위한 기초로 '민족주의는 민족의 표현이다(Nationalism is an expression of the Nation)'란 말에서 출발하고 있음을 인식해야 한다. 즉, 민족은 민족-국가(Nation-State)의 수립을 열망하고, 민족주의자들은 그러한 열망을 실현하도록 노력하며 구체화시킨다는 것이다. 여기서 우리는 민족주의의 정의에 대한 설명이 어렵고 다양한 것처럼, 민족의 독립된 정의 또한 산출해 내는 것이 매우 어렵고 다양하다는 점을 먼저 인식해야 한다. 하지만, 한 가지 분명한 것은 '민족주의가 민족을 만드는 것이지 민족이 민족주의를 만드는 것은 아니다'는 점이다. 즉, 이러한 논리에 따르자면, 민족에 관한 정의들은 민족주의자 자신들이 관련된 주변의 환경, 역사적 경험 그리고 이와 관련된 매우 광범위한 서로 간의 갈등에 의해 정의 내려진 것이라 할 수

---

8) John Breuilly, *Nationalism and State*, (Manchester: Manchester University Press, 1985), p. 3.
9) 이하 내용들은 *Ibid.*, pp. 18-35 부분을 참조할 것.

있다. 예를 들어, 20세기 말 치열한 내전을 겪어야만 했었던 당사자인 세르비아인들의 민족, 민족주의에 대한 견해와 보스니아(Bosnia-Herzegovina/Bosna-Hercegovina) 무슬림들의 이에 대한 견해는 서로 양립할 수가 없는 것이다. 민족주의적 접근 방법을 통해 민족과 민족주의 개념을 들어가다 보면, 우리는 19세기부터 강력한 힘을 발휘하기 시작한 민족주의가 민족주의자들에 의해 20세기 내내 발칸유럽에서 진행되어 왔던 다수 민족에 의한 소수 민족에 대한 억압 및 인종 청소(Ethnic cleansing)의 도구로 활용되어져 왔음을 확인할 수 있다. 이와 더불어 반대적 입장에서 다수 민족의 횡포에 저항하는 소수 민족의 민족주의자들에 의한 중요 논리로써도 민족주의가 민족을 규정하고 이를 이용하였다는 점 또한 알 수 있다.

두 번째인 '커뮤니케이션 접근 방법'은 민족이라는 개념을 공동 정체성(Common identity)을 창조하는 도구, 즉 내적 조직 커뮤니케이션의 발전된 체계 개념으로 보는 경향에서 비롯되었다고 할 수 있다. 이러한 접근 방법은 개인과 집단 간의 집약된 커뮤니케이션의 일종인 연대(Solidarity)와 비교하였을 때, 양측을 구분하는 데 다소 어려움이 존재하는 게 사실이다. 또한 상호 커뮤니케이션에 기초한 정확한 데이터 분석과 계량학적 연구가 선행되어야 한다는 한계점을 안고 있다. 더불어, 이 이론은 쉽게 말해 우리들에게 민족주의자들의 견해가 어떻고, 어떤 다양한 집단들이 어떤 다양한 의견을 가지고, 그들의 상황 속에서 민족주의 움직임을 현실화시켜 가고 있는 지를 보여주려 한다는 점에 있어선 도움을 줄 수 있지만, 어떻게 그리고 왜 그러한 현상들이 나타나는지에 대해선 명확한 해답을 제시해 주기가 어렵다는 단점을 지니고 있다. 따라서 19세기 민족주의 시대에 합스부르크 제국과 오스만 터키제국의 지배 하에서 그들만의 커뮤니케이션이 어떻게 형성되었고, 왜 형성되었으며, 이와 함께 어떻게 발전되어 갔는지에 대한 정확한 데이터가 존재하지 않는 발칸유럽의 민족들의 경우, 이러한 민족주의 접근 방법의 적용은 다소 현실적 어려움이 존재한다 하겠다.

세 번째는 '막시스트적 접근방법'이다. 우리는 무엇보다도 막시스트 이론만으로 민족과 민족주의 개념을 추론하고 설명을 이끌어 내기가 어렵다는 데는 인정하고 있다. 대부분의 막시스트들은 민족주의가 19세기 이후로 등장한 근대적인 현상이고 자본주의의 발전과 그 맥을 같이하고 있다 주장하고 있다. 즉, 자본주의의 발전은 새로운 계층과 계층 간, 다시 말해 부르주아적 계급과 프롤레타리아적 계급 간의 심각한 갈등을 낳았고, 그중 부르주아의 특권 소수 계층들은 보다 큰 물질적 집중을 통해 정치체계와 연결되면서, 의도적으로 대중을 현혹시키기 위해 민족주의를 활용하였다는 것이다. 이 이론 접근법에 따르자면, 국가는 국민 대다수의 동의와 능동적 지지에 의존하고 있지만, 실제 다수의 이익을 모두 다 충족시키기 매우 어렵기 때문에, 그 대안으로써 대중의 심리를 자극하고 선동시킬 수 있는 민족주의를 선택하였다는 것이다. 이에 따라 민족주의 운동은 일부 부르주아 계급 혹은 일부 선동 계급의 의도에 의해 조작된 것이며, 그 결과 단순히 특별한 일부 계급의 이익을 대변하는 이론으로 간주되게 되었다고 주장하고 있다. 다른 한편으로 이러한 운동을 전개하는 데 있어, 이를 이끌어 가는 대중 정치가들은 대중 지지와 열광을 자신들이 고안한 '민족어(National language)'에 의해 합리화시켜 나갔다고 말하고 있다. 이에 따라 19세기 민족주의 시대 동안 발칸유럽 내에서 일어난 다양한 민족주의 운동을 일련의 계급투쟁으로 해석해 이를 적용하려 한다면, 지배 계층인 외세 출신(오스트리아, 헝가리, 터키...)의 지주 계급과 유산 계급에 저항하는 피지배 계층의 발칸유럽 민족들, 다시 말해 농민 계급과 무산 계급들의 투쟁과 저항으로 해석될 수 있을 것이다. 더불어, 당시 이를 보다 구체화하기 위해 당시 민족주의자들은 자 민족의 고유어 개발과 보급 확대에 주력하였으며, 이를 통해 자신들의 계급적 이익을 도모하였다고 추론해 볼 수 있다.[10)]

마지막으로, '심리, 기능적 접근법'에 따르자면, 민족주의는 정치적 요구들과 행동의 기반으로써 특별한 문화 집단 정체성을 추구하고 있다고 할 수 있다. 예를 들어 비(非)서구사회출신이면서 서구 혹은 자신의 나라에서 서구 문화를 교육받은 엘리트(인텔리겐치아)들이 있다고 한다면, 이들을 서구사회의 일원으로 분류해야 할지, 아니면 비서구 사회의 일원으로 불러야 할 지 난감해진다는 것이다. 보다 구체적인 예를 들어본다면, 발칸유럽 내 민족 출신이면서 중산 계층의 자녀가 자신을 지배하고 있는 오스트리아 혹은 오스만 터키의 본토에서 제국의 선진 교육을 받고 귀국하였을 경우, 이들을 어떤 집단으로 분류해야 할지에 대한 고민이라 할

10) 하지만, 분석에 따르자면 막시스트적 접근법은 탁월한 적용 논리와는 달리 다소 문제점을 지니고 있는 게 사실이다. 우선 이 이론에 따르면 유산계급을 타파하는 데 있어 계급 이익을 움직이는 민족주의자들이 공통의 계급 정체성 및 집단들로 존재해야 하는 데, 각 지역과 시대마다 차이점을 보이고 있다는 점이 이 접근법의 한계이다. 예를 들어, 19세기 이탈리아와 독일 민족주의 운동의 지도 계급은 사업가와 전문가 계층이 주류를 이루었고, 폴란드와 헝가리의 민족주의 지도 계층은 젠트리 계층으로 유사했지만, 이들의 대두 시기는 서로 달라 폴란드는 1790-1863년 사이, 헝가리는 19세기 초와 중엽인 1825-1867년 사이였다는 점이다.
더불어, 막시스트적 접근법에 따르자면 민족주의가 소수 집단의 대중 홀리기에 불과했다 하면서도, 그들이 경멸하고 있는 제국주의 타파라는 개념으로 보았을 때, 민족주의는 제국주의 타파와 독립국가 건설의 중요한 모티브가 되었다는 점에서 또한 모순이 존재한다 하겠다. 또한 동유럽에서 최초이자 가장 강력한 민족주의 운동은 합스부르크 제국 하에 편입되어 있으면서 자신의 처지를 비관하였던 헝가리 인들이었지만, 실제에 있어 이들은 크로아티아(Croatia/ Hrvatska)와 세르비아(Serbia/ Srbija)의 북부 보이보디나(Vojvodina) 등의 남슬라브족 지배라는 특권을 부여받은 이중적 잣대를 지니고 있었다는 점을 간과하고 있다. 게다가 민족주의에 따른 이들의 지나친 마자르화는 훗날 이들의 지배 하에 있던 비(非)마쟈르인들 사이의 민족주의를 낳았다는 점도 막시스트적 접근의 한계라 할 수 있다.

수 있다. 무엇보다도 이러한 상황은 집단 정체성의 혼돈과 위기를 불러오곤 했는데, 이러한 혼돈과 위기를 해소하기 위해선 심리적으로 새로운 정체성 도입이 필요시 되었고, 이 이론에 따르자면 이게 바로 '민족주의'였다는 것이다.

이러한 민족주의는 당시 점차 확대되어 가던 여타 보편적인 자유주의(Liberalism), 사회주의(Socialism), 급진적 민주주의(Radical Democracy)와는 다른 개념이었으며, 인텔리 계층들은 독립된 민족-국가 건설이라는 개념 속에 자신의 민족 문화와 제국의 민족 문화 간의 평등성을 추구하면서 동시에 대중들 사이에 지도자 역할을 수행하게 되었다는 점이다. 지배 민족에 의한 문화적 충격이 지속되는 가운데, 새로운 산업의 도입과 도시 및 자본의 성장 그리고 제국 본토로부터의 외부 유입자에 의한 새로운 사회적 관계 수립 등으로 인한 전통사회의 분열은 대중들에 대한 민족주의의 호소력을 한층 더 강화시킬 수 있었다고 추측할 수 있다. 이에 따라 민족주의는 제국주의에 저항하기 위한 공동체 강화와 공통된 정체성 형성에 그리고 문화 정체성(Cultural identity)과 정서적 연대(Emotional solidarity)를 강화하는 데 큰 영향을 끼쳤다고 할 수 있다.

기능적 접근법은 심리적 접근법과 매우 밀접한 관련을 맺고 있는데, 이에 따르자면 19세기 이후로 들어와 전통(Tradition)과 공동체(Community)가 점차 깨져가고, 이를 현대성(Modernity)과 사회(Society)라는 가치들이 점차 대체해가는 가운데, 일반 대중들의 심리적인 변화가 급격히 발생하게 되면서 민족주의가 대두되게 된다는 접근 방식이다. 즉, 이에 따르자면 산업 사회로의 이행은 곧 민족주의 시대로의 이행이라 할 수 있으며, 민족주의란 사회가 현대화로 변해 가는데 있어 빠른 진행을 도와준다는 것이다. 예를 들어, 겔러(Gellner)는 문자의 보급과 현대식 교육체계가 현대화(Modernization)의 필수 요소들이라 주장하면서, 이를 통해 민족 언어의 발달이 이루어지고, 이것은 곧 민족 정체성의 발달로 연결되게 되었다고 언급하고 있다. 그는 민족주의의 출현을 위해선 정치 체제와 문화적 요소의 융화가 핵심적 전제조건이지만, 과거 농경 사회에서 문자의 중요성을 인지하고 있었던 소수 지배계급들의 문자 독식과 자기 제한적 특권 유지 노력 그리고 하부 계층들에 대한 사회, 문화적 폐쇄성으로 인하여 정치와 문화의 융화가 어려웠다고 주장하고 있다. 하지만 산업사회는 이러한 정치체제와 문화의 융화가 보다 쉽게 이루어지게 하였고, 민족 언어의 보급과 확산에 따라 계급들 간의 경계보다는 민족들 간의 경계를 강화시켰으며, 따라서 농경사회에서 필요치 않았던 그 어떤 것 즉, 민족주의가 필요하게 되었다는 것이다.11)

이를 기초로 보았을 때 기능주의적 접근 방법을 주장하는 학자들은 민족주의와 현대화와의 상관관계에 대해 다음과 같은 세 가지 주장을 하고 있음을 확인할 수 있다. 첫 번째는 민족주의가 사회를 현대화하도록 이끄는 유용성 때문에, 정치 지도자들이 민족주의를 선호한다는 것이다. 두 번째는 그 같은 이유로 민중들 또한 민족주의를 요구한다는 것이다. 세 번째는 민족주의가 실제로 현대화를 조장한다는 것이다. 우리는 이를 통해 처음 앞서의 주장이 상호작용(interaction)적 측면을 강조하고 있다면,

---

11) 이를 통해, 겔러의 분석 방법을 좀 더 들여다보면, 민족주의가 산업사회의 조직화와 밀접한 연관 관계가 있음을 확인할 수 있으며, 이러한 문제의식을 기능적 논리에 따른 사회적 근원에서 찾아내 분석하고 있음 또한 확인할 수 있다. 즉, 풍요와 경제성장을 목표로 하는 산업 사회는 자연히 혁신, 사회적 유동성, 매스미디어, 보편적인 문자 해독 및 공통적으로 표준화된 방언 교육에 의존하게 되어 있으며, 이것들은 모두 문화와 국가와의 관계를 변화시키는 주요 동인이 된 다는 것이다. 또한 산업 사회의 기능은 통상 하나의 문화에 얽매여 있으면서, 그 문화와 일체감을 갖는 국가에 의해 보호되는 포괄적인 교육체계에 입각한, 즉 하나의 민족은 하나의 문화라는 원리를 자각시키는 기능을 지니고 있다고 주장하고 있다. Ernest Gellner, *Nations and nationalsim*, (Oxford; Ithaca: Basil Blackwell), 1983.

반면에 세 번째 주장이 기능(function)적 측면을 인정하고 있음을 인지할 수 있을 것이다.

즉, 기능적 접근 방법에 따르자면 빠른 현대화를 원하는 정치 지도자들에 의해 민족주의가 대중들에게 급속히 확산될 수 있었고, 또한 이것은 역으로 정치 지도자나 정책에 대한 일반 대중들의 충성심 유도라는 목적으로 활용되기도 했다는 것이다. 하지만 여기서 우리가 주목해야 할 점은 기능주의적 접근 방식에서 주장하고 있는 내용이 주로 서구적 지배 민족의 경우에 보다 적합한 이론으로, 당시 피지배 민족이자 다양한 민족과 문화를 보유하고 있는 발칸유럽의 경우에는 부분적으로만 일치되고 있다는 점이다. 즉, 발칸유럽의 경우, 민족 지도자들이 민족의 현대화에 초점을 맞추며 이를 위해 민족주의의 보급과 확산에 열을 올렸다는 기능주의적 접근법과 함께, 보다 설득력 있는 주장은 독립된 민족-국가로의 발전이라는 이상적 이유 때문에 민족주의를 선택하였다는 점을 간과해서는 안 될 것이다. 실제, 19세기 민족주의 시대 당시 발칸유럽의 여러 민족 지도자들은 민족주의에 열광했으며, 이를 통해 대중을 단결시키고 독립된 민족-국가 건설이라는 이상을 실천해 나가려 했던 점을 확인할 수 있다.

앞서의 접근 방법에서 언급한 것처럼, 민족주의는 분명히 각 민족들의 다양한 문화적 정체성이라는 개념 위에 세워진 것이며, 커뮤니케이션의 증대에 의해 형성된 대중 참여라는 새로운 형태와 연결되어 있는 것 또한 사실이다. 이와 함께 세계 경제적 측면에서 불균등한 독점과 경제 이익의 개념은 착취와 종속이라는 이론 속에 또 다른 형태의 민족주의 개념을 성립하게 했으며, 독립된 민족-국가 수립에 대한 식민지 지역 내 인텔리 계층들의 열망과 민족의 현대화를 추구하려는 민족 지도자들의 의도라는 측면 또한 민족주의 접근 방식으로 이해될 수 있다 있다 하겠다. 하지만, 발칸유럽을 비롯해 전 세계 곳곳에서 일어나고 있는 민족주의의 양태들을 분석해 볼 때, 앞서 제시된 일부 접근 방법들의 한두 가지 적용에 의해서 이들 지역의 민족주의가 단순히 해석될 수 있는 게 아니라는 점을 확인할 수 있다. 즉, 이것은 발칸유럽의 민족주의를 이해하는 데 있어서 단순히 서유럽의 사례에 맞는 혹은 어떤 하나의 접근 방법에 의해서만 분석되고 해석되기 어렵다는 것을 의미한다. 다시 말해 앤더슨의 언급처럼 비록 '민족은 상상의 공동체'로 표현되며 등장할 수 있지만, 일단 상상된 뒤에는 여러 지역에서 그 지역의 민족들이 처한 환경과 역사적 경험 그리고 여러 조건들에 따라 '다양한 형태로 모방, 혹은 변형되어질 수 있다'는 점을 간과해서는 안 될 것이다.

따라서, 민족주의는 각 사례 지역 각자에 적합하게 선택되고 적용되어지는 '정책의 한 형태(a form of politics)'로도 분석할 수 있을 것이다. 이를 위해선, 무엇보다도 민족주의를 각 사례에 적용하기 이전에 그리고 정책의 한 형태로 분석하기 이전에 각 민족들의 민족주의라는 틀 속에 어떠한 문화, 사회, 역사, 경제 또는 심리적 내용들이 수립되어 있는지부터 먼저 파악하는 게 우선적 과제라 생각된다. 그리고 이를 통해 해당 사례 지역에서 민족주의가 실제 어떤 형태로 해석되고 있고, 더불어 어떠한 정책으로 적용되고 있는 지에 대해 알아내는 것이 중요하다 하겠다.

브루윌리를 비롯한 일부 학자들의 언급처럼, 민족과 민족주의에 관한 대부분의 이론들은 민족과 민족주의의 몇 가지 특수 사례들로부터 전체 민족과 민족주의의 개념을 일반화(generalization)시키려 했다는 한계점을 스스로 보여 왔다고 볼 수 있다. 발칸유럽 내에서 발생하고 있는 다양한 형태의 민족 문제와 민족 분쟁의 경우를 통해 볼 수 있듯이, 실제에 있어선 모든 지역들의 사례 연구에 민족과 민족주의 개념의 보편적이고도 일반화 된 이론을 무비판적으로 적용하기보다는, 그러한 개념들 특히 민족주의 형태가 보다 특별하고 특수화 된 정책의 형태로 나타날 수도 있다는 점을 인식하고 이에 따른 특징들을 분석해 나가는 게 보다 유용하다는 점을 강조하고 싶다.

제3절 발칸유럽의 민족과 민족주의 개념 추론을 위한 이해

민족주의란 보따리는 그동안 너무 자주 다루어져 왔고, 전에도 그 개념들 속에서 모든 것이 단순하게만 언급되어 왔던 게 사실이다. 그렇기 때문에 앞서 내용에서 밝히고 있듯, 민족과 민족주의에 대한 오해를 해소하고 정책의 한 형태로써 민족주의에 대한 새로운 접근 방법을 제공하기 위해선, 이러한 것들이 이해될 수 있도록 보따리를 새롭게 꾸림으로써 가능하다고 말할 수 있을 것이다. 특히, 이미 주지하다시피 민족주의는 프랑스혁명 이래로 유럽의 본류라 주장되고 있는 서구세계를 뛰어 넘어, 제국주의의 팽창 및 그에 대한 대응과 함께 오히려 발칸유럽 등 비서구 세계에서 역동적인 힘을 발휘해 왔다. 즉, 서유럽의 근대국가 팽창과정에 있어서 민족주의 힘이 큰 역할을 수행한 것은 부인할 수 없는 사실이다. 이와 함께, 발칸유럽 등 비서구세계에서 펼쳐진 제국들부터의 해방과 독립된 민족-국가를 향한 열망의 고취 또한 민족주의에 힘입은 바가 컸다고 할 수 있다. 이러한 문제의식은 민족주의가 열정적으로 발생하였고, 또 여전히 주요한 사회 변화의 동인으로 자리하고 있는 발칸유럽의 민족과 민족주의에 대한 개별 연구와 개념 추론에 대한 이해 선행이 필요한 이유이기도 하다.

우선, 발칸유럽의 민족과 민족주의를 연구함에 있어 주목해야 할 점은, 발칸유럽 내의 상당수 민족들이 민족주의의 표출 방식에 있어 민족에 대한 충성과 국가에 대한 충성 사이에서 심각한 괴리감을 느끼고 있다는 점이다. 이미 주지하다시피 인간은 항상 집단적으로 살아 왔으며 이러한 인간 집단은 시간이 흘러도 지속되었고 현재에도 지속되고 있다. 이렇게 지속 가능한 주요 요인들 중 하나는 인간이 그들이 속한 인간 집단에 대해서 느낀 '충성심'이라 할 수 있으며, 더 나아가 상당수 인간이 자신을 그

집단과 동일시해 왔다는 점이다. 우리는 이러한 인간의 충성심을 민족과 민족주의의 관점에서 보았을 때, 일종의 '애국심'이라 부를 수 있다. 한편으로는 민족주의 지도자들에게 민족주의는 인간의 집단들이 지니고 있고 또 발산하고자 하는 이러한 애국심을 민족주의 표출의 한 형태로써 활용하여 왔다는 점도 간과해서는 안 될 것이다. 이러한 것이 가능한 이유는 민족주의가 헌신적으로 지지하는 단위 체계 자체가 문화적으로 동질적인 집단에 그 우선권을 두고 있기 때문이라 할 수 있다.

19세기 민족주의 시대를 전후로, 발칸유럽에서 전개된 산업 사회로의 변화는 전례가 없는 수준에서 분업을 촉진시켜 왔고, 또한 제국의 강요에 따라 산업 사회로의 전환 과정 속에 발생한 제국의 발달 된 문화 침투는 농업적 질서와 농경문화의 급격한 변화와 함께 심각한 경제 문제를 야기하였다. 실제 제국의 주도로 이루어진 산업 사회는 기존 농경 사회에서 중요하게 여겼던 전통 문화와 종교의 가치를 부인하였고, 이것은 19세기 발칸유럽 내 민족들이 일으킨 경제적 착취에 따른 해결을 요구하는 계급적(제국 출신의 지주 계급 vs 현지 출신의 농민, 노동자 계급) 저항 운동이 자신들만의 고유한 농경 사회 문화와 종교의 부식을 막는 문화적 저항 운동으로 발전되게 하는 요인을 제공하게 되었다고 할 수 있다. 이를 통해 발칸유럽 내 민족들은 자신을 지배하고 있는 지배 계층에 대한 충성심의 발효가 애국심으로 이어지지 않는다는 것을 확인하게 된 것이다.

앞서 언급했듯이, 우리는 정도의 차이는 있을 수 있겠지만 인간은 자연스러울 정도로 그들이 속한 집단에 대해 충성심을 지니고 있으며, 자신을 그 집단과 동일시하려는 특성을 지니고 있다는 점에 주목해야 한다. 왜냐하면 이러한 인간의 원초적 의식을 통해서 발칸유럽의 민족과 민족주의 이해에 대한 새로운 접근이 보다 쉽게 이해될 수 있기 때문이다. 민족주의 관점에서 보자면 이러한 인간의 민족과 국가에 대한 충성은 애국심으로 묘사될 수 있다. 하지만, 19세기 민족주의가 도입될 당시, 민족의 경계와 국가, 영토의 경계가 일치해 충성심을 애국심으로 연결할 수 있었던 서유럽의 민족들과는 달리, 발칸유럽 내 민족들은 합스부르크와 오스만 터키 등 제국들의 지배 하에 놓여 있었고, 따라서 자신들의 충성심을 제공할 국가가 존재하지 않거나 혹은 제국의 지배 영역에 따라 민족이 서로 나뉘어져 애국심을 바칠 대상이 공유되지 않았다. 따라서 발칸유럽의 민족들은 그들의 충성 대상을 자신을 지배하고 있는 제국 등 국가가 아닌, 그들 옆에서 같이 호흡하고, 같은 언어와 종교, 혈통 그리고 역사적 경험을 공유한 민족 지도자 혹은 문화적 동질 집단으로 전환하게 된 것이다.

두 번째로, 발칸유럽의 민족 사이에서 공통적으로 나타나고 있는 민족주의 속성에는 과거부터 존재해 왔고 역사적으로 물려받은 문화적 일체감과 풍성함을 서로 같은 집단들 사이에 확산시키려 노력한다는 점이다. 그리고 이러한 확산이 어느 정도 결실을 본 이후에는 자신들이 정한 민족주의의 잣대를 다른 민족들에게도 강제적으로 적용하려 한다는 속성이 존재함을 확인할 수 있다.[12] 민족주의는 집단성을 내포하고 있는 이념 그 자체인 관계로, 눈에 보이는 것도 아니며 추후 문제가 생겼을 경우 명확하게 누구 개개인의 잘잘못이 쉽게 증명되는 것 또한 아니다. 따라서 민족주의는 종종 민족 지도자들에 의해 자신을 방어하거나 혹은 새로운 변화를 위한 정략적 도구로 빈번하게 활용되어 왔고, 발칸유럽의 경우에서처럼 현재도 활용되어지고 있는 게 사실이다. 또한 민족주의의 보편적 속성에는 민족에 대한 충성심이 곧 바로 애국심으로 이어진다는 '자기기만'의 속성은 물론 일반인들에 대한 '대중기만'의 속성 또한 지니고 있다. 19세기 이래로 어떤 하나의 민족이 힘이 센 다른 민족에 의해 지배될 때, 민족주의는 일반 대중들에게 스스로를 마취시키는 도구로써 활용되어

12) 필자는 종종 이러한 발칸유럽의 독특한 민족주의에 대해 영토적 확대와 문화적 요소에 기초한 '문화적 민족주의(Cultural nationalism)'라 칭하여 왔으며, 이를 기초로 발칸유럽 내 민족주의의 양상들을 분석해 왔다.

왔으며, 이를 통해 지도자들은 처음에는 역사적 부활, 민족 문화 부흥과 민족 정체성 정립이라는 차원에서 그리고 이후 세력이 구체화된 다음에는 보다 분명한 목소리로 민족 해방과 독립된 민족-국가 건설이라는 이상을 향한 전쟁으로 민족을 이끌어 갔었다.

19세기 민족주의 시대에 있어, 발칸유럽의 민족들 또한 민족주의가 지닌 본래의 속성에 따라 외세 지배 하에서 자신들의 속한 집단에 대한 충성심을 보이고자 했으며, 이것이 곧 바로 나중에 수립될 국가에 대한 애국심으로 연결될 수 있으리란 생각에 빠져 있었다. 또한 자기기만에 빠진 민족 지도자들은 경제적 착취에 대한 외세 저항의 필요성을 시작으로, 일반 대중을 향해 점차 과거 중세 시절 융성했던 자신들의 역사와 민족 문화 부흥의 당위성을 이야기해 나갔으며, 이를 위한 일환으로 통일된 표준어 개발과 문화적 학습에 따른 민족 정체성 확립이 필요함을 역설하기 시작하였다. 이것은 자연스럽게, 당시 발칸유럽에 퍼져 있던 민족주의란 흐름을 따라 발칸유럽의 전 민족들 사이로 급속히 확산되어 갔고, 대중기만에 빠진 일반 대중들은 이에 공감하며 독립된 민족-국가 건설을 향한 실천적 도전, 즉 지배 제국과의 전쟁에 과감히 참여하게 된 것이다.

세 번째로, 발칸유럽의 민족들이 민족주의에 심취할 수 있었던 또 다른 중요한 동인으로는 바로 '우리 편'과 '그들 편' 서로를 구분하기 위한 주요 문화적 요소 중 하나인 각자의 민족 언어 발달과 인쇄술에 따른 '동시성', '동질성'을 들 수 있을 것이다. 우리는 앞서 본 장의 제2절에서 언급한 민족주의의 접근 방법 중 기능주의적 접근 방법 부분을 통해, 겔러의 접근 방법에 따른 민족 언어의 발달이 민족주의 형성에 얼마나 중요한 영향을 미쳤는지를 이미 인지하였다. 민족 언어의 발달이 민족주의 확산에 중요한 매개체가 되었다는 점에 있어서 앤더슨 또한 이러한 주장과 일치하고 있음을 확인할 수 있다. 그는 유럽의 지배 언어이자 지배계급만의 특권이었던 라틴어의 쇠퇴는 각 지역별 언어 확대와 함께 출판문화의 발달을 가져다주었다고 언급하면서, 이것은 해당 언어권 대중들에게 '동시성' 즉, 동시에 많은 이들이 동일한 언어로, 동일한 주장을 담은 신문 등 출판물을 읽을 수 있는 공통의 메커니즘(Meachanism)이 제공되었다는 측면에서 민족 언어의 발달이 중요한 역할을 수행하였다고 주장하고 있다. 민족의식 형성을 위한 주요 동인으로 작용한 '동시성'은 이후 많은 자료가 동시에 보급되면서 새로운 의식이 형성되는 즉, '동시성'에 따른 '동질성' 형성을 가능케 하였다는 것이다.13)

하지만, 여기서 우리는 라틴어의 쇠퇴와 민족 언어의 발달이 곧 바로 대중들 사이의 민족주의 의식 확대의 단초로 이어진 서유럽의 경우와는 달리, 당시 외세 지배 하의 발칸유럽에서의 민족 언어의 확산은 지배 민족들의 언어 강요와 지나친 문화적 동화 정책 강요에 대한 반발에서 비롯되었으며, 따라서 다소 느리게 진행되었다는 점을 확인할 수 있다. 다른 서유럽의 경우처럼 발칸유럽 또한 종교 개혁의 여파 이후 여러 지역에서 라틴어의 쇠퇴가 본격화 되어 갔지만, 이를 대신해 자신을 지배하고 있는 제국들 혹은 지배 민족의 언어 보급이 확산되게 된다는 점에 있어선 다소 차이점을 보인다 하겠다. 이러한 현상은 18세기 계몽주의 시대를 거치며 19세기 민족주의 시대에 들어와 보다 정교하고 가속화 되게 된다. 합스부르크 지배권 하에 있었던 슬로베니아(Slovenia/ Slovenija) 민족의 경우 상당수 민중들이 오스트리아 문화권 하에서 게르만 어를 강요받아야 했으며, 그리고 합스부르크 지배 하에서 여러 지배 민족의 영향권 하에 놓여 있어야 했던 크로아티아인들의 경우 내륙 지역은 게르만어와 헝가리어 그리고 아드리아 해안 지역의 크로아티아인들은 이탈리아어의 영향권 하에 놓여 있어야 했다. 종교 개혁 및 산업혁명을 경험하지 못하였던 오스만 터키의 지배 지역인 보스니아와 세르비아(Serbia/ Srbija)의 경우는 오스만

13) Benedict Anderson, *Ibid.*; 베네딕트 앤더슨(저), 윤형숙(역), *Ibid.*

터키의 피지배 민족에 대한 사회제도 및 일련의 정책[14]에 따라 이슬람교도인 지배계급과 기독교도인 피지배계급들 간의 문화적 교류가 거의 없었으며, 언어 동화 정책 또한 합스부르크 지배 지역의 남슬라브족들에 비해 다소 강력하게 진행되지는 않았었다. 종교에 따른 민족 구분이 이루어진 보스니아의 경우, 보스니아 무슬림 지배층 상당수는 터키어를 선호하였지만,[15] 상당수가 피지배 농노 계층이었던 정교도 세르비아인과 가톨릭교도인 크로아티아인은 자신들의 고유 언어를 자유롭게 사용할 수 있었으며, 세르비아의 경우 또한 이와 유사한 상황에 놓여 있었다.

19세기 민족주의 시대에 들어와 발칸유럽의 지배 민족들은 피지배 민족들에 대해 자신들의 언어 등 문화적 요소의 강요에 따른 동화 정책을 추진하려 하였으며, 이에 따른 피지배 민족들의 반발은 자연스럽게 그들이 사용하는 상용어를 활자 언어로 정착시키고 이를 문법적으로 구체화시키려는 움직임을 낳게 하였던 것이다. 다시 말하지만, 종교 개혁에 따른

---

14) 오스만터키 지배 하의 대표적인 사회 제도로는 종교조직이자 사회조직의 기초를 이룬 밀레트(Millet) 제도를 들 수 있다. 이 제도에 대해 일부 학자들은 "오스만 터키가 자신들의 지배지역에 대해 종교적 자유를 제공한다는 명분으로 각 종교 공동체에 해당하는 종교조직을 만들게 하고 이를 통해 일반 민중을 통제하였던 제도였다"라고 주장하고 있다. 하지만 실제에 있어 밀레트 제도는 오스만 터키에 편입된 다양한 이질적 민족을 종교, 문화적 자치성과 고유성을 보장해 주는 대신에 술탄을 정점으로 결집시킬 수 있었던 오스만 터키의 대표적인 사회 안정 제도였다고 볼 수 있다. 김철민, 『보스니아 역사: 무슬림을 중심으로』, (한국외국어대학교 출판부, 2005), pp. 85-86; 더 자세한 내용은 본 책 제3장 '제5절 보스니아-헤르체고비나: 동·서양의 종교와 문화의 모자이크 지대 형성'의 본문 내용을 참조할 것.

15) 실제에 있어 보스니아 무슬림 특히, 토착 무슬림들의 경우 중앙 정부에서 파견된 행정 관료들 혹은 어렸을 때 선발되어 술탄의 친위부대로 활약한 뒤 은퇴해 돌아 온 집단들(주로, 야니차르 Janissary/ Janjičar)에 비해 터키어를 잘 하지 못하면서도 자신들을 터키인으로 분류하고 있었다.

라틴어의 쇠퇴 그리고 인쇄술 발달과 산업혁명의 여파에 따라 민족 언어 및 출판문화가 자연스럽게 발달하게 된 서유럽의 경우와 달리, 발칸유럽의 민족 언어는 지배 민족의 언어적, 문화적 동화 정책에 대한 반발에서부터 비롯되었다는 점이 서로 상이한 차이점을 보인다 하겠다. 특히, 발칸유럽 각 지방 민족들의 고유한 언어에 바탕을 둔 활자 언어의 발달은 무엇보다도 해당 지역민들 사이의 사상적 교환과 커뮤니케이션의 통일된 장을 만들어 주었다고 할 수 있다. 또한 지방의 활자 언어들은 대중들 간의 커뮤니케이션 확산을 초래하면서 문자와 언어를 매개체로 한 대중들의 집단의식과 집단행동들을 지원하였으며, 결과적으로 이들 간에 눈에 보이지는 않지만 상상으로 형성된 민족이라는 공동체를 형성하게 해주었다고 할 수 있다. 즉, 공통된 민족 언어의 개발과 확대는 활자화된 출판문화의 발달로 이어졌으며, 이를 읽은 발칸유럽의 대중들은 자연스럽게 서로 간의 생각을 공유하고 동시에 동일한 생각을 품을 수 있게 된 것이다.

제4절 동·서유럽 민족주의의 특징 비교와 발칸유럽의 민족주의

웨일(George Weil)은 민족주의에 대한 두 가지 기본적 접근방법을 제시하고 있는데, 그 첫 번째가 합리적이고 현대문제들과 관련된 서구적인 접근(the western approach)이며, 다른 하나는 독일과 동유럽에 퍼져있던 낭만적이며, 영광된 과거 역사의 부활을 목적으로 하는 접근방법이 그것이다.[16] 실제, 서유럽과 발칸유럽을 포함한 동유럽 간의 민족주의에는 특징상 상당한 차이점이 존재하고 있음을 확인할 수 있다. 이에 대해 콘

16) Peter F. Sugar & Ivo J. Lederev (eds.), *Nationalism in Eastern Europe,* (Seattle & London: University of Washington Press, 1994), pp. 34-35.

(Hans Kohn)은 산업사회가 발달된 서유럽에서의 민족주의가 변화하는 사회적, 경제적, 정치적 실체들과 함께하고 있다면, 식민지 상태로 초기 산업사회에 이제 막 접어들었던 동유럽에서의 민족주의는 서유럽에서의 변화가 있기 전에 민족주의가 유입되었음을 언급하면서, 이에 따라 서로 다양한 형태의 민족주의 양상들이 드러나기 시작하였다고 주장하고 있다. 또한 그는 서유럽의 민족주의가 자유로운 중상계층을 기반으로 민주적 사회질서 속에서 완성되었다면, 동유럽의 민족주의는 전(前)계몽주의적 개념들과 비이성적 개념들을 기초로 세워졌다고 언급하고 있다. 더불어, 서유럽에서의 민족주의가 과거에 대한 집착보다는 현재의 정치적 실체 속에서 민족을 건설하려 노력하였다면, 반면에 제국들의 지배 하에 놓여 있었던 발칸유럽을 포함한 동유럽에서의 민족주의자들은 과거의 융성했던 신화들과 역사를 부르짖으며, 현재보다는 미래 독립된 조국에 대한 이상을 부르짖었고, 이것이 정치적 실체로 이루어지기를 기대하였다고 할 수 있다.[17)]

19세기 이전에 민족적 동질성이 이루어진 서유럽과 달리, 발칸유럽은 현재까지도 민족적 동질성이 확립되지 못한 채 일련의 갈등을 지속하고 있다. 이에 대해, 동유럽 민족주의에 있어 종교적 요소를 중시하고 있는 슈가(Peter F. Sugar)는 서유럽은 중세 이후 가톨릭 문화권이라는 공통된 분모를 지니고 있던 데 반해, 발칸유럽과 동유럽은 비잔틴 문명의 영향으로 인한 정교와 가톨릭이라는 상이한 문화적 전통이 서로 양립하였으며, 이후 이슬람의 도입으로 더욱 더 큰 혼란에 처하게 되었다 언급하고 있다. 또한 19세기 민족주의 시대 당시 현실적인 암울함에 젖어 있었던 동유럽에서의 민족주의는 메시아적인 특징을 지니고 있으며, 이를 뛰어 넘어 일종의 '선민(Volk)' 의식으로 이해될 수 있다 주장하였다.[18)]

---

17) Hans Kohn, *The Idea of Nationalism: A Study in its Origins and Background*, (New York: Macmillan, 1961), in *Ibid.*, pp. 9-10에서 재인용.

이를 통해, 우리는 서유럽의 민족주의가 '실체(reality)'에 기초한 반면, 발칸유럽 지역을 포함해 동유럽의 민족주의는 '신화(myth)'와 '꿈(dream)'에 기초하고 있음을 확인할 수 있을 것이다. 서유럽의 경우 민족주의는 그 발흥이 중앙집권적 민족국가의 대두보다 한 발 앞서거나 그와 때를 맞추어 진행되었기 때문에, 시민은 곧 민족국가의 구성원을 의미하는 '민족'과 '국가'라는 개념의 동의성이 쉽게 이해될 수 있었으며, 영토와 관련된 속지주의의 성격을 지니고 있었다. 따라서 강력한 중앙집권적 조직이 가능하였고, 이것은 곧 '민족적 개념(natural concept)'이 '영토적 개념(territorial concept)'으로의 전환과 발전을 쉽게 하였다.

하지만 민족주의는 19세기 발칸반도에 이르러 그 당시 발칸유럽의 민족들이 처한 역사적 상황과 결부되어 서유럽에서의 민족주의 개념과는 전혀 다른 새로운 의미로 전환하게 된다. 당시 이 지역은 합스부르크 제국과 오스만 터키의 지배 아래 봉건적, 폐쇄적, 중앙집권적 문화가 팽배해 있었으며, 기존 국가의 경계와 민족경계가 일치하지 않고 서유럽과 달리 많은 중산층 및 시민계층이 형성되지도 않았었다. 더불어, 외세 지배 하의 역사적 현실과 늦은 정치적 발전 단계로 인하여 발칸유럽의 민족주의는 자연히 기존 국가 및 지배 민족 문화에 대한 저항과 암담한 현실에 대한 반감 의식이 그 기초를 형성하게 되었으며, 이에 따라 민족주의자들은 현재에 대한 이야기보다는 과거와 미래에 대한 이야기를 주로 하였으며, 더불어 그들 스스로 신화적, 선민적 민족의식을 확산시키는 데 주력해야만 했었다.

이에 따라 발칸유럽의 민족주의는 서유럽 민족주의 개념과 달리 민족(Nation)이라는 개념 속에 국가(State) 개념이 들어가지 않는, 즉 서유럽에서의 민족-국가 개념이 형성되지 않게 된 것이다. 또한 발칸유럽의 민족

18) *Ibid.*, pp. 6-15. 참조

〈표 1〉 동·서유럽 민족주의 특징 비교[19)]

	서유럽 민족주의	동유럽 민족주의
19세기 시대적 상황	독립국가나 지배민족	자치국가나 피지배민족
민족주의 도입시기	사회·정치적 발전과 병행 /중앙집권적 민족-국가수립 시기	사회·정치적 발전 이전에 도입 /제 민족들에 대한 제국들의 지배시기
민족주의 기초요소	사회계약, 일반의지, 법, 자유, 평등	선민의식, 신화, 독립, 미래, 꿈
민족 구성	주민족 - - 인종집단	주민족 - 소수민족 - 인종집단
민족정체성	민족=국가, 민족-국가 개념형성, 민족보다는 국가에 충성	민족≠국가, 민족/국가 별개, 국가보다는 민족에 충성
접근방식	정치적 접근 → **정치적 민족주의**	문화적 접근 → **문화적 민족주의**

주의에 대한 개념은 문화, 언어, 종교의 영향을 받는 인종 집단에 대한 귀속성을 중시하고 민족과 국가의 분리가 가능하며, 국가란 자신들의 보호자가 아니라 단지 자신들이 속한 각 민족들 간의 중간자적 매개 조직에 불과하다는 인식을 갖게 하였다. 그 결과 오늘날까지도 국가 권력이 중앙정부로 집중되지 않고, 오히려 분산되는 현상을 야기하는 동인이 되었으며, 특히 여러 민족이 혼합된 국가의 경우 다수 민족 집단의 소수 민족에 대한 민족탄압을 국가가 제대로 통제하지 못하고 이를 당연시 여기는 결과를 초래하게 되었다. 이와 같은 현상은 1990년대 민주화 이후 다수 민족에 의한 소수 민족 억압을 제대로 통제하는 컨트롤 타워의 부재를 불러오게 하였으며, 이것은 이후 양측 간의 갈등 확대와 민족 간 분쟁으로 이어지면서 더욱 더 강력한 민족주의 경향이 대두되는 계기를 마련해 주게 된다. 또한 이러한 왜곡된 민족주의 특징은 보스니아, 크로아티아

19) 김철민, "티토의 민족정책: 유고슬라비아주의(Yugoslavism/ Jugoslavizam)의 적용과 실패." 『동유럽 연구』, Vol. 6. (한국외국어대학교 외국학 종합연구센터 동유럽·발칸연구소, 1997). p. 162의 분류표를 재인용.

(Croatia/ Hrvatska), 몬테네그로(Montenegro/ Crna Gora), 코소보(Kosovo) 등에서의 수차례의 분쟁 이후 새로 성립된 국가들에게 있어서도 민주주의, 시장주의, 법치기구들에 대한 준비부족과 함께, 민족감정에 따른 문화적 민족주의 성향이 보다 더 큰 정치적 효력을 발휘하게 만든 원인을 제공하였다.

앞서의 논의를 통해, 우리는 서유럽과 비교해 발칸유럽 및 동유럽 사이의 민족주의에는 일련의 차이점이 존재하고 있음을 발견할 수 있다. 그러한 차이점에 대해 필자는 서유럽의 민족주의의 특징은 '정치적 민족(political nation)'의 성립에 바탕을 둔 '정치적 민족주의'로, 그리고 발칸유럽을 비롯한 동유럽 민족주의의 특징은 '문화적 민족(cultural nation)'을 근간으로 하는 '문화적 민족주의'로 정의내리고자 한다.

발칸유럽 내 여러 민족들은 19세기 민족주의 시대 이후로 계속해서 이러한 '문화적 민족주의'에 근거해 주변의 여러 민족들과의 갈등과 함께 영토적 민족주의 양태를 보여 왔다. 이러한 틀이 잠시나마 깨진 것은 종교와 민족주의를 아편으로 취급했던 사회주의 이념 국가 수립에 의해서였다. 제2차 세계대전 이후 형성된 사회주의 체제하에서 발칸유럽 내 여러 민족들은 그동안 젖어있던 문화적 민족주의의 틀에서 벗어나야 했으며, 오직 사회주의 이념을 바탕으로 해당 민족이 아닌 자신이 소속된 국가에 대해 충성을 요구받아야 했었다. 어쩌면 사회주의 체제 하에서 시도된 이러한 국가에 대한 충성심과 애국심 강요는 서유럽의 여러 민족들이 이미 경험하였던 정치적 민족주의의 일환으로도 해석될 수 있을 것이다.

앞서 연구 내용과 그동안의 연구를 바탕으로, 필자는 발칸유럽 내에서 이러한 '정치적 민족주의'를 도입하려 했던 대표적 인물로, 복잡한 민족 구성과 문화적 요소로 엉켜져 있던 과거 사회주의 유고슬라비아 연방을 이끌었던 '티토(Josip Broz Tito: 1892-1980)'를 꼽아 왔다. 그는 제2차 세계대전에서의 승전을 통해 동유럽 국가들 중 소련의 도움 없이 유일하게 독자적 공산화를 이룩했다는 카리스마와 1948년 스탈린과의 '코민포름(Cominform/ Informbiro) 분쟁'에서의 승리를 통한 자신감을 바탕으로 상이한 문화적 민족으로 구성된 유고 지역 내 여러 민족들을 하나로 통합하고자 했으며, 결과적으로 '유고슬라비아 민족(Yugoslav/ Jugosloveni)'이라는 새로운 정치적 민족을 창출하는 데 성공하게 된다.

하지만, 서로 상이한 역사적 경험과 문화적 민족주의에 젖어있던 유고 지역 내 다양한 민족들을 하나로 통합하고 이끌어 가려했던 티토의 노력은 1980년 5월 그의 사망과 이후 연방의 붕괴 과정 속에서 나타난 민족 분쟁과 일련의 내전(1991년-1995년 유고내전, 1992년-1995년 보스니아 내전, 1999년 코소보 전쟁)으로 인해 결국 실패로 돌아가게 되었다. 어쩌면, 20세기 발칸유럽 지역에서 발생한 다양하고도 수많은 민족 분쟁들과 민족 간 내전들은 19세기 민족주의가 이 지역에 도입된 이후 민중들 사이에 뿌리 깊게 형성되어 버린 '문화적 민족주의'간의 갈등과 충돌로써 재해석될 수 있을 것이다.

제2장 발칸유럽 민족의 기원과 정착의 역사

제1절 슬로베니아 민족 기원과 역사적 특징

슬로베니아 민족 기원과 정착을 읽는 역사 키워드
발칸유럽의 북서쪽 끝에 자리하며, 과거 서유럽의 이탈리아, 오스트리아 그리고 동유럽 지역의 헝가리, 크로아티아 사이에서 중요한 지정학적 요충지를 차지하였던 슬로베니아는 제2차 세계대전 이후 한 동안 사회주의 체제 하에서 유고슬라비아 연방의 6개 구성 공화국 중 하나로 자신들의 삶을 유지해 왔다. 이 중 고대 남슬라브족의 일파인 슬로베니아인은 발칸반도로 이주해 내려온 후 5-7세기를 거치며 과거 이 지역을 지배해 왔던 로마인을 몰아내고 새로운 주인으로 등장하게 된다. 하지만, 고대부터 20세기 말까지 이어지는 역사 속에서 슬로베니아는 자신의 독립국가를 한 번도 가져본 적이 없이 프랑크 제국, 합스부르크 제국과 오스트리아, 제1차 세계대전 이후로는 세르비아, 크로아티아 등 주변 남슬라브 족과의 연대 속에서 민족의 명맥을 겨우 유지해 올 수 있었다. 동유럽 민주화의 열기 속에서 1992년 사회주의 유고슬라비아 연방으로부터 독립한 이후, 슬로베니아는 21세기 현재 경제와 정치적으로 비약적인 발전을 거듭하고 있으며, 이에 따라 2004년엔 EU 가입, 그리고 얼마 뒤 2007년엔 동유럽 국가 중에선 가장 먼저 유로존(Eurozone)에 가입하는

성과를 이루어 내기도 했다. 비록 민족 구성상 약 200만 명에 불과한 유럽 내에서도 매우 작은 소수 민족이자 역사적으로 계속된 외세의 지배를 받았음에도 불구하고, 슬로베니아인들은 자신의 고유한 문화와 독자적 언어를 계속해서 유지, 발전시켜 왔으며, 더불어 민족 정체성 발전을 추구하고 있는 유럽 내에서도 매우 모범 민족이라 할 수 있다.

이와 같은 이해를 바탕으로, 본 내용에선 슬로베니아 민족의 기원과 역사적 특징들을 슬로베니아인들의 발칸유럽 정착 시기 때부터 슬로베니아인들의 삶과 문화에 커다란 영향을 미쳤던 합스부르크 제국 지배 시기 때까지를 중심으로 분석해 독자들에게 소개하고자 한다. 이 중 합스부르크 제국의 지배 시기는 각 특징에 따라, 16세기까지는 '오스만 터키의 침략 그리고 농민반란 및 종교 개혁의 시기'로 묘사하였으며, 17세기는 유럽 전역에 확산되어 있던 '종교 개혁 vs 반(反)종교 개혁의 시기'로, 그리고 민족주의 시기로 접어들기 직전인 18세기는 '계몽주의 시기'로 분류해 분석하고자 한다.

I. 생각하기

21세기 현재, 슬로베니아는 20세기말 사회주의 체제에서 자본주의 체제로 전환한 동유럽 국가들 중 가장 안정되고 모범적인 모델국가로 발전을 거듭해 나가고 있다. 과거 사회주의 유고슬라비아 연방 내 6개 공화국 중 가장 선진 공화국이었던 슬로베니아는 1980년 5월 티토의 사망 이후 '이제부터 유럽으로(Europe Now!)'라는 구호와 함께 독립국가를 향한 발걸음을 내딛기 시작하였고, 마침내 1992년 10일 간에 걸친 연방군과의 시민전쟁 승리를 통해 역사상 최초로 독립을 이루는 데 성공하게 된다. 이후 슬로베니아는 2004년 5월에 들어와 폴란드, 체코, 슬로바키아, 헝가리 그리고 발틱 3국 등 다른 동유럽 국가들과 함께 EU 가입에 성공하였고, 비약적인 경제발전과 정치적 민주화를 토대로 자본주의로 전향한 동유럽 국가들 중 가장 먼저 유로존(Eurozone, 2007년 1월)에 가입함으로써

이젠 분명한 유럽 국가의 일원으로 자리매김해 나가고 있다.

슬로베니아의 위상 변화에 따라 그 국가적 이미지 또한 정치, 경제적인 면에 있어 독립국가로써의 발전과 경제적 부를 축적해 가고 있는 점이 커다란 축을 차지하고 있다. 하지만, 이와 더불어 역사와 사회 그리고 문화 내부적 측면에 있어서 슬로베니아인들은 그들 자신만의 독자적인 민족적, 문화적, 역사적 정체성 수립과 그 유지에 일련의 혼란과 어려움이 상존해 있는 게 사실이다. 그러한 이유는 인구 약 200만에 지나지 않는 유럽 내 소수 민족이라는 현실적 어려움과 더불어, 오랜 기간 동안 자신의 독립국가를 유지하지 못한 채 오스트리아를 비롯한 주변 외세의 지배 하에서 이들의 사회, 문화적인 영향을 받고 살아와야만 했다는 역사적인 이유에서 비롯된다 하겠다.

특히 슬로베니아가 2004년 EU 가입을 전후로, 인적 이동의 자유가 보장되고 고급 인력의 두뇌 유출이 심각한 사회 문제들 중 하나로 대두되게 되자, 이를 방지하기 위한 일환으로 역사적 고찰과 민족의 뿌리 찾기 등 일련의 정책 필요성이 대두되게 되었다. 이를 위해 슬로베니아는 다양한 지원을 토대로 슬로베니아의 민족 기원 그리고 민족, 언어 정체성 수립과 발굴에 여러 노력을 기울여 가고 있다. 이러한 연구는 특히 역사, 언어, 문화 등의 학계를 중심으로 전개되었고, 이를 통해 현재까지 슬로베니아인들의 고유한 역사와 언어적 독자성에 대한 자부심을 고취해 나가고 있다 하겠다.

이러한 연구 배경을 바탕으로, 본 절에선 슬로베니아 민족의 기원과 역사적 특징들을 슬로베니아 지역으로의 남슬라브족 정착 시기 때부터 슬로베니아인들의 삶과 문화에 커다란 영향을 미쳤던 합스부르크 제국 지배 시기 때까지를 중심으로 분석해 보고자 하였다. 이 작업은 그동안 상대적으로 유럽 내 소수 민족이라는 이유로 학계에서 주목을 받지 못해 왔다는 측면과 함께, 슬로베니아의 민족 기원과 이에 대한 연구가 국내

학계에 거의 부재했다는 측면에서 보았을 때 본 연구의 의미와 목적이 충분하다 하겠다. 더불어, 본 연구는 향후 오랜 동안 주변 외세의 지배하에 있었다는 이유로 그리고 이에 따른 독자적인 역사적 자료와 연구가 부족하였다는 이유로 인해 그동안 연구 진행에 어려움을 겪어왔던 중·동유럽 내 일부 소수 민족들의 기원과 그 민족적 특징에 대한 연구에 일련의 도움을 제공해 줄 수 있을 것으로 기대된다.

본 글의 내용을 살펴보면, 우선 5-7세기 경 슬라브 민족들의 대규모 이주와 분화 과정 속에서 슬로베니아인을 포함한 남슬라브족이 어떻게 분화되고, 주변 민족들과 어울리며 발칸 반도에 정착하게 되었는지에 대해 소개하고자 한다. 이와 함께 발칸유럽에 정착한 이후로, 다양한 외세의 지배를 받아야 했던 슬로베니아인들이 특히, 합스부르크 제국의 지배 하에서 보여주었던 다양한 역사적 역동성과 그 특징들을 제시하고자 한다. 특히 본 글에서는 각 세기별 특징에 따라 슬로베니아인들의 삶과 문화는 어떠했는지에 대해 소개해 나갈 것이다. 이를 위해 16세기는 오스만 터키의 침략과 농민반란 그리고 종교 개혁의 시기로 묘사했으며, 17세기는 종교개혁 세력 대(對) 반(反)종교개혁 간의 갈등 상황을 그리고 18세기는 계몽주의 시대 당시 슬로베니아인들의 삶에 대해 설명하고자 했다.

II. 슬로베니아 민족의 기원과 발전

오늘날 발칸유럽의 주요 민족을 구성하고 있는 세르비아인, 크로아티아인 그리고 불가리아인과 더불어 남슬라브족의 일파로 분류되는 슬로베니아인은, 대략 기원 후 5-7세기에 걸쳐 오늘날 율리안 알프스(Julian Alps) 산악지대와 아드리아 북부 연안을 중심으로 발칸유럽 내에 자신들의 거주지를 구축하기 시작하였다. 슬로베니아인을 비롯해 이러한 슬라브족들의 이동과 정착은 로마 제국의 분열 그리고 게르만족에 의한 서로마 제국의 멸망, 아시아 유목 민족들의 유럽 진출 등과 깊은 관련을 맺고 있었다. 4세기 중엽, 카스피해 인근에 자리하고 있던 훈족(Hun)은 서쪽으로 이동하여 게르만족의 일파인 흑해 북쪽 기슭의 동고트족과 두나브(Dunav, 다뉴브) 강 하류 유역의 서고트족을 압박하였고, 이것은 곧바로 로마제국 영토로의 게르만족 대이동을 낳았다. 4세기 초부터 로마 제국의 용병으로 활약하여 왔던 이들 게르만족들은 허술한 로마 국경 수비대를 쉽게 물리치고 제국 영토 깊숙이 들어오는 데 성공하게 된다. 그 결과 서고트족은 남프랑스와 에스파냐 북부에, 동고트족은 이탈리아에, 반달족은 아프리카에, 부르군트와 프랑크족은 라인 강의 중하류에, 앵글로 색슨족은 브리튼 등 로마 제국의 각 지역으로 이동하여 그들만의 게르만 국가를 수립하는 데 성공하였다. 반면, 게르만족의 대이동을 일으켰던 훈족은 한 때, 라인 강에서 카스피 해에 이르는 대제국을 이루기도 했으나, 453년 아틸라(Attila)의 사망과 이후 왕위 계승권을 둘러싼 다툼이 겹치며 결국 멸망 후 역사 속에서 사라지게 된다. 1453년 오스만 터키의 침략에 의해 무너진 동로마(비잔틴) 제국과 달리, 서로마 제국은 그보다 1000년 이전인 476년 게르만족의 용병 오도아케르(Odoacer: 433-493)에 의해 멸망하였고, 뒤이어 여러 게르만 국가들 중 로마인들과의 문화적 교류와 원거주지로부터 이주 거리가 비교적 짧았던 프랑크 왕국만이 살아남아 다른 게르만 지역들을 모두 통합해 가며 유럽의 새로운 주인으로 등장하게 되었다.

로마 제국의 쇠퇴와 멸망 그리고 게르만족의 대이동과 뒤 이은 아시아 유목민족들의 유럽 침략은 엘바 강 북쪽에서부터 카르파티아 산맥 너머 추운 지역에 주로 거주하고 있었던 슬라브족들이 대규모로 따뜻한 남쪽으로 이주하는 계기를 마련해 주었다. 우선, 게르만족의 이동에 따라 기존 이들 게르만족의 거주지는 슬라브족에 의해 채워지게 되었는데, 이 중 오늘날 체코와 슬로바키아 그리고 폴란드 지역에 정착한 이들은 서슬라브족으로 분류되게 된다. 이와 더불어 5세기와 6세기 당시 아바르(Avar) 유목민족과 함께 동로마 제국 내 발칸유럽 지역으로 들어올 수 있었던 남슬라브족들은 오늘날 슬로베니아 지역인 북부 아드리아 해안으로부터 흑해 연안까지 그 거주지를 확대시켜 갈 수 있었다. 특히, 발칸지역으로 이주한 남슬라브족들은 6세기 중엽에 들어와 이들 지역에서 훈족을 완전히 몰아내었고, 뒤이어 7세기 무렵에는 아바르의 지배에서 벗어난 후 동로마 제국의 허용 속에 발칸유럽의 새로운 주인이 되는 데 성공하게 된다.

슬로베니아인을 포함해 발칸유럽에 정착한 초기 남슬라브족들은 그들의 원시 거주지로 추정되는 서부 러시아에서 익힌 오래된 습관이나 관습을 버리고, 느리지만 매우 단단하게 그들의 정착 지역을 확산시켜 나갔다.[20] 발칸반도의 험준한 산악지대와 아드리아 해안 지대라는 특성에 따라 남슬라브족들은 각자의 독자적인 문화권을 형성시켜 갔으며, 특히 6세기 경 오늘날 동부 알프스에 해당하는 율리안 알프스 산악 지역에 정착하게 된 슬로베니아인들은 서로의 교통과 의사소통을 막는 산악 지대 특성으로 인해 각자의 독자적인 개별 문화를 형성해 나가게 된다.

슬로베니아인들이 정착하기 이전까지 이 지역에서는 트라키아인(Thracians), 일리리아인(Illyrians), 켈트인(Celts) 그리고 로마인(Romans) 등이 역사적 시기를 병해하며 살아 왔었다. 이곳에 들어온 초기 슬로베니아인들은 아바르 부족의 노예로 혹은 협력자로 이곳 슬로베니아에 들어오기 시작하였고, 이후로 게르만족이 세운 프랑크 제국에 병합되게 된다. 역사를 통틀어 슬로베니아는 7세기 한때 사모(Samo) 공국을 수립해 자치 경험을 한 것 외에는 1992년 독립국가를 수립하기 이전까지 독립 및 자치 국가로써의 경험이 전혀 없었다. 실제, 사모 공국조차도 그 존재 여부에

---

20) 원시 슬라브인들의 발원지를 둘러싼 논쟁은 크게 3가지 학설로 나누어 분석할 수 있으며, 이에 대해선 본 책 제2장 제3절 '세르비아 민족 기원과 민족 정체성' 부분의 내용을 참조.

대한 논쟁이 학자들 간에 아직 존재하는 게 사실이다. 역사가들의 주장에 따르자면 623년 프랑크 왕국 부근의 슬라브인들이 (학자들 사이에 논쟁의 여지가 아직 존재하지만) 프랑크 귀족인 사모를 중심으로 아바르족에게 반란을 일으켰고, 이후 627년부터 658년까지 슬로베니아인들은 사모라 불리는 약간은 신화적이고 가공의 지배자 밑에서 느슨한 정치적 공동체를 구성하였다고 알려지고 있다. 사모 공국은 독일 남부지방의 작센(Saxony) 그리고 모라비아와 보헤미아에서부터 아드리아 해 연안까지 이어진 광대한 영토를 차지하였지만, 659년 사모가 사망한 후 분열하였고 이후 이들 슬로베니아인들은 독일 남부의 바바리안(Bavarian) 그리고 이후에는 프랑크 제국의 정치적 지배 하에 놓이게 되었다.[21)]

슬로베니아인들의 기독교화 과정은 다른 슬라브족들이 9-10세기 사이에 기독교화 된 것 보다는 다소 빠른 8세기 후반에 콘스탄티노플 교회를 통해 이루어지게 된다. 하지만, 콘스탄티노플 교회 하의 초기 정교회 영향력과 치릴 문자(Ćirilica)의 전통은 비잔틴 제국의 국력 약화 그리고 1054년 교회 대분열 이후 점차 로마 가톨릭교회와 라틴 문자(Latinica)의 영향력으로 바뀌게 된다.[22)] 따라서 샤를마뉴 대제(Charlemagne: 742-814) 시기, 슬로베니아는 이때부터 본격적으로 자신들의 미래를 특징짓는 서유럽의 정치적, 종교적, 문화적 제도들과 요소들을 수립해 나가기 시작했다고

21) John K. Cox, *Sovenia: Evolving loyalties*, (London and New York: Routledge, 2005), pp. 1-2.

22) 슬로베니아 인들을 비롯해 중부유럽 및 발칸 반도에 정착한 슬라브족들은 본 거주지에서부터 믿어왔던 내세, 영혼의 존재에 대한 믿음 그리고 천체나 자연숭배 사상이 매우 강하였다. 이들에 대한 기독교 전파는 동서 2개의 교회, 즉 콘스탄티노플 수좌대주교를 중심으로 하는 동방 정교회와 로마 교황의 권위를 인정하는 서방의 가톨릭교회 간의 상호 경쟁에 의해 오랜 시기를 거치며 전개되게 된다. 이정희, 『동유럽사』, (대한교과서 주식회사, 2005), p. 54.

볼 수 있다. 이후 슬로베니아의 중세 역사는 962년 설립된 신성로마 제국 역사의 한 부분으로 등장하게 되었고, 봉건주의 시대에 들어와 대부분의 슬로베니아인들은 비(非)슬로베니아인 출신의 영주와 귀족들의 지배 하에서 농노 상태로 자신들의 삶을 꾸려나가야만 했었다.

특히 슬로베니아 역사 속에서 1382년부터 시작된 합스부르크 제국과의 인연은 이들의 종교뿐만 아니라 문화와 사회 그리고 정치, 경제에 깊은 영향을 남겼다. 이때 이후로 대부분의 슬로베니아 영토는 합스부르크 제국의 지배를 받았고, 이러한 지배는 1918년까지 유지되게 된다. 따라서 비록 슬로베니아가 역사적 특징에 따라 전통적인 카르니올라(Carniola/ Kranjsko)를 중심으로 이 외에도 고리지아(Gorizia/ Gorica), 이스트라(Istria/ Istra), 카린티아(Carinthia/ Kokoško)[23], 스티리아(Styria/ Štajersko) 등으로 나뉘어졌지만, 실제 행정에 있어선 오스트리아의 한 지역에 불과하였다고 할 수 있다. 하지만, 15세기 동안 쩰레(Celje)의 영주는 합스부르크로부터 상대적인 자치권을 확보 받아, 적어도 예술 분야에 있어서 슬로베니아의 르네상스시기를 만들어 내기도 했다. 반면, 이 시기동안 베네치아 공국의 지배력 하에 있던 아드리아 해안 지역은 정치, 경제, 문화

23) 고대 신성로마 제국의 기록에 따르자면 카린티아의 경우 카라타니야(*Karatanija*)로 불렸으며, 15세기 초 슬로베니아 북부 지방을 중심으로 형성된 공국으로, 이 지역 농부들은 자신들의 영주를 투표에 의해 선출하였다. 선출된 공작은 카린티아의 고스파 스베타(Gospa Sveta, 오스트리아 내 클라겐푸르트(Klagenfurt)의 북부에 위치)에서 열리는 임명 서약식을 하는 날 전통적인 농부의 옷을 입고 ‘공작의 돌(Ducal stone/Knežni Kamen)’ 위에서 전통적 축하연(ustoličevanje)을 하였다. Carole Rogel, “In the Beginning: The Slovene from the Seventh Century to 1945”, Jill Benderly and Evan Kraft (eds.), *Independent Slovenia: Origins, Movements, Prospects,* (New York: St. Martin's Press, 1994), p. 4; James Gow & Cathie Carmichael, *Slovenia and the Slovenes: A Small State and the New Europe,* (London : Hurst & Company, 2000), p. 12.

적으로 합스부르크 제국보다는 베네치아의 영향력을 받아야만 했었다.

슬로베니아 역사학자들의 주장에 따르자면 초기 슬로베니아인들의 정착 지역은 현재 슬로베니아 공화국 지역보다 훨씬 넓어 오늘날 오스트리아 남부와 이탈리아 북동부 지역을 가로지르는 영토까지 해당하였다고 말하고 있다. 그러나 이웃한 신성로마 제국과 뒤 이은 합스부르크 제국의 계속된 지배 정책에 따라 점진적인 축소 과정이 수 세기에 걸쳐 일어났고, 이에 따라 19세기 민족주의 시대가 들어선 이후로 특히 양차 세계대전을 거치게 되면서 오늘날과 유사한 지역들로 한정되게 되었다고 주장하고 있다. 실제, 현재의 슬로베니아 영토 밖 지역들에는 초기 슬로베니아인들이 정착했다는 증거물들이 다수 확인되고 있는데, 이 중에는 우선 오스트리아의 지방명칭 중 토플리쯔(Toplitz)[24]와 같은 지역 이름과 클라겐푸르트(Klagenfurt/ Celovec), 그라쯔(Graz)와 같이 독일어를 쓰는 오스트리아 지역에서 조차도 그리고 오스트리아의 일부 유명한 관습들에서 슬로베니아어의 흔적들이 발견되고 있다. 더불어 스티리아 근처 마을 등 카린티아의 남부 지역은 물론 현재 이탈리아 지역인 프리울리-베네찌아(Friuli-Venezia) 언덕과 몬팔꼬네(Monfalcone)의 해안 마을로부터 알프스에 자리한 타르비시오(Tarvisio) 지역까지 슬로베니아의 방언들이 사용되고 있음 또한 확인할 수 있다.[25]

실제, 이탈리아 트르스트(Trieste/ Trst) 근처의 해안 마을들과 이스트라 북부 지역은 오랜 시기 동안 고유의 슬로베니아어가 사용되어 왔던 지역이라 할 수 있다. 오스트리아, 이탈리아 등 외세의 지배가 계속 이어지면서

---

24) 유추해 볼 때, 이 단어는 슬로베니아어로 '따뜻한 봄'을 의미하는 toplice에서 유래한 것으로 추정할 수 있다.

25) 이러한 역사적 흔적들은 1807년 독일 남부의 바바리아 지역에서 발견된 고대 슬라브어로 기록된 브리진스킨(Brižinski) 기념비 등을 통해 확인할 수 있다. Janko Kos (et al.), *Zbornik Brižinski sponeniki,* (Ljubljana: Inštitut za Slovensko Literaturo in Literarne Vedi-SAZU, 1996), p. 32.

▌〈지도 1〉 합스부르크 제국 하의 슬로베니아와 당시 슬로베니아 인의 거주 분포도[26)]

슬로베니아인들은 수세기 동안 다른 언어권의 이웃들과 함께 거주하며 살아와야 했었다. 이에 따라 오늘날 슬로베니아 내는 물론 인근 지역들에서 고대와 중세 슬로베니아 지명 및 방언들이 다수 발견되고 있으며, 언어학자들을 중심으로 이들 지역에서의 언어적 혼용과 방언적 특성들이 자주 연구되고 있다. 특히 이탈리아어가 주로 사용되는 아드리아 해안 지역과 슬로베니아어가 주류를 이루는 내륙지방 간의 차이점이 자주 언급되고 있다. 이러한 연구는 이미 19세기부터 시작되었는데, 19세기 중반 패튼(Archibald Andrew Paton)이 남긴 자료에서도 이러한 내용을 확인할 수 있다. 그는 "트르스트 항구에서는 이글거리는 태양과 깊은 그림자가, 거리 끝 아드리아 해의 강렬한 하늘과 공기의 흐름이, 볼로그나(Bologna) 소시지와 마늘의 향기 혹은 이상한 향료가 서로 강한 대조를 보이고 있다.

26) Jill Benderly and Evan Kraft (eds.), *op. cit.,* p. xix.

하지만, 여기서 거의 공통적으로 사용되는 '예(si)'라는 단어는 이탈리아에 인접해 있는 슬로베니아인들의 현실을 그대로 대변하고 있는 듯하다. 그리고 도시 뒤로 펼쳐진 하얀 빌라와 녹색의 고원에 서있는 사람들의 모습과 복장은 알프스 산에서부터 발틱(Baltic)까지 걸쳐 있는 크고 넓은 땅과 인접한 도시들에 거주하는 사람들, 즉 슬라브인들을 연상케 한다. 시장에 몰려 온 이들 카르니올라 출신의 농부들은 모두 슬라브인(Slavs)이며, 이들은 주로 슬로베니아인들의 거주지인 이스트라, 카린티아 그리고 스티리아에서 들을 수 있는 방언들을 말하고 있다"라고 언급하면서, 이들이 오스트리아나 이탈리아 본토인과는 다른 독특한 그들만의 성격과 특징 그리고 관습들을 지니고 있었음을 언급하고 있다.[27]

하지만, 여러 역사적 자료들을 통해 분석해 볼 때, 슬로베니아인들의 초기 정착이 이처럼 넓은 지역에 걸쳐 이루어졌음에도 불구하고, 슬로베니아가 다른 남슬라브족들처럼 중세 이후로 하나의 독자적인 단일 국가로 성장하지 못한 데에는 여러 가지 원인이 존재한다는 점을 알 수 있다. 실제, 이러한 원인들은 지정학적, 문화적, 언어적, 정치적, 경제적으로 마치 여러 가지 요소가 복합적으로 자리하면서 슬로베니아의 확대와 독립국가로의 발전을 막아왔다. 지정학적으로 슬로베니아는 험준한 율리안 알프스 산악지대라는 특징을 지니고 있으면서, 동시에 서유럽 민족들의 발칸유럽으로의 진출을 위한 그리고 반대로 오스만 터키처럼 동양 세력들의 서유럽 진출을 위한 관문으로서 자리하고 있다. 더불어, 내륙과 해안의 교차점에 자리하고 있는 전략적인 이유로, 계속해서 주변 강대국들의 침략과 지배를 견디어야만 했었다. 그러한 지정학적 위치로 인해 슬로베니아는 문화적으로도 또한 이탈리아 문화와 게르만 문화의 접합점에 자리해야

27) Archibald Andrew Paton, *Researches on the Danube and the Adriatic,* (Leipzig: Brockhaus, 1861), p. 41 in James Gow & Cathie Carmichael, *op. cit.*, p. 11에서 재인용.

했으며, 여기에 자신들이 오랜 동안 지녀 왔던 슬라브적 문화 요소들이 다양하게 혼재되어 복잡다단한 문화적 특징들과 관습을 지니게 되었다. 언어적으로는 일반 민중들을 중심으로 슬로베니아어가 주요 언어로 사용되었지만, 지역과 지배 계층에 따라 이탈리아어와 게르만어가 또한 복잡하게 혼용되어 쓰여 오곤 했었다. 더불어, 외세의 빈번한 침략과 오랜 시기 동안의 지배는 슬로베니아인들의 정치 체제와 경제적 특징에도 커다란 영향을 미쳤으며, 이러한 요소들이 역사적 상황에 따라 서로 복잡하게 얽히면서 세르비아, 불가리아 등 다른 발칸유럽의 국가들처럼 슬라브적 요소를 갖춘 그들만의 독자적 국가가 수립되지 못한 이유가 되었다고 분석할 수 있다.

III. 합스부르크 제국 하에서의 슬로베니아

1. 16세기까지: 오스만 터키의 침략 그리고 농민반란 및 종교 개혁의 시기

이주 초기부터 발칸반도 북서부에 넓게 자리 잡으며 그들의 토착지역을 형성하였던 슬로베니아인들은 점차 아바르의 지배를 벗어나 한 동안 광범위한 자치권을 유지할 수 있었다. 하지만, 8세기 중엽에 들어와 바바리안과 프랑크 제국의 침략이 이어졌고, 이어 프랑크의 샤를마뉴 대제의 영향력 하로 편입되게 되었다. 이후 오토 1세(Otto I: 912-973) 시기인 962년 신성로마 제국의 등장과 함께 거의 대부분의 슬로베니아 지역과 지역에 거주하던 슬로베니아인들은 제국의 지배 하로 복속되게 된다. 뒤이어 1278년 슬로베니아의 상당 영토는 오스트리아의 합스부르크 제국 지배 하로 넘어갔고, 이러한 지배는 제1차 세계대전 이후 ‘세르비아-크로아티아-슬로베니아 왕국(The Kingdom of the Serbs, Croats and Slovenes/Kraljevina Srba, Hrvata i Slovenaca)'이라는 최초의 남슬라브족 통합 국가가 수립되었던 1918년까지 이어지게 된다. 합스부르크 제국의 오랜 지배를 받으면서, 슬로베니아인들은 이때 이후로 가톨릭 문화권의 완전한 영향력 하로 편입되게 되었다.

15세기에서 16세기까지 합스부르크 제국 하에서 슬로베니아의 역사적 특징을 한 마디로 요약하라면 '오스만 터키의 위협과 침략' 그리고 '농민 반란(Jacquerie)과 종교 개혁(Reformation) 운동의 여파'라 할 수 있을 것이다. 합스부르크 제국의 보호를 받는 가운데서도 슬로베니아는 앞 장에서 언급한 지정학적 요인으로 인해 주변 강대국들로부터 수차례의 침략과 위협을 받아야만 했었다. 이 중 14세기 이후 확대된 오스만 터키의 유럽 침공과 슬로베니아에 대한 위협은 슬로베니아인들의 삶과 역사에 일련의 시련을 안겨주게 된다. 14세기를 거치며 세르비아와 불가리아 등 발칸유럽 대부분 지역을 장악한 오스만 터키는 이어 헝가리 영토를 침략하기 시작하였다. 그 결과 더 이상의 전투 의욕을 상실한 헝가리는 자신의 왕위와 영토를 이웃한 합스부르크 제국에게 보호를 요청해야하는 상황에 처하게 되었다. 특히 1453년 콘스탄티노플의 함락과 함께 비잔틴 제국마저 무너뜨린 오스만 터키는 보스니아와 크로아티아를 넘어 15세기 중엽(1469-1483, 1570년 이후 약화됨)부터는 본격적으로 슬로베니아 본토에까지 그 세력을 넓혀가고 있었다. 이때부터 시작된 슬로베니아에 대한 오스만 터키의 위협은 1683년 제2차 비엔나 전투에서 합스부르크 제국이 오스만 터키군의 공격을 물리친 후 양측 간 서로의 국경선을 인정하였던 스렘스키 카를로브찌(Sremski Karlovci) 조약(1699년)이 맺어지기 전까지 이어지게 된다.

발칸유럽의 여러 왕국들과 공국들이 오스만 터키의 침략에 의해 무너지고, 중부 유럽의 강력했던 중세 왕국인 헝가리마저 1526년 모하치

(Mohacz) 전투에서의 패배 이후 오스만 터키에 의해 유린되게 되자, 이제 합스부르크 제국만이 유럽의 최종 방어선이자 마지막 수호 국가로 남아 있게 되었다. 당시 오스만 터키가 몽고로부터 도입한 대포 등 발달된 무기 체계를 중심으로 유럽을 위협하고 있을 즈음, 서유럽인들은 16세기부터 시작된 종교 개혁과 이후 진행된 잔혹한 종교전쟁들로 인해 서로 간의 불신과 피해가 심각한 상태에 이르고 있었다. 따라서 합스부르크 제국은 동쪽으로부터는 오스만 터키의 침공에, 그리고 서쪽으로는 종교 전쟁의 여파에 시달려야만 했었다. 그 결과 오스만 터키의 위협과 침략이 한창이던 당시에도 슬로베니아인들은 합스부르크 제국의 직접적인 군사적 보호를 기대하기 어려운 상황이었다. 스스로의 자구책이 필요하였던 슬로베니아인들은 공격받기 쉬운 저지대 땅을 포기하고 대신 험준한 알프스 산악지대를 활용해 고지대로 피신하였고, 이곳에 교회를 중심으로 오스만 터키의 침략에 대비한 성벽들을 쌓기 시작하였다.

당시 오스만 터키의 유럽 침공과 위협이 장기화되면서, 유럽인들에게 있어 터키의 직접적인 군사적 침공에 대한 두려움과 함께 보다 더 심각한 문제는 농지의 황폐화와 함께 치솟는 경제 물가였다. 특히 오스만 터키와의 전선에 근접해 있었던 슬로베니아의 경우 대다수 농민들이 정상적으로 경제 생산과 활동을 하기 어려웠던 관계로, 이들이 느끼는 경제적 피폐와 어려움은 다른 지역들에 비해 훨씬 더 심각한 수준에 이르고 있었다. 그럼에도 불구하고, 슬로베니아를 지배하고 있던 합스부르크 귀족들은 더욱 더 완고해진 봉건 제도와 오스만 터키 군에 대항하기 위한 군사력 증강을 빌미로 한 잦은 세금 수탈로 슬로베니아 농민들을 괴롭혔고, 이것은 결국 1478년부터 1573년까지 수차례 이어진 '농민 반란'의 주요 배경을 제공하게 되었다. 하지만 귀족층의 수탈에 대한 저항과 농민 반란의 지속은 결과적으론 오히려 슬로베니아의 경제를 파산으로 몰아갔으며, 슬로베니아 농민들의 삶을 더욱 피폐하게 만들었다. 특히 이러한 농민 반란이

1517년 로마 교황청의 면죄부 판매에 대한 루터의 반박문 그리고 종교 개혁 운동과 맞물리면서 슬로베니아 농민 반란은 더욱 더 해결의 실마리를 찾기 어려운 상태에까지 이르게 되었다. 농민 반란의 확대와 종교 개혁 운동의 여파는 그동안 교황청과 지방 영주들의 비호 아래 농민들을 수탈하며 기득권을 유지하여 왔었던 지방 귀족들의 사회적 불안 확대로 이어졌고, 그동안 귀족들과 영주들의 가혹한 조세 부담에 시달려 왔던 농민들의 분노 표출로 자연스럽게 이어지게 되었다.[28)]

이런 사회적 혼란이 지속되는 가운데서도, 슬로베니아에는 종교개혁을 계기로 사회 전반에 걸쳐 슬로베니아인들의 자아의식 확대와 다양한 개혁 움직임들이 확대되고 있었다. 1550년 슬로베니아어의 '아버지(father)'이자 슬로베니아 문어의 창시자로 불리는 프리모즈 투르바르(Primož Trubar: 1508-1586)는 가톨릭 사제지만 개신교를 인정하였던 인물로 1534년 종교 개혁의 영향을 받아 마틴 루터(Martin Luther)의 신약 성경을 슬로베니아어로 번역하기도 하였으며, 1550년에는 슬로베니아어로 된 교리 문답 집인 '아베쩨다리움(Abecedarium)'을 역사상 최초로 출판하기도 했다. 하지만, 기존 가톨릭 관습에 따라 라틴어로 쓰여 있던 성경책을 슬로베니아어로 번역하고 이러한 성경책을 제작 판매하려는 행위 확대는 합스부르크 제국의 비호를 받고 있던 슬로베니아 내 가톨릭 세력들에 의해 일련의 저항을 불러왔다. 따라서 비록 류블랴나(Ljubljana)에 이미 인쇄

28) 슬로베니아에서 발생한 이러한 농민 반란이 가장 크게 일어난 때는 1515년으로 이 당시에는 약 8만여 명의 농민들이 혁명에 가담하였으며, 그 규모만큼 기간도 5개월에 걸쳐 지속되었다. 당시 오스만 터키군의 공격에 대비한 가혹한 세금 포탈 그리고 그 수입원을 내기 위한 지배 계층들의 공동 경작과 산림 벌채가 엄격히 제한된 상황 속에서 농민들은 '과거의 권리(stara pravda)'를 주장하였지만, 오스만 터키군의 비엔나 침공이 확대되고 제국 군대의 진압이 본격화되면서 농민들의 수입과 경제 활동은 더욱 위축되게 되었다. John K. Cox, *op. cit.*, pp. 2-3.

기가 설치되어 있었지만, 1584년 유리이 달마티안(Jurij Dalmatin)은 자신이 번역한 슬로베니아어 성경을 종교 개혁운동의 진원지인 독일에서 인쇄하여 출판해야만 했었다. 특히 그는 이러한 번역 작업을 진행하면서, 슬로베니아인뿐만 아니라 이웃한 크로아티아인들도 읽을 수 있도록 하기 위해 크로아티아어로 된 어휘 목록집을 첨부한 성경책을 출판하기도 하였다. 그리고 아담 보호리취(Adam Bohorič)는 1584년 최초의 '슬로베니아 문법책(Arcticae horulae)'을 일반 대중들에게 선보이기도 하였다.29)

2. 17세기: 종교 개혁 vs 반(反)종교 개혁

16세기 종교 개혁의 바람이 슬로베니아인들의 사회와 문화 전반에 커다란 영향을 미쳤다고 평가할 수 있다면, 17세기 슬로베니아는 다른 유럽 지역과 마찬가지로 종교 개혁을 지지하는 세력과 반(反)종교 개혁 세력 간의 치열한 다툼과 혼란이 거듭되던 시기였다고 할 수 있을 것이다. 슬로베니아에서 일어나고 있던 일련의 종교 개혁 움직임은 1617년 열렬한 가톨릭 신자였던 페르디난드 2세(Ferdinand II: 1619-1637)가 보헤미아의 왕으로 그리고 1619년엔 신성로마제국의 황제로 취임하게 되면서 커다란 위기를 맞이하게 된다. 페르디난드 2세는 가장 먼저 프라하 대주교령 하의 모든 개신교 교회들의 철거를 지시하였고, 이어 개신교도들에 대한 대대적 탄압을 시작하게 된다. 황제의 이러한 무리수는 개신교도들의 분노를 낳았으며, 그 결과 이들이 프라하 궁에 쳐들어와 황제의 고문관들을 왕국 밖으로 투척해 버리는 사건을 낳게 하였다. 이어 보헤미아 제후를 비롯한 개신교 제후들의 반란이 이어졌지만, 개신교 연합군의 분열 속에 1620년 11월 바이센베르크 전투(흰 산 전투)에서 연합군은 페르디난드 2세가 보낸 가톨릭 연합군에 의해 대패하게 되었다. 이후, 황제는 1627년

---

29) *Zgodovina Slovencev*, (ljubljana: Cankarjeva založba, 1979), pp. 258-260; Carole Rogel, *op. cit.*, p. 5에서 재인용.

'신(新)영지 조례법'을 만들어 개신교도들의 재산권 박탈과 추방을 정당화하였고, 뒤이어 그는 1628년, 보헤미아를 비롯한 자신이 속한 제국의 영토 내에 있는 모든 개신교도들에게 가톨릭교로 개종할 것인지, 아니면 모든 재산권을 포기한 채 제국 밖으로 추방당할 것인지 중 하나를 택할 것을 요구하는 등 반(反) 종교 개혁을 강력히 추진해 나갔다. 이를 계기로, 그동안 개신교도들의 활발한 활동에도 불구하고 별다른 저항을 하지 못하여 왔던 예수회(Jesuit/ Society of Jesus)[30]를 비롯한 슬로베니아 내 가톨릭 추종자들은 슬로베니아어로 된 성경 및 문학서적 등을 불태웠고, 개신교도들에게 폭력과 탄압을 확대해 나가게 된다.

하지만, 일련의 '반(反) 종교 개혁(Counter-Reformation)'적 조치들이 강력히 시행되었음에도 불구하고, 16세기 이후로 슬로베니아인들 사이에 불기 시작한 언어를 통한 문화적 자각과 민족 자아 정체성 형성 움직임은 막기 어려웠다. 실제로, 비록 종교적 신념은 달랐지만, 일부 예수회 사제들은 일반 민중들에 대한 종교적 확대를 위해 빈번하게 슬로베니아어로 설교하는 것은 물론 슬로베니아로 된 찬송가를 작곡하였으며, 슬로베니아어로 개정된 달마티아(Dalmatia/ Dalmacija) 성서 간행본을 통해 교육하기도 했다. 물론 슬로베니아 지주 계층의 자제들 중 상당수는 신성로마제국 내 대학들로 보내져 게르만어와 이탈리아어를 배우고 이를 즐겨 썼

30) 16세기 당시 합스부르크 제국의 비호 아래 오스트리아의 여러 지역에 그 뿌리를 두고 성장하고 있던 예수회는 1597년 '반 종교 개혁'을 위한 발칸 유럽 내 요새 중 하나로 슬로베니아의 류블랴나를 선정하고, 센터를 설립하게 된다. 이들은 종교 개혁 운동의 상징으로 자리 잡힌 슬로베니아어를 의도적으로 약화시키기 위해, 당시 주요 학문 분야라 할 수 있는 법학, 철학, 신학, 과학적 지식 등은 라틴어로 가르쳤지만, 대중적 호응을 필요로 하였던 음악, 종교적 행위와 설교 등은 슬로베니아어로 진행하곤 하였다. Leopoldina Plut-Pregelj and Carole Rogel, *Historical Dictionary of Slovenia,* (Plymouth, UK: The Scarecrow Press, Inc., 2007), p. xliii.

으나, 농민이 대다수였던 일반 슬로베니아인들은 일상생활에서 슬로베니아어를 즐겨 썼으며, 이를 통해 자신들의 고유한 문화를 지속해 나가고 있었다. 따라서 실제 슬로베니아 출신의 귀족들이 슬로베니아적 관점에서 슬로베니아인들의 생활과 관습, 문화를 연구하고 소개하는 것은 극히 드문 일이었다. 예외적인 인물로는 당시 귀족이자 학자인 야네즈 바이카르드 발바소르(Janez Vajkard Valvasor: 1641-1693)를 들 수 있는데, 그는 비록 게르만어이지만 1689년 4권으로 이루어진 '카르니올라 공국의 영광(The Glory of the Duchy of Carniola)'이란 백과사전을 편찬하기도 하였다.[31] 비록 이 백과사전이 슬로베니아 지식인들의 문화적 정체성이 게르만적 요소와 섞여 제작되었음에도 불구하고, 이러한 전통은 훗날 19세기 슬로베니아의 위대한 언어학자인 예르네이 코피타르(Jernej Kopitar: 1780-1844)에게 까지 이어져 슬로베니아어의 발전을 돕는 데 일조하게 된다.[32]

하지만, 당시까지도 슬로베니아 지역의 언어들은 험준한 산악지대라는 특성상 통일성을 지니지 못하고 있었고, 지역별로 큰 차이점을 보이고 있었다. 19세기 민족주의 시대에 들어와 언어가 민족 문화 형성의 주요한 구심체가 되기 이전, 슬로베니아를 지배하고 있던 이웃 국가들과 지배계층의 언어들은 슬로베니아어에 복합적으로 영향을 미치고 있었다. 류블랴나를 비롯한 내륙 지역의 언어는 오랜 기간 동안 계속된 오스트리아인들의 지배에 따라 게르만어가 슬로베니아의 언어적 통일을 방해하고 있었다. 반면, 이탈리아와 가까이 접해 있는 트르스트와 코페르(Koper) 등 아드리아 연안 지역에서는 이탈리아어와 슬로베니아어를 혼용해서 쓰는

31) 발바소르는 그의 놀라운 업적들로 인해 슬로베니아 국내보다도 국외에서 보다 유명하였으며, 따라서 다른 유럽 내 여러 민족들에게 슬로베니아에 대한 이해와 슬로베니아인들의 정체성을 소개하는 데 큰 역할을 담당하였다.

32) John K. Cox, *op. cit.*, p. 5.

슬로베니아인들을 쉽게 접할 수 있었다. 20세기 초까지도 험준하고 고립된 율리안 알프스 계곡에서 수천 명의 슬로베니아인들이 그들의 오랜 삶의 방식에 맞추어 거주하고 있었고, 이들은 현대적 슬로베니아어와 다소 거리가 있는 그들만의 독자적인 슬로베니아어를 구사하고 있었다.[33] 하지만, 18세기 이후 슬로베니아의 경제 성장에 따라 신흥 지주들과 이에 따른 지식인 계층들이 새롭게 형성되었고, 이러한 현상은 슬로베니아어의 통일과 발전에 새로운 기틀을 마련해 주게 되었다.

경제적인 면에 있어서 18세기 이전까지 슬로베니아 경제는 원시성에 가까운 자연경제 수준을 벗어나지 못할 정도로 매우 빈약하고 척박하였다. 영토의 50%가 험준한 알프스 산악지대를 형성하고 있었던 슬로베니아는 특히 15세기 말 이후로 높아진 오스만 터키의 군사적 압력과 이웃 크로아티아에서 발생한 마티야 구베츠(Matija Gubec) 봉기(1572-1573) 여파로 인해 슬로베니아인들은 더욱 더 피폐한 상태로 놓이게 된다. 슬로베니아 농민들 또한 오스트리아 지주들의 지나친 폭리와 세수 확대에 대해 수차례 저항하였지만, 오스만 터키의 공격 위협과 합스부르크 제국의 진압으로 인해 농민들 간 단결 수준 이상의 효과는 발휘하기 어려웠다. 실제, 원시적 목축 산업 외에 별다른 산업이 존재하지 않았던 관계로 슬로베니아 내륙 지방의 카르스트 농부들은 빵을 비롯한 다른 생필품들을 트르스트 항구를 통해 조달해야 했으며, 해안가의 슬로베니아인들은 베네치아 상인들의 무역선을 건조하기 위한 벌목 확대로 인해 아드리아 해에 불어 닥치는 '부라(Burja)' 바람의 영향과 태풍 피해를 그대로 받아야만

---

33) 소규모의 민족 구성과 영토적 협소함에도 불구하고, 슬로베니아 내에는 아직까지도 수많은 방언들이 존재하고 있다. 한 예로 영어로 소녀를 의미하는 'girl'의 경우 속어를 포함하여 12개의 다양한 표현들(dekle, deklica, punca, pupa, ceca, deklina, dečva, diklina, frajla, frčafela, fraca, mrha)이 존재하고 있다. James Gow & Cathie Carmichael, *op. cit.*, p. 16.

했었다. 슬로베니아 농부들은 농지의 협소함과 척박함으로 인해 이웃한 오스트리아 본토로 혹은 슬로베니아 내 여러 도시들로 이주해 생계를 꾸리고자 했고, 그 결과 류블랴나 외에도 쁘투이(Ptuj) 그리고 마리보르(Maribor) 등의 도시들이 형성되어 점차 규모가 확대되게 되었다.

3. 18세기: 계몽주의 시대

18세기에 들어와 도시화와 산업화가 더욱 확대되었고, 이에 따라 슬로베니아의 경제는 점차 현대적 산업 발전의 형태를 조금씩 보이기 시작하였다. 이러한 배경 중 하나는 18세기 산업혁명이 본격적으로 진행됨에 따라, 주변의 독일과 오스트리아, 이탈리아 지역 등의 경제가 크게 활성화된데 따른 영향에서 비롯된 것이라 할 수 있다. 특히, 이 시기엔 산업혁명에 따른 유럽 경제 활성화는 물론 새로운 신대륙들의 개척과 개발이 이루어지면서, 합스부르크 제국의 수도인 비엔나와 이탈리아의 주요 무역항이었던 트르스트 간의 무역 루트가 새롭게 개발되게 되었다. 이러한 상업적 경제적 무역 루트 활성화는 곧이어, 이들 간의 중간 교역로에 자리하고 있었던 슬로베니아의 마리보르와 류블랴나 등 슬로베니아 도시들의 발전을 촉진시키게 된다. 합스부르크 제국에서 생산된 각종 농축산물과 공산품들이 슬로베니아 도시들을 경유한 무역 루트를 통해 수출되었고, 동쪽에서 들여오는 다양한 외제품 및 원자재들 또한 슬로베니아 도시들을 거쳐 제국으로 반입되게 되었다. 특히 1849년 비엔나에서 류블랴나까지의 철도가 건설되고, 이후 1857년엔 트르스트 항구까지 철로가 연장 개통됨에 따라, 슬로베니아는 합스부르크 제국의 좀 더 넓은 수출 시장을 위한 전초 기지 및 중개 무역 기지로 발전되게 되었다.

합스부르크 제국의 요세프 2세(Joseph II: 1764-90) 시기에 들어와, 1782년 공표한 '농노제 폐지령' 등 황제의 다양한 개혁 정책과 경제적 발전이 가속화되었고, 그 결과 슬로베니아 또한 경제, 문화적 중흥기를 맞이하게 된다. 이 시기 동안, 슬로베니아어로 된 다양한 번역서 제작이 허용되었고, 그동안 슬로베니아인들에게 소유가 금지되었던 수도원 농지, 공장과 수산업 등의 관할권이 허락됨으로써 슬로베니아인들이 그들 스스로의 경제적 부를 축적할 수 있는 기반을 형성케 해주었다.[34] 경제적 부의 축적 결과 18세기 말에 들어와, 슬로베니아 중산층들은 그들의 자녀들을 비엔나 혹은 파리로 유학 보내는 경우가 활발히 나타나기 시작하였다. 서유럽에서 유학하고 돌아온 이들 슬로베니아 지식인들은 당시 유행처럼 번지고 있던 민족주의에 심취해 있었으며, 이에 따라 자신들이 지니고 있던 고유한 문화에 대한 객관적이고 이성적인 판단을 기초로 일반 민중들에 대한 '계몽주의 운동(Enlightenment, 특히 1760년대부터 1820년대까지)'에 열중하게 되었다.

1774년 대중들에 대한 초등학교 교육이 허용되게 되면서, 이때 이후로 슬로베니아 지식인들 또한 과거 즐겨 쓰던 독일어와 이탈리아어의 굴레에서 벗어나 슬로베니아어를 보다 더 즐겨 쓰기 시작하였다. 그리고 이들은 당시 합스부르크 제국에 의해 사회와 문화 전반에서 진행되던 독일화(Germanization) 작업 과정 중에서도, 슬로베니아어의 발전과 보급을 통해 그들이 이상으로 품어 온 민족주의 사상을 일반인들에게 도입하려고 노력하게 된다. 실제, 1768년에는 마르코 포흘린(Marko Pohlin)이 '카르니올라 문법책(Carniolan Grammar)'을 제작하였고, 안톤 토마쥐 린하르트(Anton Tomaž Linhart)는 비록 독일어로 제작하였지만 1788년과 1791년 사이에 저술한 슬로베니아 역사서 속에 슬로베니아인들을 최초로 하나의 단일민족으로 기술하였다.[35] 이어, 철학자인 블라쥐 쿠메르데이(Blaž

34) *Ibid.*, p. 17.

35) Ian D. Armour, *A History of Eastern Europe, 1740-1918,* (New York: Hodder Arnold, 2006), p. 59.

Kumerdej: 1738-1805)는 합스부르크 제국의 마리야 테레사(Maria Theresa: 1740-1780) 시기 초등학교 체제를 구축하고 구성하는 데 일조하기도 하였다. 더불어 1797년에는 신문 편집장이자 학자이며 학교 행정관이고 교과서 저자이기도 했던 발렌틴 보드니크(Valentin Vodnik: 1758-1819)가 슬로베니아어로 된 '일리리아의 부활(Illyria Resurrected/ Ilirija oživljena)'이란 시를 짓고, 1797년부터 1800년까지 슬로베니아어로 된 최초 신문(Lublanske novice)을 발간하기는 등 그들 스스로의 민족적 정체성과 자부심을 보다 더 높이기 위한 지식인들의 노력이 확대되게 된다.36)

Ⅳ. 정리하기

5-6세기를 거치며 발칸유럽에 들어와 정착하게 된 슬로베니아인들은 그들이 정착한 지역의 자연적 험준함과 지정학적 위치로 인해 불가리아, 세르비아 등 다른 남슬라브족들과 달리 강력한 중세 왕국을 건설하지 못하였고, 프랑크 제국과 신성로마제국 그리고 그 뒤를 잇는 합스부르크 제국 등 외세의 지배를 받으며 살아야 했다. 하지만, 남슬라브족의 일파인 슬로베니아인들은 비록 오랜 기간 동안 주변 외세의 지배를 받으며 성장하였지만, 그들의 문화와 정체성에 일방적으로 동화되지 않은 채, 독자

36) 그는 또한 나폴레옹의 업적과 자유 슬로베니아의 탄생을 부르짖는 시를 쓰는 등 슬로베니아인들과 다른 남슬라브족들과의 정치적 연대 및 문화, 정치적 공감대를 제시함으로써 19세기 대두된 '일리리아 운동(Illyrian Movement/ Ilirski pokret)'의 영감을 확대시키고자 하였고, 이것은 제 차 세계대전 이후 남슬라브족들의 연합 국가가 탄생에 슬로베니아인들이 긍정적으로 참여하게 하는 배경을 형성해 주었다. 당시 그가 쓴 시의 내용 "Napoleon says. "Illyria arise!" It raise, it breathes: And who calls you to life? ..."에 대해선 John K. ,Cox, op. cit., p. 8 참조.

적인 언어 정체성을 중심으로 자신들만의 문화적 정체성을 유지 발전시킬 수 있었다.[37)]

16세기 이전까지 슬로베니아의 역사적 특징을 규정한다면 한 마디로 '오스만 터키의 군사적 위협과 침략 그리고 농민 반란과 종교 개혁 운동의 여파'라 할 수 있을 것이다. 15세기 말에 들어와 오스만 터키의 위협과 침략으로 인한 경제적 피폐가 이어지는 가운데 오스트리아 지주들의 경제적 착취와 군역 및 세금에 대한 포탈이 더욱 확대되었고, 이것은 곧 이어 슬로베니아 전역에 걸친 농민 반란의 빌미를 제공케 하였다. 특히 이 당시 농민 반란은 16세기에 일어난 종교 개혁 운동과 맞물리면서 슬로베니아인들 사이에 본격적으로 피지배 계층의 '우리(We)'와 지배 계층의 '그들(They)'이라는 이분법적 논리를 자리 잡게 하였다.

17세기 슬로베니아는 슬로베니아인들의 문화적 정체성에 새로운 눈을 뜨게 해준 종교 개혁 세력과 이를 저지하기 위한 반(反)종교 개혁 운동 세력 간의 갈등선상의 한 가운데 자리하고 있었다. 무엇보다도 종교 개혁은 그동안 지배 계층의 소유물로 인정되어 왔던 게르만족의 문화와 언어 그리고 라틴어만이 대접받던 시대에서 벗어나 슬로베니아인 일반 대중들이 쉽게 이해하고 접근할 수 있는 민족어의 뿌리를 설립하는 데 그 기초를 마련케 해주었다는 데 의미를 찾을 수 있다. 비록 17세기 반(反)종교 개혁의 거센 저항에도 불구하고, 슬로베니아인들은 자신들의 문화적 정체성을 잘 유지해 나가는 데 성공하였으며, 이것은 18세기 계몽주의 시대에 있어 새로운 문화적, 민족적 중흥기로 이어지는 밑거름이 되게 된다. 특히, 이

37) 이에 대해 싱글턴(Fred Singleton)은 "여러 어려운 환경 속에서도 슬로베니아 농민들의 대다수는 경이로운 인내심을 가지고 그들의 슬라브 문화와 언어를 유지하여 왔다"고 밝히고 있다. Fred Singleton, *A Short History of the Yugoslav Peoples,* (Cambridge: Cambridge University Press, 1985), p. 51.

시기에 들어와 슬로베니아는 급속한 산업화와 도시화 그리고 대륙과 해안을 잇는 새로운 경제 수송로의 개발을 통해 경제적 부를 하나씩 채워갈 수 있었고, 합스부르크 제국의 다양한 개혁 정책과 계몽주의 시대정신이 맞물리게 되면서 슬로베니아인들은 여러 분야에 걸친 경제적, 사회적 기반을 수립할 수 있게 되었다. 무엇보다도 슬로베니아의 급속한 경제 발전은 문화적 발전을 동반하였고, 다양한 슬로베니아 역사책과 문법책 그리고 민족 정체성을 부르짖는 민족시들의 출시를 낳게 하였다.

합스부르크 제국 하에서 이룬 이러한 결실들은 이후 19세기 민족주의 시대에 들어와 독자적 언어를 바탕으로 한 슬로베니아 민족의 단결과 문화 정체성 형성 그리고 무엇보다도 남슬라브족 통합 운동에 커다란 영향을 미쳤으며, 이후 제1차 세계대전 이후 최초의 남슬라브족 국가라 할 수 있는 '세르비아-크로아티아-슬로베니아 왕국'이 수립되는 역사적 배경을 마련해 주게 된다. 이러한 점이 바로 슬로베니아 민족의 기원을 살펴보면서, 이와 함께 합스부르크 제국 시기 그 지배 하에서의 슬로베니아인들의 삶과 문화 그리고 그 역사적 특징들을 분석하고자 한 본 내용의 의미라 할 수 있을 것이다.

제2절 크로아티아인의 발칸유럽 정착과 중세 왕국

크로아티아 민족 기원과 정착을 읽는 역사 키워드
고대 로마와 중세의 여러 유적들과 함께 친환경 관광산업을 통해 천혜의 아름다운 관광 대국으로 발전해 가고 있는 크로아티아는 발칸유럽 국가들 가운데서도 가장 강력한 가톨릭 국가 및 문화 지역으로 손꼽히고 있다. 5-7세기경을 거치며 다른 남슬라브 족들과 함께 발칸반도에 정착해 내려온 크로아티아인들은 역사 속에서 그들의 독자적인 문화와 사회를 발전시켜 왔다. 실제, 중세 시기 수용된 가톨릭에 대한 신앙심 그리고 중세 왕국 건설 경험과 문화적 발전은 현재까지도 크로아티아인들에게 매우 커다란 의미로 다가오고 있으며, 역사적으로도 독립국가의 이상을 향한 주요한 원동력이 되어 왔다. 본 내용에서는 오랜 기간 동안의 외세 지배와 주변 민족들과의 혼재 속에서도 자신들의 고유한 문화와 민족 정체성을 유지시켜 왔던 크로아티아인들이 어떻게 발칸유럽에 정착하였고, 이후 수용된 가톨릭이 크로아티아인들에게 어떠한 영향을 미치게 되었는 지에 대하여 소개하고자 한다. 더불어, 각 시기별로 그 특징을 나누어 크로아티아인들이 중세 왕국을 수립한 이후 주변의 강력한 외세 국가들의 견제 속에서도 독자적인 독립국가로써, 그리고 이후에는 외세 영향력 하에서도 자신들의 문화와 정체성 유지 및 발전을 어떻게 진행시켜 왔는지에 대해 살펴보고자 한다. 이를 위해 본 내용에서는 우선, 고대 크로아티아에 대한 역사적 고증 내용과 크로아티아인들의 발칸유럽 정착 과정, 그리고 크로아티아가 현재 강력한 가톨릭 국가가 된 배경인 9세기 기독교 수용 과정에 대해서 소개하게 될 것이다. 이와 함께 11세기부터 15세기까지의 시기를 각 시기별 특징에 따라 나누어 크로아티아 중세 시기를 분석하게 될 것이다. 이에 따라 왕국 성립 초기인 11세기는 '문언과 문화의 출발'으로써 중세 크로아티아 왕국의 성립과 발전을 바라보고자 했으며, 12세기부터 13세기까지는 헝가리 아르파드(Arpad) 왕조 하에서 수립된 '봉건제도의 성숙' 과정을, 14세기는 '문화적 융성 시기'라는 소주제로 특히 아드리아 해의 두브로브니크(Dubrovnik)의

문화적 발전상에 대해 설명하고자 한다. 그리고 15세기는 오스만 터키와 베니스 공국 간의 '전쟁과 혼란의 시기'로 규정하고 당시의 시대상을 소개하게 될 것이다.

I. 생각하기

크로아티아인의 발칸유럽 정착 그리고 이후 수립된 크로아티아 중세 왕국과 헝가리 등 외세와의 관계 설정을 둘러싼 논쟁 및 이에 대한 연구는 오랜 동안 크로아티아 국내 학계에 많은 관심을 끌어왔던 게 사실이다. 크로아티아는 1989년 사회주의 체제의 붕괴를 상징하는 베를린 장벽이 붕괴된 이후, 사회주의 유고슬라비아 연방의 해체와 독립을 위한 장기간 내전을 경험하게 된다. 이후 힘겹게 독립국가를 수립하게 된 크로아티아는 현재까지 자신들의 민족 기원이 되는 고대, 중세 역사에 대한 독자적 연구와 새로운 고증 작업을 활발히 전개하고 있다.

과거 사회주의 시절 동안 민족주의 연구 및 표방을 금기시했던 유고슬라비아 연방 하에서 크로아티아는 자 민족 역사에 대한 독자적 연구 및 분석 작업이 사실상 불가능하였다. 그러나 사회주의 유고슬라비아 연방의 해체 그리고 1991년 독립 선포 이후 시작된 유고내전을 겪으면서 크로아티아 정부는 크로아티아 민족주의 부활 및 자 민족에 대한 의식 확대의 필요성을 절실히 느끼게 된다. 이에 따라 크로아티아는 크로아티아 민족의 독자성과 우수성을 발굴하고, 이를 민족들에게 고취시키기 위한 일환으로 고대 역사 속에서 크로아티아인들이 어떻게 발칸유럽에 정착하여 자신들의 문화와 사회를 꽃피웠고, 이후 계속된 외세의 위협에 저항해가며 중세 독립 왕국을 건설하고 왕국의 발전을 어떻게 이루어 낼 수 있었는지에 대한 연구가 활발히 이루어지게 된다. 또한 현재 정부의 적극적 지원 속에 고대 크로아티아 지역의 문화적 우수성과 중세 왕국의 발전에 대한 연구가 점차 다양한 학문 분야와 연계되면서 발전해 나감에 따라, 이를 기초로 한 크로아티아 민족의 기원과 민족 정체성에 대한 연구 또한 활발히 일어나고 있다. 더불어 이러한 연구는 단순히 고고학적 혹은 인류학적 분야의 연구를 넘어서 예술, 문학, 언어, 역사, 종교 그리고 지정학적 관점에 따른 연구와 함께 민족주의와 같은 정신적, 이념적 연구로까지 확대, 발전되어 현재에 이르고 있다.

본 연구에서는 이러한 연구 배경과 이해를 바탕으로 크로아티아인의 발칸유럽 정착을 둘러싼 연구를 소개하고, 크로아티아 중세 왕국의 성립과 발전에 대한 크로아티아 국내외 학계의 시각과 연구 성과를 소개하고자 한다.

본 글의 구성을 보면 우선 제2장에서는 고대 크로아티아에 대한 역사적 고증 내용과 크로아티아인들의 발칸유럽 정착에 대한 일련의 분석들을 연구하게 될 것이다. 더불어 9세기 기독교(가톨릭) 수용 과정과 그 의미에 대해서도 살펴볼 것이다. 제3장에서는 발칸유럽 정착에 성공하고 기독교를 받아들임으로써 국가적 틀을 마련하게 된 크로아티아인들이 어떠한 과정을 거치며 중세 크로아티아 왕국을 성립하였고, 중세, 특히 왕국 성립 초기인 11세기부터 내란과 전쟁으로 혼란의 시기를 맞게 되는 15세기까지 왕국의 발전 과정이 어떠했는지에 대해 소개하게 될 것이다. 본 장에서는 각 세기별로 그 특징을 나누어, 11세기를 문언과 문화의 출발로서 중세 크로아티아 왕국의 성립과 발전을 바라보고자 했으며, 12세기부터 13세기까지는 아르파드(Arpad) 왕조 하의 크로아티아에서 확대된 봉건제도의 의미를 두고 살펴보고자 했다. 또한 14세기는 문화적 발전과 융성이 일어났던 시기로 이 중에서도 특히 두브로브니크(Dubrovnik)의 문화적, 상업적 발전상에 대해 설명하게 될 것이다. 그리고 내란과 전쟁의 시기인 15세기는 오스만 터키제국과 베니스 공국사이에서 일련의 어려움을 겪어야 했던 크로아티아인의 아픔과 현실에 대해 소개하게 될 것이다.

II. 크로아티아인의 발칸유럽 정착과 기독교 수용

1. 고대 크로아티아와 크로아티아인의 발칸유럽 정착

395년 테오도시우스 황제 사후 로마제국은 현재의 크로아티아와 보스니아의 경계를 이루는 사바(Sava), 두나브, 우나(Una) 강을 경계로 각자 동, 서로마로 분리되었고, 훗날 이 분리선은 제1차 세계대전 이후 최초의 남슬라브족 통합 왕국이 수립되기 전까지 약 1,500여 년간 양측 간 전혀 다른 이질적인 역사와 정치, 경제 그리고 사회, 문화를 낳게 하였다. 잦은 전쟁과 국경의 변화 그리고 서유럽, 아시아와의 경제적 접촉과 문화적 영향은 6-7세기를 거치며 발칸유럽에 정착하기 시작하였던 남슬라브족들의 사회와 문화 전반에 중대한 영향을 끼쳤을 뿐 아니라, 그 일파인 크로아티아인들의 운명에도 결정적인 영향을 미치게 된다. 이들 남슬라브족들은 비록 그 민족적 기원은 같이했으나, 발칸유럽의 종교적, 역사적 운명에 따라 정치, 경제, 사회, 문화 등 모든 측면에서 서로 다른 두 가지 양태를 보이게 되었다. 그중 하나는 콘스탄티노플 교회(훗날 정교로 발전)의 비잔틴 제국과 14세기 이후 확대된 오스만 터키의 영향력 하에 있던 세르비아인, 불가리아인을 비롯한 정교 문화권이고, 또 다른 하나는 로마 교회(훗날 가톨릭으로 발전)를 신봉한 프랑크 제국과 이후 합스부르크 제국 하에서 서유럽 및 가톨릭 문화권에 편입된 크로아티아인과 슬로베니아인을 들 수 있다.

문헌을 통해 확인해 봤을 때, 현재 발칸반도에 위치한 크로아티아 지역에 크로아티아인들이 거주하기 시작한 시기는 다른 여타 남슬라브족의 이주 및 거주시기와 유사한 6-7세기경으로 추정할 수 있다. 크로아티아인들이 거주하기 이전 이 지역은 로마의 영향력 하에 있었고, 그 이전에는 해안가를 중심으로 그리스인과 일리리아 인들이 자신들의 영역을 확보하고 있었다. BC 2세기에 들어와 로마인들은 이 지역의 원주민들을 정복하고, 마침내 BC 168년엔 일리리아(Illyria) 왕국의 마지막 수도인 스카다르(Skadar, 현재 아드리아 해를 따라 몬테네그로와 알바니아 경계선에 위치하고 있음)를 점령함으로써 북부 아드리아 해에 위치한 이스트라 반도를 비롯해 현재의 크로아티아 해안 지역을 완전히 장악하게 된다. 로마의 정복 이후 이 지역은 급격한 도시화와 경제, 문화적 변화가 발생하게 된다. 로마 점령 이후 한 동안 일리리아인들은 자신들의 고대 문화와 관습을 지키기 위해 노력하였으나, 점차 로마의 사회와 문화에 동화되어갔고, 농경, 목축, 풍부한 천연 광물로 인해 이 지역은 로마 제국의 중요한 원료 공급기지가 되었다. 더불어 로마는 크로아티아에 있는 아드리아 해안 도시를 상업과 무역 도시이자 전략상 주요 요새로 크게 발전시켰는데, 대표적인 도시들로는 디오클레티아누스(Diocletian)의 궁전이 자리하고 있는 스플리트(Split, 로마 당시에는 Salona로 불렀음), 훗날 11세기 크로아티아 중세 왕국의 발원지인 닌(Nin, 로마 시절 Aenora), 오늘날까지도 아드리아해의 대표적인 무역도시인 자다르(Zadar, 로마 시절 Jadera) 등을 건설하고 발전시켰다. 더불어 로마 제국시절 이 지역의 해안 도시들을 둘러싸고 새로운 항로 및 내륙 간 도로들이 개발되었는데, 당시 만들어진 항로 및 도로 등 가장 중요한 수송로는 다음과 같은 세 가지를 들 수 있다. 첫 번째 주요 항로로 오늘날 이탈리아에 위치한 트르스트로부터 동쪽 아드리아 해와 알바니아 해안을 따라서 오늘날 이스탄불(Istanbul, 콘스탄티누스 이후 세워진 콘스탄티노플)까지 연결된 항로이고, 두 번째 도로는 이탈리아 내륙을 경유해 발칸유럽 동부지역에서 파노니아(Pannonia) 평원 북부와 소아시아까지 연결되는 도로망을, 그리고 마지막 세 번째 도로는 파노니아 평원에서 아드리아 해로 이어지는 도로망을 들 수 있다. 기록에 따르자면 당시 기독교 순례자들은 로마 제국의 이러한 도로망을 따라 로마에서 크로아티아 및 발칸유럽 지역을 거쳐 예루살렘까지 순례 여행을

떠나곤 했었다.[38)]

395년 로마가 분열되고, 뒤이어 게르만족의 침략으로 서로마 제국이 붕괴된 이후, 동·서로마 제국을 비롯해 당시까지만 해도 초기 기도교의 여러 유산들이 남아있었던 크로아티아 아드리아 해의 해안 도시들은 게르만족의 일파인 고트족(Goth), 롬바르드족(Lombard) 외에도 아시아의 유목민족인 아바르족과 훈족 등의 계속된 약탈과 침략을 받아야만 했다. 특히 서로마 제국 붕괴 이후에도 유일하게 로마 문화의 계승자로 제국의 명맥을 유지하고 있던 동로마 제국(비잔틴 제국) 조차도 535년 아드리아 해 달마티아 지역에서 치른 고트족과의 전투에서 패배한 이후, 크로아티아 내 상당 부분의 로마 도시들과 해안 도시들의 지배권을 게르만족과 아시아 유목민족에게 넘겨주어야만 했다. 비록 일련의 시간을 거치면서 이들 유목민족들은 대규모 약탈을 마치고 사라졌지만, 이때 이후로 이 지역에 있어 로마의 행정과 통치, 로마 문명의 여러 업적 그리고 그 유산들은 상당 부분 소실되게 되었다.[39)] 하지만, 역설적이게도 이 지역에서 로마 제국의 영향력 쇠퇴와 세력 공백은 훗날 아시아 유목민족들을 피해서 혹은 이들과 함께 로마 제국 영토 내로 넘어 들어왔던 남슬라브족들의 정착지 건설과 세력권 형성을 보다 용이하게 해주는 배경을 마련해 주게 된다.

남슬라브족들은 6세기와 7세기에 걸쳐 매우 느린 속도로 우크라이나를 거치고 파노니아 평원과 두나브 강을 넘어 비잔틴 제국의 지배 하에 있던

---

38) Ivo Goldstein, *Croatia: a History*, (London: Hurst & Company, 1999), p. 11.

39) 이들 유목 민족 중 아바르족은 주로 해안지역을 중심으로 이탈리아와 발칸의 전 지역 그리고 소아시아 일부 지역에까지 자신의 영역을 확장시켰는데, 그 와중에 이들 지역에 잔존해 있던 상당수 초기 기독교 문화가 파괴되게 된다. Donald M. Nicol, "Justian I and His Successors: AD. 527-610", Philip Whitting (ed.), *Byzantium: an introduction*, (Oxford: Basil Blackwell, 1981), pp. 31-34.

발칸 지역으로 이주하기 시작하였다.[40] 발칸반도로 이주한 슬라브족들은 점차 북부 아드리아 해안에서부터 흑해까지 그 거주지를 확대시켜갔다. 이주 초기인 6세기 중엽 남슬라브족들은 이 지역에서 강력한 영향력을 행사하고 있던 훈족을 몰아내고, 당시 아바르족과 함께 비잔틴 제국과 게르만족의 나라인 프랑크 제국을 위협하면서, 발칸 내륙지역과 아드리아 해안 지역에 건설된 거의 모든 로마 도시들을 자신의 영향력 하로 편입시켜 갔다.[41] 크로아티아 지역에 정착한 남슬라브족들은 지형적 조건에 따라 크게 5부족으로 나뉘어 사바 강과 드라바(Drava) 강 사이의 현 슬라보니아(Slavonia/ Slavonija) 지방과 아드리아 해안가인 달마티아 지역 등에 정착촌을 형성하기 시작하였다.[42] 당시 크로아티아인들의 정착촌 형성

---

40) 남슬라브족들의 발칸유럽으로의 이주는 매우 긴 시간에 걸쳐 이루어졌는데, 그 이유는 이들 남슬라브족들이 아시아의 유목 민족들과는 달리 농경민족이었다는 데서 기인한다. 남슬라브족들은 원거주지보다 따뜻하고 농경하기 좋은 땅을 찾아 점차 남으로 이주해 내려왔고, 내려오는 동안에도 농경과 정착 생활을 위한 터전을 계속 구축하며 이주하게 된다.

41) 비잔틴 역사가들의 기록과 연대기에 따르자면 비잔틴 제국의 유스틴(Justin: 518-527) 황제시기인 517년 슬라브족들은 두나브 강을 건넌 후 마케도니아(Macedonia, 오늘날 남동부 세르비아, 마케도니아와 불가리아), 에피루스(Epirus, 오늘날 북서부 그리스와 알바니아 지역) 등 발칸유럽 전역에 정착하기 시작하였고, 536년엔 일리리쿰(Illyricum, 오늘날 세르비아와 보스니아) 및 크로아티아 해안 지역인 달마티아에 들어와 살로나(Salona, 스플리트) 지역을 완전히 장악하였다고 전하고 있다. 이후 크로아티아인을 비롯해 슬라브족들이 549, 550, 559년에 걸쳐 여러 차례 이들 지역에 쳐들어와 마침내 그들의 정착촌을 형성하게 되었다고 기록하고 있다. Francis Dvornik, *The Slavs: Their Early History and Civilization*, (Boston: American Academy of Arts and Sciences, 1959), pp. 34-36.

42) Ivan Božić, Sima Ćirković, Milorad Ekmečić and Vladimir Dedijer, *Istorija Jugoslavije*, (Beograd: Prosveta, 1973), pp. 18-19; 일부 크로아티아 역사가들은 크로아티아인이 다른 남슬라브족들과는 달리 중앙아시아에서 세력을 형성하고 있던 샤르마냔(Sarmatian)인들의 일파였으며,

과정에 대한 정확한 기록은 없지만, 기록물에 따르자면 7세기경 이미 크로아티아인들이 발칸지역에 거주하였다는 사실들이 확인되고 있다. 실제 비잔틴의 기록에 따르자면, 비록 세르비아 역사가들과의 주장과 일부 대립되는 면이 있지만, 오늘날 크로아티아인으로 추정되는 네레트바인(Neretvani) 혹은 빠간인(Pagani)으로 불리던 부족이 오늘날 크로아티아 달마티아 해안 지대와 브라츠(Brač), 흐바르(Hvar), 코르출라(Korčula) 등의 섬 등에서 거주하였다고 기록하고 있다. 또한 7세기 비잔틴 제국의 헤라클리우스(Heraclius: 610-641) 황제가 비잔틴 제국에 침략한 아바르족을 몰아내기 위해 크로아티아인을 비잔틴 군에 편입시켰다는 내용이 담겨져 있으며, 630년 무렵 크로아티아인들이 비잔틴제국의 도움을 받아, 달마티아에서 치른 세르비아 부족 중심의 남슬라브 연합세력을 물리쳤다는 기록 또한 남겨져 있다.[43)]

이들은 한때 북부 보헤미아와 폴란드 남부지역을 정복했었고, 이후 폴란드 크라코프(Krahow)근처에 당시 백크로아티아(Bela Hrvatska)라 불리던 나라를 건설하였다고 주장하고 있다. 더불어 크로아티아 민족이 발칸유럽으로 이주해 온 뒤 당시 이 지역의 다수 민족을 형성하고 있던 남슬라브 민족들과 섞이게 되면서, 슬라브 언어와 문화를 받아들이게 되었으며, 그 결과 점차 슬라브화 되었다고 말하고 있다. 이 외에도 크로아티아인을 뜻하는 '흐르바트(Hrvat)'란 용어의 기원을 쫓아, 오늘날 아프카니스탄 지역의 헤라트(Herat) 인근의 하라흐바티예(Harahvatije)란 페르시아 지방이름의 유래를 근거로 이 지역에서 크로아티아 민족이 기원되었다는 설, 그리고 오늘날 이란 내 한 부족의 명칭과 유사하다는 근거를 들어, 러시아에서 남슬라브족이 남하할 때, 이 지역에서 대규모 거주한 뒤 현재의 크로아티아 지역으로 이주해 들어왔다는 등의 여러 설이 존재하고 있다. 이에 대한 주장으로는 Neven Budak, *Prva stoljeća Hrvatske*, (Zagreb: Hrvatska sveučilišna naklada, 1994), p. 11. 그리고 Francis Dvornik, *op. cit.*, pp. 27-28 참조.

43) Franjo Šanjek, *Crkva i Kršćanstvo u Hrvata, srednji vijek,* (Zagreb: Kršćanska sadašnjost, 1993), p. 42; A. P. Vlasto, *The Entry of the Slavs*

기록물로 남아 있는 문헌과 고고학적 자료는 매우 소량에 불과하지만, 역사적 근원을 통해 확인해 볼 때 여러 세기에 걸쳐 아드리아 해안지역을 중심으로 현재의 크로아티아 지역을 '크로아티아'로 불렀던 것은 확실하다. 중세 초기의 기록에는 아드리아 해 중요 항구의 배후지역으로 달마티아라는 표기가 되어 있으며, 또 해안 도시로는 스플리트와 트로기르(Trogir) 그리고 오늘날도 중요한 도시인 자다르 지역의 지명들이 표시되어 있다. 세르비아 역사학자들의 일련의 부인에도 불구하고 크로아티아 주장에 따르자면 크로아티아인들이 내륙으로는 파노니아 평원에서부터 보스니아(Bosnia/ Bosna)와 헤르체고비나(Herzegovina/ Hercegovina) 지방 그리고 남으로 더 내려가 몬테네그로까지 등 상당히 넓은 지역에 걸쳐 자리를 잡았다고 기록하고 있다.[44] 후에, 크로아티아라 불리는 지역은 오늘날 크로아티아 내륙의 북부와 서부를 포함해서 넓혀졌지만, 16세기와 17세기 오스만 터키의 정복 이후에는 슬로베니아 서부 지역, 오스만 터키가 지배하던 아드리아 해 동부 지역과 내륙으로는 드라바 강 사이로 제한되어 사용되었다. 하지만 17세기 이후로 오스만 터키제국이 유럽에서 그 세력을 점차 상실하게 되었을 때, 크로아티아는 보이나 그라니짜(Vojna

---

into Christendom, (Cambridge: Cambridge University Press, 1970), p. 187.

44) 이에 대해 밀로쉬 블라고예비치(Miloš Blagojević)를 비롯해 세르비아의 역사학자들은 비잔틴 제국의 기록을 근거로 7세기에 이미 발칸유럽의 상당 지역을 차지한 세르비아인들은 9세기 말에 들어와선 달마티아 대부분 지역을 정복하였다고 주장하고 있다. 이 당시 달마티아라 함은 아드리아 해안 지역은 물론 내륙으로 사바 강까지의 광활한 지역을 가리키는 지리적 명칭으로, 이것은 즉 세르비아인들이 오늘날 크로아티아가 위치한 아드리아 해는 물론 서부 발칸지역 거의 대부분의 영토를 차지했다는 주장과 일치한다. Miloš Blagojević, "On the National Identity of the Serbs in the Middle Ages", Radovan Samardžić and Milan Duškov (eds.), *Serbs in European Civilization,* (Beograd: Nova; Serbian Academy of Sciences and Arts; Institute for Balkan Studies, 1993), pp. 22-23.

granica)의 북부 지역[45], 즉 현재와 같은 영토 범위의 지역명칭을 얻게 된다.

고대 시절 그리스, 로마, 이후 비잔틴 제국의 영향력 하에 있었던 크로아티아는 이후 역사적으로 바이킹족인 노르만인, 헝가리인, 이탈리아의 베니스 세력과 오스만 터키 간의, 그리고 뒤이어 오스트리아인, 독일인과 프랑스인 등 다양한 외국 세력의 영향 하에 놓이게 된다. 따라서 이러한 지배 세력의 역학 관계에 따라 크로아티아 지역은 다양한 지역적 분화와 사회, 문화적 차이가 나타났고, 그러한 특징에 따라 크게 세 개의 지역으로 나눌 수 있을 것이다. 이들 지역은 우선 수도인 자그레브(Zagreb)를 포함해 전통적으로 크로아티아라 불렀던 내륙 지역과 헝가리, 세르비아 보이보디나(Vojvodina)와 경계를 이루며 독특한 문화권을 형성한 슬라보니아 지방 그리고 험준한 디나르 알프스(Dinarski Alpe) 산맥의 영향으로 내륙과 다른 역사, 문화적 경험을 해야 했던 아드리아 해안지역인 달마티아 지역 등이다.

2. 기독교 수용과 크로아티아

5-6세기에 걸쳐 발칸유럽에 정착한 크로아티아인들은 한 동안 유스티아누스(Justinian I: 527-565) 황제가 발전시켜 놓은 비잔틴 제국의 영향력 하에 놓여 있었고, 따라서 이 지역에는 로마 교회보다는 콘스탄티노플 교회의 세력이 더 크게 작용하였었다. 하지만 8세기경에 들어와 비잔틴

45) 보이나 그라니짜는 1683년 오스만 터키의 제2차 비엔나 공격이 실패로 끝난 이후, 1699년 합스부르크 제국과 오스만 터키제국 간에 맺어진 스렘스키 카를로브찌(Sremski Karlovci) 조약에 근거해 설정된 양 제국간의 경계선이다. 그 경계선은 오늘날 크로아티아와 보스니아의 경계를 따라, 그리고 세르비아 자치주인 보이보디나 지방과 세르비아 본토의 경계선을 따라 설정되었다.

제국이 대내외적인 여러 이유로 인해 국력이 급격히 약화된 데 반해, 서유럽의 프랑크 제국은 로마 교회와 결탁한 이후로 그 세력을 크게 키워, 크로아티아를 비롯해 비잔틴 제국의 영향력 하에 있던 발칸유럽 지역에까지 그 영향력을 확장하기 시작하였다. 8세기말에 치룬 아바르족과의 여러 전투(791년, 795-796년)에서 프랑크 제국이 승리한 이후 달마티아 지역을 제외한 크로아티아의 대부분 지역은 프랑크 제국 하에 들어갔고, 프랑크인들은 이들 정복 지역에 로마교회의 영향력을 확대시켜갔다.[46] 그 결과 803년 최초의 기독교 황제로 신성로마제국의 칭호를 얻게 된 프랑크 제국의 샤를마뉴(Charlemagne, 카를로스: 742-814) 대제의 지배 하에서 대부분의 크로아티아인들은 로마교회의 영향 하에 기독교로 개종하게 된다. 더불어 해양 무역도시인 자다르로부터 아드리아 해를 따라 북쪽으로 약 20km 정도 떨어진 닌에 최초 크로아티아 기독교 교구가 수립되게 된다. 이후 크로아티아의 기독교 교구는 신성로마제국과 로마 교회의 비호 아래 지속적인 발전을 이루게 되지만, 적어도 9세기 말까지 달마티아 지역 내 크로아티아인들의 상당수는 여전히 비잔틴 제국과 콘스탄티노플 교회의 영향력 하에 놓여 있었다.[47]

크로아티아에 있어 9세기는 샤를마뉴 대제 이후 확대된 프랑크 제국과 로마 교회의 영향력 확장 의도 속에, 이에 대항하여 기존의 영향력을 빼앗기지 않으려는 비잔틴 제국과 콘스탄티노플 교회의 저항의 시기였다고

46) 한때 로마 제국의 멸망을 앞당기고 유럽 전역에 그 위세를 떨쳤던 아바르족은 프랑크 제국과의 당시 싸움에 패하게 되면서 역사 속으로 사라지게 된다. 아바르족의 패배와 소멸은 그들 지배 하에 오랫동안 억눌려 지내왔던 크로아티아인들과 다른 슬라브족들이 이후 발칸의 새 주인으로 등장할 수 있는 역사적 계기를 마련해 주었다. Francis R. Preveden, *A History of the Croatian Peoples Vol. I,* (New York: Philosophical Library, 1955), pp. 102-103.

47) A. P. Vlasto, *op. cit.*, p. 192; pp. 195-196.

볼 수 있다. 양 제국은 9세기 초부터 아드리아 해의 해상권, 무역권을 둘러싸고 계속된 세력 경쟁과 전쟁을 반복하였다. 실제, 이 당시 아드리아 해의 지정학적 중요성은 물론 크로아티아 영토로의 확장에 많은 관심을 보이고 있던 신성로마 제국은 아드리아 해 북부의 이스트라 반도를 정복하였고, 뒤이어 파노니아 평원과 함께 크로아티아 내륙 지역을 합병하는데 성공하게 된다. 이후 한 동안 크로아티아 내륙 지역은 신성로마제국하에 그리고 아드리아 해의 달마티아 연안 도시들은 비잔틴 제국의 영향력 하에 놓이게 되지만, 823년에 들어와 치룬 비잔틴 제국과 프랑크 제국간의 대규모 전투에서 비잔틴 제국이 패배함에 따라 크로아티아 상당 지역은 비잔틴 제국의 직접적인 영향력에서 벗어나 신성로마제국의 영향력하로 편입되게 되었다.

로마 교회가 크로아티아 지역에 자신의 교세와 그 영향력을 확고히 하게 된 계기는 9세기말 이 지역의 대족장(Veliki župan)이자 비잔틴 제국과의 우호 관계를 새롭게 구축하려 했던 즈데슬라브(Zdeslav: 878-879)가 사망한 이후부터라 할 수 있다. 843년 프랑크 제국이 세 조각(동, 서, 남 프랑크로 오늘날 독일, 프랑스, 북부 이탈리아의 전신임)으로 분열되면서 혼란해지자, 즈데슬라브는 878년 비잔틴과의 우호관계를 기초로 달마티아와 크로아티아 내륙지역들에 대한 영토 전쟁을 본격적으로 전개하게 된다. 하지만 그의 이러한 노력은 프랑크 제국의 강력한 저지로 실패로 돌아갔고, 뒤이어 879년에 즈데슬라브가 사망함에 따라, 이후 크로아티아 내륙지역에 대한 비잔틴과 콘스탄티노플 교회의 세력 확대는 더 이상 이루어지지 못하였다. 이후로 크로아티아 내륙 지역은 로마 교회의 영향력 하에서 훗날 강력한 가톨릭 지역으로 발전하게 된다.[48)]

---

48) 트르피미르 1세(Trpimir I: 845-864) 사후 그 계승권이 도마고위(Domagoj: 864-876)에게로 넘어가자 그의 강력한 경쟁자였던 즈데슬라브는 비잔틴 제국으로 피신하게 된다. 도마고위의 사망 이후 군주 세습권이

비록 당시 얼마나 많은 크로아티아인들이 자신들의 관습을 버리고 로마 교회 혹은 콘스탄티노플 교회의 영향력 아래 기독교로 개종했는지는 정확히 알 수 없지만, 크로아티아인들에 있어 기독교의 수용은 자신들이 이제 유럽 문명의 품안으로 들어온 것을 의미했다. 9세기 이후 확대된 기독교는 크로아티아의 전체적 사회 발전과 무역 증대를 가져오는 데 크게 기여하였다. 지리적으로 카르스트 지대가 많은 크로아티아는 여기서 생산되는 1차 상품들을 당시 좀 더 발전된 기독교 유럽 사회에 내다 팔았고, 이를 대신해 보석, 칼, 금과 교환할 수 있었다. 특히 기독교의 보급은 과거 로마 시절 세워졌다가 여러 이민족의 침입으로 그대로 방치되어 왔었던 교회들과 여러 기독교 건축물들의 대규모 복원 사업을 가능케 하였다. 그 결과 9세기에서 11세기 사이에 크로아티아 아드리아 지역에서만 약 100여 개의 교회들이 매우 특별한 양식과 초기 로마네스크 건축 기법에 따라 수립되게 된다.

과거 개인적 부를 축적하는 데 노력하였던 크로아티아의 권력가들은 기독교 수용 이후 자신의 재산과 노력을 교회에 헌정하려 했었고, 자신들의 권위와 정통성을 상징하는 중요 도구로 교회의 증축과 개축을 활용하기도 하였다. 실례로 크로아티아의 트르삐미르(Trpimir: 845-864)는 852년

그의 어린 아들 일료코(Ilyko: 876-878)에게로 넘어가고 그의 강력한 후원자였던 프랑크 제국의 루이스 2세(Louis II)가 875년 사망한 틈을 이용, 즈데슬라브는 비잔틴 제국의 지원 하에 크로아티아 지역을 수복하려 하지만, 프랑크 제국의 견제로 결국 실패하게 된다. 즈데슬라브의 패전은 이후 크로아티아 지역에 대한 비잔틴 제국과 정교의 영향력의 급격한 감소를 불러왔고, 크로아티아인들과 정교를 믿는 세르비아인들과의 문화적 단절을 가져오는 결과를 초래하였다. 또한 이탈리아와 독일로의 교세 확장을 위한 주요한 교두보였던 크로아티아 지역이 로마 교회로 완전히 편입됨에 따라, 이후 정교는 그들의 교세를 더 이상 서유럽으로 확장하지 못하게 된다. Francis Dvornik, *op. cit.*, p. 124.

자신이 소유하고 있던 영토 중 그 가치가 높았던 아드리아 해 스플리트 근처의 땅을 교회에 기부하였는데, 훗날 이것은 '하나님에 대한 트르삐미르의 선물'로 묘사되어졌고, 이후 여러 새로운 지배자들이 교회에 헌신하는 데 정신적 밑거름을 제공해 주었다. 크로아티아 군주들의 교회에 대한 헌신은 브라니미르(Branimir: 879-892)의 비석에 나타난 글을 토대로도 살펴볼 수 가 있다. 비문에는 888경 브라니미르를 크로아티아의 군주로 임명한다는 로마 교황 요한 7세의 친서 내용과 함께, 브라니미르가 동부 아드리안 해안의 통치자로서 베네딕트 수도원의 건립은 물론 교황의 충복한 심복으로 살아왔다는 내용이 기술되어 있다.[49]

일반적으로 기독교의 수용은 성서 제작을 위한 문자의 보급과 함께 이루어졌는데, 크로아티아는 한 동안 치릴(Cyril/ Ćiril-Konstantin: 826-869)과 메토디예(Methodius/ Metodije: 825-885)가 863년 성서를 슬라브 언어로 번역하기 위해 고안한 문자체인 글라골리짜(Glagolica)를 사용하였었다. 하지만, 925년 스플리트에서 열린 교회 회의에서 아드리아 해를 포함한 크로아티아 지역에서 교회 예배시 슬라브어와 글라고리짜 사용을 금지할 것이 선포되었고, 이를 대신해 오직 라틴어와 그 문자만을 사용하도록 요구되게 된다. 그러나 이러한 결정은 일반 민중들에게 그리 큰 호응을 얻지 못하였고, 이후 글라골리짜와 그 문화는 크로아티아인들의 문화와 생활에 중요한 요소로 자리 잡게 된다.[50]

---

49) Neven Budak, *op. cit.*, pp, 22-24, 204; Francis R. Preveden, *op. cit.,* 55. 58.

50) 오늘날 체코, 슬로바키아 지역에 830년 모라비아(Moravia) 공국을 수립한 로스티슬라브(Rostislav)는 이웃하고 있던 동 프랑크 제국의 위협과 친(親)프랑크 세력들을 제거하기 위해 비잔틴 제국의 황제인 미카엘 3세(Michael III: 842-867)에게 콘스탄티노플 교회의 교리를 수용할 것을 약속하고 대신 슬라브어로 정교의 교리를 가르칠 수 있는 학자와 국가의 행정을 조직화할 수 있는 행정 관료를 파견해 줄 것을 요청하게 된다.

크로아티아인들이 기독교를 수용하게 됨에 따라, 이후 국가의 수립과 민족의 운명 그리고 발전에 있어 기독교는 크로아티아인들의 삶과 문화에 매우 깊은 영향을 미치게 된다.[51] 크로아티아 최초 중세 독립국가는 925년 아드리아 해 닌의 족장이었던 토미슬라브(Tomislav: 925-928)에 의해 수립되게 된다. 크로아티아 역사에서 세르비아의 두샨(Kralj i Car Stefan Uroš 4 Dušan: 1331-1355)왕에 버금가는 인물이며 대(大)세르비아주의에 대항하는 대(大)크로아티아주의의 원조로 추앙받고 있는 토미슬라브는 당시 불가리아 제국의 위협으로 날로 약화되고 있던 비잔틴 제국의 상황과 로마 교회의 아드리아해로에 대한 교세 확장 욕구를 이용하여 크로아티아 독립 왕국을 선포하였다. 로마 교회는 이 지역에서 비잔틴 제국의 영향력 제거를 위해 크로아티아의 독립국가 선포를 반겼고, 교황인 이반 10세(Ivan Ⅹ: 914-928)는 토미슬라브를 크로아티아 중세독립왕국의

이에 황제는 862년 솔룬(Solun, 오늘날 그리스의 데살로니끼) 지방 출신으로 노련한 외교관이자 문법학자인 치릴과 행정 관료였다가 수도승이 된 메토디예 두 형제를 모라비아에 파견하게 된다. 치릴과 메토디예는 성경을 가르치기 위한 가장 기술적이고 효율적인 방법으로 문자의 보급이 절대적으로 필요하다는 점을 인식하였고, 대중화를 위해 라틴어보다는 그리스어와 슬라브 지역 방언을 기초로 한 글라골 문자체를 고안하게 된다. 글라골리짜로 불리는 글라골 문자체는 그리스 문자의 소문자 초서체를 기초로 하여 곱트 문자, 키프러스 문자 그리고 헤브라이 문자까지도 이용했을 것으로 추측되고 있다. 이 문자체는 다른 민족들의 문자들을 그 모델로 했음에도 불구하고 독특한 체계를 갖추고 있었고, 현재까지도 슬라브인들에게 있어 신의 영광과 슬라브족의 주권, 독립성을 상징하는 의미로 사용되고 있다. Franjo Šanjek, *op. cit.*, 1993, pp. 80-90을 참조해 재구성.

51) 기독교(가톨릭)와 가톨릭 사제들이 훗날, 특히 19세기 이후로 크로아티아 민족주의와 독립국가 건설 의지에 어떠한 영향을 미쳤는지에 대해선 Pedro Ramet, "Religion and Nationalism in Yugoslavia", Pedro Ramet (ed.), *Religion and Nationalism in Soviet and East European Politics*, (Durham and London: Duke University Press, 1989), pp. 305-308 참조.

왕으로 인정하여 주었다. 이후 토미슬라브는 교황에게 로마 교회의 교세 확장을 위한 충성을 약속하였고, 달마티아 지역의 크로아티아 부족을 중심으로 크로아티아 내륙지역으로의 영토 확장과 함께 기독교 확대를 강력히 추진해 나갔다.[52] 기독교 전파에 대한 그의 의지는 그가 죽은 뒤에도 여러 왕들에게 그대로 이어져, 트르피미르 2세(Trpimir II: 928-935)와 크레시미르(Kresimir: 935-945) 시기에 들어와 영토 확장과 더불어 기독교 확대의 기틀을 마련하게 된다. 크레시미르는 아드리아 해안을 따라 북부 달마티아의 해안도시인 리예카(Rijeka)에서부터 남부 헤르체고비나(Hercegovina) 지방의 네레트바(Neretva)강 유역까지 영토를 크게 확장하였고, 내륙지역으로는 북으로 헝가리와 국경을 마주하고 남으로는 비잔틴 제국, 세르비아의 라쉬카 공국(Raška, 혹은 라사(Rasa) 공국으로도 불렸음)과 국경을 마주하는 등 오늘날 크로아티아 영토에 해당하는 거의 대부분 지역을 차지하게 된다. 또한 크레시미르는 강력해진 왕국의 국력을 바탕으로 비잔틴 제국의 황제인 바실 2세(Basil II)와 콘스탄티노플 교회로부터도 '크로아티아와 달마티아의 왕'으로 승인 받음으로써 대외적으로 왕국의 기틀과 정통성을 확고히 할 수 있게 되었다.

III. 중세 크로아티아 왕국의 발전과 위기

1. 11세기, 중세 왕국의 발전: 문언(文言)과 문화(文化)의 출발

크로아티아 중세 왕국의 절정은 11세기 후반인 뻬타르 크레시미르 4세(Petar Kresmir IV: 1058-1075)시기라 할 수 있다. 10세기 후반 점차 그

52) Radislav Katičić, *Uz početke hrvtskih početaka,* (Split: književni krug, 1993), p. 67; Ivan Božić, Sima Ćirković, Milorad Ekmečić and Vladimir Dedijer, *op. cit.*, pp. 36-37.

중요성이 커지고 있던 아드리아 해와 달마티아의 지배권을 둘러싸고 크로아티아와 베니스 공국 사이에 잦은 전쟁이 발발하였다. 크로아티아 왕국은 비잔틴 제국으로부터 획득한 이들 지역에 대한 통제권과 지배권을 보다 확실히 하기 위해, 이 지역의 상권을 장악하고 있던 베니스를 자신의 영향력 하로 편입시키려 했다. 그 결과 크로아티아의 요구에 따라 베니스를 비롯한 해안 도시국가들은 아드리아해를 통과하는 자신들의 선박 안전을 위해 크로아티아 왕국에게 정기적인 공물을 바쳐야 했다. 하지만 스트예판 드르쥐슬라브(Stjepan Držislav: 969-997) 시기에 들어와 베니스는 크로아티아에 조공을 바치는 것을 거부하였고, 이어 아드리아 해 주도권 확보를 둘러싼 양국 간 전쟁이 본격화 되게 된다. 이러한 틈을 이용해 비잔틴 제국은 1024년 이들 해안 도시들을 자신의 영향력 하로 어렵게 복속시키는 데 성공했지만, 당시 대내외적 여러 어려움으로 인해 크로아티아의 크레시미르 4세에게 그 지배권을 넘겨주어야만 했다. 11세기 중엽 비잔틴 제국은 아드리아 해에 대한 지배권을 거의 상실하게 되는 데, 그 배경은 1054년 로마교회와 콘스탄티노플 교회 사이의 결별을 선언하는 종교적 대분열(Schism) 이후 시작된 노르만족들의 달마티아 내 비잔틴 도시들에 대한 공격에서 비롯되었다. 로마 교황은 아직 비잔틴 제국 하에 있던 달마티아 연안도시들과 기독교 도시들에 대한 노르만족들의 공격에 대해 침묵으로 일관하였고, 교황의 묵인 하에 치러진 이들의 약탈과 방화로 이들 지역에 대한 비잔틴제국의 영향력은 상당한 손상을 입어야 했다. 더불어 비잔틴제국은 1069년 이후로 소아시아 지역에서 새로운 위협국가로 등장한 셀주크 터키(Seljuk Turkey)족들로부터 계속된 군사적 압력을 받고 있었다. 이러한 대외적인 어려움은 달마티아 지역들에 대한 비잔틴 제국의 영향력을 급속히 감속시켰으며, 그 결과 11세기말에 들어와 크로아티아는 아드리아 해와 달마티아 지역의 지배권을 완전히 장악할 수 있게 된다.[53]

11세기에 들어와 크로아티아는 영토적 확장과 국력 신장을 토대로, 문언과 문화의 발전을 통한 중세 왕국의 면모를 보다 확실히 구축해 나갈 수 있었다. 과거 비잔틴 제국의 영향력 하에 있던 아드리아 해 연안과 달마티아 지역은 비록 삶의 방식과 경제생활의 일부 면에 있어 차이가 존재하였지만, 이 시기에 들어와 기존 원주민이었던 비잔틴제국 인들과 새로운 지배자로 등장한 크로아티아인들 사이의 문화적, 민족적 이질감은 점차 사라지게 된다. 아드리아 해와 달마티아 해안에 위치한 여러 해양 도시들은 고대 이래로 지중해 그리고 로마와 콘스탄티노플을 연결하는 혹은 아시아와 유럽을 잇는 매우 중요한 경제적, 지정학적 위치를 차지하여 왔으며, 크레시미르 시기에 있어서도 그러한 영향력은 계속 남아있었다. 또한 이후에 들어와서도 아드리아 해와 그 연안 도시들은 유럽 십자군들의 예루살렘 성지 수복을 위한 주요 교통로로서 역할을 수행하였으며, 이에 따라 그 부를 계속 축적해 나갈 수 있었다. 점차 상공업, 중개 무역을 기반으로 한 신흥 부자와 이를 통한 시민 계급들이 형성되기 시작하였고, 이들은 점점 가치가 오르는 땅을 구매함으로써, 그들의 부를 축적해 나갔다. 농민들은 자신들이 경작할 수 있는 토지를 계속 확대해 나갔고, 그 결과 인구수 증가와 함께 새로운 수도원들이 새롭게 건립되게 된다.

비잔틴제국의 영향력으로부터 벗어난 크레시미르 4세는 크로아티아의 영토를 북으로는 이스트라 반도와 헝가리 국경까지, 남으로는 헤르체고비나 지방의 네레트바 강까지 다시 확대함으로써 크로아티아 중세 왕국은 제2의 전성기를 맞이하였다. 그러나 크레시미르 4세의 죽음 이후 왕위를 이을 후계자가 없는 관계로 크로아티아는 잠시 혼란기를 맞이하게 된다. 여러 지역의 반(Ban: 지역 자치 영주)들이 크로아티아의 왕위를 넘보았으며, 1075년 결국 포사비나(Posavina) 지역의 반이었던 드미타르 즈보니미르

---

53) Francis Dvornik, *op. cit.*, pp. 137-138.

(Dmitar Zvonimir: 1075-1089)가 스플리트 인근의 성 피터(St. Peter) 교회에서 새로운 왕으로 추대되었다. 당시 다른 유력한 반들을 제치고 즈보르미르가 크로아티아의 왕으로 추대될 수 있었던 배경은 당시 로마교회의 영향력이 크게 작용한데서 비롯된다. 크레시미르 4세가 죽자 아드리아해의 중요성을 인식하고 있던 로마교황 그레고리 7세(Gregory VII: 1073-1085)는 이 지역 지배자인 크로아티아를 비잔틴 제국과 정교의 영향권으로부터 완전히 이탈시킬 계획을 수립하였다. 따라서 그레고리 7세는 로마 교회에 충성하고 그의 십자군 운동에 적극적으로 동참할 수 있는 인물을 크로아티아의 왕으로 옹립하고자 했고, 이러한 의도를 알아차린 즈보르미르는 당시 중부유럽의 강력한 가톨릭 국가였던 헝가리의 라디슬라우스(László/ Ladislaus: 1077-1095) 왕의 여동생이자 자신의 부인인 옐레나 리예파(Jelena Lijepa)의 도움으로 로마교회와 접촉하게 된다. 로마 교황을 찾아간 즈보르미르는 크로아티아 왕위에 대한 도덕적, 정신적 지원을 조건으로 로마교회에 대한 충성과 복종을 교황에게 약속하였다.[54] 이에 따라 크로아티아에 파견된 로마교황의 특사는 즈보르미르를 크로아티아 왕권 계승자로 강력하게 추천하였고, 결국 1075년 즈보르미르는 크로아티아의 왕으로 추대되게 된다. 그는 이후 지속적으로 영토확장을 추진하였고, 그 결과 크로아티아는 아드리아 해안가를 따라 북으로는 이스트라 반도로부터 남으로는 현 몬테네그로의 쩨티니예(Cetinje)까지, 또 내륙지방에 있어선 드리나(Drina) 강 중심부와 드라바 강 그리고 두나브 강 유역까지 영토를 크게 확장하였다.

11세기는 크로아티아에 있어 문언과 문화의 출발을 의미하는 시기라 할 수 있다. 특히 즈보르미르 시기에 들어와 크로아티아는 기존 비잔틴 제국과 남슬라브족의 문화와 더불어, 로마 교황청의 강력한 지원 속에

---

54) Ivan Božić, Sima Ćirković, Milorad Ekmečić and Vladimir Dedijer, *op. cit.*, pp. 42-43; A. P., Vlasto, *op. cit.*, p. 192.

새로운 서유럽 문화를 받아들일 수 있었으며, 중세 봉건 체제의 토대를 강력히 구축하는 계기를 마련하게 된다. 로마 교회의 영향력 증대에 따라 수립된 교회와 수도원들에서 당시 크로아티아의 가톨릭 사제들은 문자와 문화의 보급에 주요 선구자적 역할을 수행하였다. 11세기 후반에는 한때 로마 교회로부터 박해를 받았던 글라골리짜가 크로아티아의 주요 문자가 되었는데, 비록 글라골리짜 문자가 종교적 집필을 위하여 만들어진 형식적인 문자이고 광범위한 사용에 그 한계가 있었음에도 불구하고, 문자가 없던 당시 크로아티아에서 이것은 새로운 문언과 문화의 시작을 의미하였다.[55] 크로아티아 사회 또한 서유럽 다른 지역들처럼 초기 중세 사회로 발전되어갔고, 동시대 다수의 유럽 국가에서 보이던 사회적 특성과 내용이 유사하게 나타나기 시작하였다.

크로아티아 내 문언과 문화의 발전이 지속되는 가운데, 11세기 말에 들어와 비잔틴 제국은 경제적, 군사적 중요 지역이었던 소아시아 지역을 셀주크 터키에게 빼앗기고 황제가 포로가 되는 등 심각한 존립 위기를 맞이하고 있었다. 이에 따라 1081년에 비잔틴 제국의 황제로 등극한 알렉시우스 1세 코메노스(Alexious Ⅰ Commenos: 1081-1118)는 제국의 부흥을 다짐하고, 우선 이슬람 제국에 대항하는 기독교 수호자로써의 비잔틴 제국의 중요성을 상기시키며 로마 교황인 우르반 2세(Urban Ⅱ: 1088-1099)에게 군사적 도움을 요청하였다. 이에 대해 우르반 2세는 소아시아와 팔레스타인 지역의 성지를 이슬람교도들로부터 탈환하고, 콘스탄티노플 교회를 로마 교회에 통합할 수 있는 좋은 기회라 판단해 유럽의 기독교 국가들에게 십자군 원정을 요청하였다. 로마 교황의 도움으로 왕권을 차지한 크로아티아의 즈보르미르는 1089년 교황의 요청에 따라 유럽 국가들 가운데 가장 먼저 십자군 원정을 추진하게 된다. 하지만 엄청난 국력 소모와 재정 파탄을 불러 올 수 있는 십자군 운동에 크로아티아의

55) Franjo Šanjek, *op. cit.*, 1993, p. 89.

반들과 귀족들은 강력히 반대하였고, 그 결과 이들의 봉기로 인해 즈보르미르가 암살되는 상황에 이르렀다. 즈보르미르의 갑작스런 죽음으로 크로아티아는 엄청난 혼란 속에 빠지게 되는 데, 그러한 이유는 즈보르미르의 뒤를 이어 왕으로 선출된 스트예판 2세(Stjepan II: 1089-1090)가 곧 죽게 되자, 과거 크레시미르 4세 때처럼 왕권계승자가 부재한 상황 속에서 왕위계승을 둘러싼 귀족들 간의 치열한 파벌싸움이 발생하였기 때문이다. 혼란을 수습하고자 즈보르미르의 처인 옐레나 리예파는 자신의 오빠인 헝가리 왕 라디슬라우스를 크로아티아의 왕위 후보로 내세웠고, 크로아티아 귀족들의 권리와 자치권 그리고 영토를 보장해 준다는 라디슬라우스의 약속에 따라 1091년 라디슬라우스는 크로아티아의 새로운 왕으로 추대되게 된다.[56)]

2. 12-13세기, 아르파드(Arpad) 왕조 하의 크로아티아: 봉건제도의 성숙

1095년 헝가리의 왕이자 크로아티아의 왕이었던 라디슬라우스가 사망하자, 그의 동생인 아르파드(Arpad) 왕조의 칼만(Kálmán/ Koloman: 1095-1116)이 그 뒤를 이어 새로운 왕으로 추대되게 된다. 비록 크로아티아 일부 귀족들의 크로아티아 왕권 재확립에 대한 요구가 재기되었지만, 1102년에 칼만은 헝가리 왕에 뒤이어 달마티아와 크로아티아의 왕위에 즉위하였다. 당시 칼만은 크로아티아 귀족들과의 조약을 통해 크로아티아와 달마티아의 자치권을 존중할 것과 모든 중요 결정을 크로아티아의 통치자인 반과 귀족들의 자치의회(Sabor)에 일임할 것임을 약속하였다.

---

56) 헝가리 왕에 이어 크로아티아의 왕으로까지 인정받은 라디슬라우스는 1094년 크로아티아의 자그레브(Zagreb)에 가톨릭 교구를 세웠고, 이 교구는 이후 크로아티아 가톨릭교회의 중심지가 되었다. 이때 이후로 자그레브는 헝가리, 크로아티아 왕국의 중심 도시로 발전하게 된다. Noven Budak, *op. cit.*, pp. 50-51.

크로아티아의 대부분 귀족들은 칼만 왕과의 거래에 동의하였고, 이때부터 헝가리왕은 자동적으로 크로아티아의 왕으로 동시에 인정받게 됨으로써 아르파드 왕조는 크로아티아의 실질적 왕권과 권리를 넘겨받을 수 있게 되었다. 하지만 이러한 약속과 선언은 향후 크로아티아 역사 연구에 있어 매우 많은 논쟁을 안겨주었다. 칼만의 크로아티아 왕위 계승 이후 헝가리는, 제1차 세계대전이 종식되어 1918년 최초의 남슬라브족 통합국가인 '세르비아-크로아티아-슬로베니아 왕국'이 수립될 때까지, 크로아티아 지역에 대한 배타적인 종주권을 행사하였는데, 헝가리의 역사가들은 1102년 이후 크로아티아가 헝가리로 완전한 병합되었다고 주장하고 있는데 반해, 크로아티아 역사가들은 헝가리와 크로아티아는 단순히 정치적 연합 관계였으며, 헝가리의 영향력 하에서도 크로아티아는 독자적인 정치권과 경제권을 계속 유지하였다고 주장하고 있다.[57] 또 하나의 역사적 의미는 이때 이후로 크로아티아는 세르비아를 비롯해 다른 남슬라브 민족들과 멀어져 헝가리를 비롯한 중부유럽과 서유럽의 문화권으로 편입되게 된다는 점을 들 수 있다. 이후로 크로아티아는 세르비아와 역사적, 문화적 그리고 종교적으로 서로 다른 길을 가게 되었고, 시간이 지나면서 두 민족의 민족성과 가치관의 차이는 점점 벌어지게 되었다. 이것은 양 민족이 훗날 최초의 통일된 남슬라브 왕국 하에서, 양차 대전 사이와 제2차 세계대전 이후 수립된 사회주의 유고 연방 하에서, 그리고 1990년대 연방붕괴과정에서 보였던 여러 민족 갈등과 내전을 확대시키는 데 중요한 요소 중 하나를 차지하게 된다.

12-13세기 헝가리 아르파드 왕조 하에서 크로아티아는 해안지역에선 아드리아 해의 주도권을 둘러싸고 베니스와 계속된 긴장 상태가 이어졌고,

---

57) Fred Singleton, *op. cit.*, 1985, p. 29; 이를 둘러싼 자세한 논쟁은 Nikša Stančić, *Hrvatska nacija i nacionalizam u 19. i 20. stoljeću,* (Zagreb: Barbat, 2002), pp. 171-202 참조.

슬라보니아 지방을 비롯한 내륙 지역에선 헝가리의 지배권 확대가 강력하게 추진되게 된다. 12세기 이후로 아드리아 해에 있어 비잔틴 제국의 영향력은 완전히 소멸하였고, 대신 아드리아 해의 지정학적, 경제적 중요성을 인식하고 있던 크로아티아와 베니스간의 치열한 지배권 확대 전쟁이 이어지고 있었다. 그 당시 크로아티아의 해안 도시들은 한편으론 지리적 근접성으로 인해 이탈리아와의 상업적, 문화적 연관 관계가 밀접하였고, 다른 한편으로는 크로아티아 내륙과의 강력한 연대로 인해 크로아티아인들의 수적 증대와 남슬라브화가 강력히 진행되고 있었다. 아드리아 해 여러 지역 중 특히 동부 연안 도시들에 대한 영향력 확보는 양국에게 매우 중요한 의미를 지니고 있었는데, 그 이유는 이 지역이 비잔틴과 소아시아 그리고 동부 지중해로의 주요 통로의 지배권 장악에 있어 매우 중요한 지리적 위치를 차지하고 있었기 때문이다. 크로아티아 왕위를 계승한 헝가리의 아르파드 왕조 또한 이러한 중요성을 인식하고 있었고, 따라서 이들 해안과 달마티아 연안의 해양 도시들에 대한 직접적 지배권을 희망하였으나, 내륙과 해안을 가로막은 디나르 알프스 산맥의 지리적 험준함으로 인해 그들의 바람은 종종 좌절되곤 했다. 반면, 이 시기 헝가리의 영향력은 슬라보니아를 비롯해 크로아티아 북부에서 더욱 강력히 전개되었다. 크로아티아의 왕권을 떠맡았을 때, 아르파드 왕조는 그들과 지리적으로 가까웠던 크로아티아의 슬라보니아 내 영지를 헝가리 귀족들에게 골고루 나누어 주었다. 그럼에도 불구하고 달마티아 지역처럼 슬라보니아 지역 또한 헝가리의 완전한 지배로부터는 벗어나 있었다고 추측할 수 있다. 그러한 증거로는 비록 이 당시 헝가리의 지배자들과 귀족들이 슬라보니아 지역에 이주해 왔으나, 크로아티아의 전통적 지배계급 칭호인 '반'이란 칭호를 그대로 사용하였다는 점과 여전히 슬라브족의 전통적인 지배계급을 의미하는 쥬판(Župan)이란 칭호 또한 사용되었다는 점을 통해 확인할 수 있다.

12-13세기 헝가리 아르파드 왕조 하에서 크로아티아는 다른 서유럽 국가들과 마찬가지로 봉건제도의 성숙기를 맞이하게 된다. 헝가리 역사가들이 주장하는 일련의 논쟁에도 불구하고 크로아티아 역사가들은 당시 크로아티아가 비록 헝가리의 영향력 하에 있었지만, 크로아티아 귀족들은 자신들의 토지 소유권과 봉건 영주로서의 권력을 독자적으로 행사하고 있었다고 주장하고 있다. 지리적으로는 헝가리와 다소 거리가 떨어져 있던 남부 크로아티아 지역에서 이러한 양상은 더욱 두드러지게 나타나는 데, 이 중 프란코빤(Frankopan) 가문과 즈린스키(Zrinski) 가문 그리고 슈비치(Šubić) 가문이 크로아티아의 대표 귀족 가문을 이어가며, 봉건제도의 성숙을 이끌어 나갔다. 이들은 당시 크로아티아 통치 세력을 대표하던 반으로써, 또 크로아티아와 헝가리 내 상당 영토를 소유한 가장 권력 있는 귀족 가문에 해당하였던 자들로 오스만 터키의 유럽 위협이라는 혼란한 틈을 이용해, 주인 없는 상당 영토를 자신의 소유로 등록하거나, 헐값에 매수하는 방식으로 영지를 확장해 나갈 수 있었다. 이들은 당시 법에 따라 이렇게 구입한 토지에서 얻어지는 수입의 1 / 10을 토지세로 거두어들임으로써 부를 축적할 수 있었고, 치즈 생산 공장, 포도나무 재배, 가축 농장, 대규모 주조공장과 철공소, 밀가루 공장, 올리브 사업등과 수많은 여관들을 소유한 당시 크로아티아의 최고 권력자이자, 실력자였으며, 당시 유럽에서 사업으로 성공한 몇 안 되는 인물 중의 하나였다.[58] 봉건 제도 하에서

58) 하지만, 17세기에 들어와 오스만 터키의 유럽에 대한 위협이 약화되자, 합스부르크 제국은 중앙 집중적인 중상 정책과 더불어 각 지배지역에 대한 영향력을 확고히 하려는 움직임을 보이게 된다. 이에 따라 오랜 시기 동안 중앙정부의 방치 속에 토지와 부를 축적해 왔던 크로아티아의 귀족 가문들은 합스부르크 제국에 토지와 영지를 몰수당하고, 그들의 사업권을 뺏길 위기에 처하게 되었다. 이런 상황 속에서 크로아티아 귀족들은 합스부르크 제국으로부터의 독립을 추진하게 되지만, 지원을 약속하였던 프랑스의 무관심과 합스부르크 제국의 강력한 진압으로 결국 1671년 4월

이들 크로아티아 귀족들은 헝가리 왕의 정책에 대한 불만과 권리 요구가 있을시 그들의 귀족 회의인 사보르를 수시로 소집하였고, 만약 헝가리 왕이 그들의 요구를 들어주지 않거나, 특권을 무시하려 할 때에는 이에 대한 항의권을 지니고 있었다. 크로아티아 귀족들은 아르파드 왕조 하에서 비록 헝가리의 영향력 하에 있었지만 그들만의 정치권력과 사법권 그리고 행정권을 독자적으로 발전시켜 나갔다고 볼 수 있다. 실제, 이 지역의 실질적인 지배자였던 앤드류 1세(Andrew I: 1205-1235)가 국가 권력 강화를 위해 귀족들의 세력 약화와 더불어 이들에 대한 세금 확대를 추진해 나가자, 헝가리의 귀족들과 함께 크로아티아와 슬라보니아의 귀족 세력들은 앤드류의 아들인 벨라(Bela) 왕자를 내세워 왕의 무분별한 재정정책과 국고 탕진이 오히려 나라의 위기를 초래했다는 내용과 함께 1222년 앤드류 1세에게 '금인칙서(Golden Bull)'를 발표하도록 강요하였다. 또한 1273년, 현재 크로아티아의 수도인 자그레브에서 사보르가 열렸을 때, 크로아티아 귀족들은 그들의 권리를 보장하는 다양한 법조항을 왕에게 요구하기도 했다.[59)]

12-13세기에 이탈리아와 독일, 그리고 헝가리와 슬라보니아 지역을 비롯한 북부 크로아티아 내의 도시들은 왕과 대군주가 부여한 다양한 특권을

비엔나에서 사형에 처해지게 되었다. 이들 가문의 몰락은 곧 이어 크로아티아의 대표 귀족 회의였던 사보르의 권한과 의원 임명권이 합스부르크 제국의 직접적인 통제력 하에 넘어가게 되는 결과를 초래하게 하였고, 이와 함께 독립에 대한 크로아티아인들의 꿈도 사라지게 되었다. John R. Lampe, *Yugoslavia as History,* (Cambridge: Cambridge University Press, 1996), p. 32; Marcus Tanner, *Croatia: A Nation Forged in War*, (New Haven and London: Yale University Press, 1997), pp. 50-51.

59) Francis R. Preveden, *op. cit.,* 1955, pp. 102-103; John V. A. Fine, *The Late Medieval Balkans,* (Ann Arbor: The University of Michigan Press, 1994), p. 149.

통해 그들의 봉건 제도를 더욱 더 견고히 할 수 있었다. 이러한 봉건제도의 성숙과 발전은 중부유럽을 넘어 크로아티아 내륙까지도 그 영향을 미치게 된다. 다른 유럽 내 군주들과 마찬가지로 크로아티아의 귀족들 또한 자신의 영지와 부를 축적시키기 위해 유럽의 우수한 장인과 상인들을 끌어들이기 위한 여러 회유책과 경제적 특권을 약속해 주었다. 이렇게 해서 새롭게 크로아티아내로 들어 온 사람들은 '손님'이란 뜻을 지닌 '고스트(gost)'로 불렸으며, 이들은 군주들의 특혜에 따라 교역에 있어 매우 낮은 관세 혜택을 받을 수 있었다. 이들은 주로 소아시아로 향하는 십자군의 중요한 통로를 따라서 이동하였는데, 실제 그들을 통한 무역과 활발한 상거래는 크로아티아 귀족들에게 새로운 부의 창출을 이루게 해주었다. 그 결과 크로아티아 북부와 슬라보니아 지방의 15개 도시가 새롭게 성장하였으며, 활발한 교역 중심지로 발전하게 된다. 아르파드 왕조는 이렇게 해서 형성된 도시들에게 그들 스스로 방어 체계를 구축하도록 요구하였고, 대신 도시 내 귀족들에게 재판권과 무역권, 시장 관리에 대한 여러 특권을 부여해 주었다.

하지만 지형학적으로 내륙과 분리되어 있던 아드리아 해안의 도시들은 내륙의 이러한 상황과 다소 달랐다. 크로아티아 내륙 지역의 도시들이 아르파드 왕조 하에서 봉건제도의 성숙을 이끌어가고 있던 데 반해, 이 당시 이들 해안 지역의 도시들은 베니스의 위협과 전쟁에 시달리면서 동시에 그들의 독립권 그리고 상거래의 안전과 자유를 보장받는 데 주력해야 했다. 따라서 아르파드 왕조의 영향력이 거의 미치지 않았던 해안 도시들의 크로아티아 귀족들은 자신들의 권력 유지와 부의 축적을 위해 그들만의 독특한 정치제도를 구축해 나갔으며, 이를 위해 때로는 다수의 부자 상인들을 귀족 계층으로 인정해 받아들였다. 이들 부자 상인들은 무역을 통해 축적된 자본을 기초로 조선이나 제혁 같은 다양한 가공업 발전을 일으켰으며, 도시의 외곽지역을 따라 와인이나 올리브기름, 소금과 소금에

절인 고기 등의 전통적인 1차 산업 또한 발달시켰다. 그 결과 이들 도시로 대규모 인구가 몰리면서 도시 외곽지역으로까지 그 규모가 점점 커져갔다. 봉건제도가 견고해지고 있던 내륙에 비해 아드리아 해안 지역은 이와 다른 여러 양상들이 전개되었다고 볼 수 있다. 실제, 이 지역의 소농인은 사적 자유를 즐기는 소작인이었고, 지주는 임의로 토지를 빌려 주거나, 계약에 의해 추수의 일부분에 대한 권리만을 인정받을 수 있었다. 이 당시 아드리아 해안 도시들에서 나타나는 또 하나의 특징은 기독교의 팽창에 따라 로마네스크와 고딕 양식의 웅장한 성당들과 수도원들이 다수 건축되었다는 점이다. 심지어 스플리트 내 과거 로마 황제인 디오클레티아누스의 궁전과 그 묘 또한 가톨릭 성당으로 바뀌었으며, 트로기르, 두브로브니크 등의 도시들에 대규모 성당들이 건축되게 된다. 더불어 관습법을 성문화 한 법전들(1214년 코르출라 법전)이 당시 만들어졌고, 신학자를 중심으로 한 지식인들의 증가에 따라 라틴어로 된 다양한 책들이 출간되기도 했다.[60)]

3. 14세기, 문화적 융성과 독립 두브로브니크(Dubrovnik)

크로아티아에 대한 헝가리 아르파드 왕조의 영향력과 그 지배권은 1241년 몽골-타타르족의 헝가리 침공으로 인해 크게 약화되게 된다. 이런

---

60) 당시 써진 대표적 작품들로는 '두큘리안 사제 연대기(ljetopis popa Dukljanina)'와 고대 스플리트의 역사를 기록한 토마스(Archdeacon Thomas)의 '살로니타나 역사서(historia Salonitana)'를 들 수 있다. 이들 작품은 비록 연대기적 성격과 고대 베네딕트 경전에 기초해 쓰인 족보였음에도 불구하고, 역사적으로 커다란 의미를 지니고 있으며, 현재 크로아티아 중세 성도전의 최고작품으로 손꼽히고 있다. 특히 코란을 라틴어로 번역하기도 했던 토마스는 당시 아라비아 천문학 분야의 번역을 통해 중세 유럽 천문학의 발전에 커다란 영향을 미치기도 했다. Ivo Goldstein, *op. cit.*, p. 25.

가운데 1260년 보헤미아의 프쉐미슬 오타카 2세(Przemysl Otakar II: 1258-1278)가 헝가리를 침공하자 크로아티아를 비롯한 헝가리의 상당 지역은 보헤미아의 영향력 하로 편입되게 되었다. 그러나 보헤미아의 지배는 그리 오래 가지 못했다. 1273년 오스트리아 합스부르크 왕조 출신의 루돌프(Rudolph)가 신성로마 제국 내 황제로 등극한 이후, 헝가리를 비롯한 동유럽 전역에 대한 본격적인 정복 전쟁을 시작하였기 때문이다. 루돌프는 1278년 8월 모라비아 평원에서 가진 보헤미아 왕국과의 전투에서 얻은 승리로 크로아티아를 비롯해 오늘날 체코, 슬로바키아 지방과 헝가리의 상당 지역을 차지하게 된다. 당시 헝가리는 아르파드 왕조의 마지막 합법적 계승자였던 라디슬라우스 3세(Ladislaus III: 1272-1280)가 사망한 후, 왕의 동생인 앤드류 2세(Andrew II: 1290-1301)에게 왕권이 넘어갔으나, 합스부르크의 루돌프는 그가 쿠데타로 왕권을 찬탈했다며 그의 합법적 왕권 계승을 부정하였다. 그 결과 헝가리와 크로아티아 지역 곳곳에선 왕권을 차지하기 위한 전쟁이 일어났고, 1301년 아들이 없던 앤드류 2세가 사망하자, 왕위는 1301년 3월 찰스 1세(Charles Robert I: 1301-1342)에게로 넘어가게 된다.

계속된 국력의 쇠락 속에 헝가리는 찰스 1세 시기 초창기에는 크로아티아 귀족들에 대한 통제력을 확고히 하지 못하였다. 크로아티아의 귀족들은 찰스 1세의 왕권은 인정하였으나, 그들 영지에 대한 지배권이 왕에 의해 침해당하는 것을 결코 허용하지 않았다. 이러한 현상은 특히 두브로브니크을 비롯해 오랫동안 헝가리의 영향력이 그리 미치지 못하였던 아드리아 해안 지역의 도시들에서 더욱 두드러지게 나타났다. 14세기 초, 독자적 세력을 구축하고 있던 크로아티아 귀족들 중에서 아드리아 해 지역에 가장 큰 영향력을 행사하였던 인물로는 찰스 1세의 왕권 획득에 커다란 공을 세운 빠바오 슈비치(Pavao Šubić)와 그의 아들인 믈라덴(Mladen: 1312-1322)을 들 수 있다. 이들은 크로아티아의 세습적 반으로써, 이 지역에서 거의 독립적인 왕과 같은 절대 권력을 행사하고 있었다. 아드리아 해안 지역을 중심으로 크로아티아에서 이들 귀족은 헝가리 화폐가 아닌 자신들만의 통화를 만들어 사용하였으며, 독자적인 사법권과 각 도시들에 대한 관할권을 행사하였다. 하지만 아드리아 해의 상권을 둘러싼 베니스와의 전쟁에서 믈라덴이 패배하고, 그 결과로 쉬베니크(Šibenik)와 트로기르가 베니스의 지배 하로 넘어가게 되자, 믈라덴의 영향력은 급격히 쇠퇴하여, 마침내 반의 직위에서 쫓겨나는 신세로 전락하게 된다.[61)]

강력한 경쟁자를 제거하게 된 찰스 1세는 이후 1342년 사망할 때까지 권력의 중앙 집중화와 더불어 자신의 지배 지역 경제와 문화 활성화에 전력을 기울였다. 또한 그의 뒤를 이은 루도비치 1세(Ludović I: 1342-1382) 시기 크로아티아는 수차례의 전쟁에도 불구하고 귀족들의 세력 약화와 더불어 유례없는 사회, 문화 그리고 경제적 발전을 이루게 된다. 행정구역상으로도 내륙으로는 슬로베니아를 흐르는 북쪽 드라바 강에서부터 남부 아드리안 해안까지의 전체 크로아티아 영토 그리고 해안지역으로는 북쪽 이스트라 반도에서부터 오늘날 알바니아의 두르레스(Durres)에 이르는 아드리아 해안 지역이 크로아티아의 영향력 하에 편입되었다. 경제적으로도 슬라보니아 지방에서 대규모 은화가 주조되어 크로아티아의 경제적 부를 확대시켰으며, 헝가리 내륙에서 아드리아 해로 이어지는 무역로, 그리고 슬로베니아에서 발칸반도를 넘어 아시아로 이어지는 무역로의 개발로 그 중앙에 위치한 자그레브가 주요 무역도시로 성장하게 된다.

이 중에서도 이 시기 가장 두드러진 특징이라면 크로아티아의 문화적 융성이라 할 수 있을 것이다. 크로아티아에 다가선 새로운 정치와 경제적인 상황은 크로아티아 해안과 내륙 지방 사이의 문화적 통합과 융성의 시작을 가져왔다. 이 시기에 들어와 아드리아 해안에서 주로 사용되던

---

61) Francis R. Preveden, *op. cit.*, 1955, pp. 114-115.

슬라브 문자인 글라골리짜가 북부 내륙지역으로 확대되어 사용되었으며, 이와 함께 아드리아 해에서 순수한 슬라브어로 써진 최초의 문학작품들이 내륙으로 빠르게 확산되게 된다. 당대 대표 작품들로는 주로 기독교 신과 성인들의 전설을 묘사한 산문(Životopisi svetih otaca, 성령 아버지 하나님의 전기)을 비롯해, 과거의 위대했던 역사를 노래하는 대서사시(Priče o Troji, 트로이의 이야기/ Aleksandar Makedonski, 마케도니아의 알렉산다르)들을 들 수 있다. 이러한 것은 비록 서유럽 지역에서 이미 유행하던 문학과 문화적 형태였지만, 당시 크로아티아에 있어서만큼은 문화적 융성의 시작을 알리는 중요한 계기로 작용하였다.[62)]

크로아티아의 경제, 사회 그리고 문화적 융성은 특히 아드리아 해안 지역 중 당시 라구사(Ragusa)로 불렸던 두브로브니크 공국에서 보다 더 특별하게 나타났다. 이 당시 두보르브니크는 크로아티아 도시들 가운데 사회, 경제적 그리고 문화적 번성에 있어 매우 중요하고도 특별한 위치를 차지하고 있었다. 두브로브니크는 도시가 처음 성립될 시기 이웃하고 있던 다른 도시들과 같은 형태로 시작하였지만, 12-13세기에 들어와선 점차적으로 독립 공화국으로 발전하게 된다. 14세기 중반에 들어와 이러한 독립권은 더욱 확대되어 실질적으로 더 이상 헝가리와 크로아티아 왕의 지배 하에 있지 않게 되었으며, 중개 무역과 해양 무역을 통해 얻은 부를 기초로 주변의 광대하고도 중요한 연안지대를 세르비아와 보스니아 지배자들로부터 사들임으로써 자신의 영토를 계속 확장시켜갔다.[63)]

62) Ivo Goldstein, *op. cit.*, pp., 27-28.

63) 이후 3세기 동안 두브로브니크를 포함해 달마티아 도시들의 운명은 바다로부터의 베니스와 내륙으로부터의 오스만 제국사이에 의해 결정되어졌다. 당시 달마티아는 합스부르크가와 오스만 터키간의 1699년 스렘스키 카를로브찌 조약에 의해 형성된 경계선을 따라 북부 리예카(Rijeka)부터 자다르(Zadar)까지는 합스부르크가 하로 복속되었다. 이에 따라 달마티아 자치 해안 도시들은 자다르로부터 남부 라구사(Ragusa/ 현 두브로브니크)

도시의 발전과 주변 지대의 발달에 따라 내륙으로부터 수많은 이주민들이 이곳에 새롭게 정착하였으며, 14세기 말 이후로는 오스만 터키의 침입으로부터 피신한 난민들 또한 이곳에 대규모로 정착하게 되면서 두브로브니크는 더욱 더 커지게 되었다.[64] 두브로브니크는 세르비아와 보스니아 지역의 마을들과 대규모 광산을 소유하는 등 자신들의 식민지를 가지고 있었으며, 직물, 가죽, 유리, 납 그리고 무기 제조를 위한 여러 공장들을 소유하고 있었다. 이 당시 두브로브니크의 상권과 영향력은 베니스를 능가해 유럽과 아시아, 발칸유럽 내 여러 도시 국가들 사이, 그리고 동부지중해를 지나 지중해 전체와 멀리로는 영국의 항구들에까지 미치고 있었다. 경제적 번영에 따라 14세기 두브로브니크의 거리는 대리석으로 포장되어졌고, 하수와 급수설비, 전염병에 대한 보호차원에서 유럽여행객에게 최초의 검역제도가 실시되었다. 또한 유럽 내 최초 고아원이 이곳에서 생겨났고, 병원과 약국 또한 이 당시 생기는 등 도시는 더욱 더 큰 번영과 발전을 이루어 나가게 된다.

14세기 이후 오스만 터키의 위협과 공격에 어려움을 겪고 있던 내륙에 비해 두브로브니크이 경제적으로 보다 번영할 수 있었던 요인으로는 무엇보다도 천혜의 지형적 혜택, 즉 이들 해안 도시들이 지리적으로 거대한

까지로 한정되었다. 이후 베니스는 몇 세기 동안 계속된 달마티아에 대한 오스만의 공격을 물리쳤으며, 그 결과 1693년 이후로는 해안 지역에서 터키인들을 몰아내는데 성공하게 된다. 그러나 이후 신대륙 발견 등으로 무역노선의 변화에 따라 두브로브니크와 그 연안도시들의 경제적 번영은 중단되게 된다.

64) 발칸반도 내 오스만 터키의 지배는 대규모 세르비아인들과 보스니아 내 크로아티아인들이 이웃하고 있던 슬라보니아, 보이보디나와 크로아티아 본토 그리고 아드리아 해안 지역으로 이주하게 되는 계기를 형성하게 된다. 이들 중 아드리아 해 달마티아 지역에 들어온 이들은 기존에 거주하고 있었던 크로아티아인들과 섞여 이들 지역에 슬라브적 요소를 더욱 확대시켜갔다.

산맥지대인 디나르 알프스 산맥에 의해 발칸 내륙지방과 차단되어 있음으로써 외세의 침입으로부터 상대적으로 안전할 수 있었던 데서 찾아볼 수 있다. 이 당시 시작된 오스만 터키의 유럽 원정에 따라 헝가리 왕국과 다른 중세 슬라브 왕국들의 붕괴 속에서도 두브로브니크를 포함해 달마티아의 해안 도시들은 험준한 산악에 따른 이점으로 인해 오스만 터키의 직접적인 공격을 피할 수 있었고, 오히려 내륙 국가들에 비해 합스부르크와 오스만 제국의 영향력과 그 지배로부터 상대적으로 보다 자유로울 수 있었다. 비록 여러 세기 동안 지속된 합스부르크가와 오스만 터키 사이의 전쟁으로 인해 크로아티아 지역이 황폐화되었음에도 불구하고, 달마티아 지역의 사회, 문화적인 삶은 내륙 지역에 비해 상대적으로 더 많은 번영과 자유를 누리고 있었다. 특히 이들 도시들은 원시 슬라브적 문화 속에서도 베니스의 영향 하에서 이탈리아 르네상스 예술을 받아들였고, 그러한 영향은 달마티아 문화의 정수로써, 특히 건축, 조각 그리고 다양한 문학 등에서 두각을 드러내었다. 문화적 창작이 가장 활발하였던 시기는 13세기에서 17세기 사이로 이 시기 동안 쉬베니크, 스플리트 그리고 두브로브니크에서 가장 정교한 건축물들과 조각품들이 창조되게 된다. 이 당시 이루어진 건축과 조각 양식은 후기 고딕과 르네상스의 스타일이 겸비된 로마네스크 양식들이 주류를 이루었다. 특히 649년에 최초 세워졌으나 이 시기에 들어와 다시 재건된 스플리트 대성당의 디오클레티아누스 로마황제의 무덤은 이 당시 건축의 미를 상징하는 대표적인 작품 중 하나라 할 수 있다. 문학에 있어선 당시 슬라브적 요소에 라틴과 르네상스적 요소가 결합된 독특한 달마티아 문학적 특징이 나타났으며, 초기 문학작품에는 라틴문자와 치릴 문자 그리고 초기 슬라브 문자인 글라골리짜 등의 세 문자가 주류를 이루었다.

4. 15세기, 내란과 전쟁의 시대: 오스만 터키와 베니스 공국 사이의 크로아티아

14세기 중반 헝가리와 크로아티아의 왕이었던 루도비치 1세는 헝가리의 지배력 강화와 영토 확장을 위해 보스니아로 침략해 들어왔다. 하지만, 헝가리는 당시 보스니아의 영주였던 스트예판 코트로마니치(Stjepan II Kotromanić: 1314-1353)의 강력한 저항에 부딪치게 되면서 별다른 성과를 얻지 못하였다. 특히 1353년 트브르트코 코트로마니치(Tvrtko I Kotromanić: 1353-1391)가 강력한 통치력을 바탕으로 보스니아 중세 왕국을 수립하고, 1382년엔 루도비치 1세마저 사망하게 되자 보스니아에 대한 헝가리의 영향력은 더욱 더 감소되게 된다. 오스만 터키의 세르비아 정복을 틈타 세르비아의 일부 영토를 장악한 트브르트코는 뒤이어 달마티아 지역의 여러 해안 도시들을 포함한 크로아티아 영토를 획득해 나가기 시작하였다. 이를 계기로 그는 봉건영주의 의미를 뜻하는 '반'의 칭호를 버리고, 독립 왕국의 왕을 상징하는 '크랄뤼(Kralj)'라는 칭호를 스스로에게 사용하였다. 계속된 영토 확장에 따라 트브르트코 코트로마니치는 '세르비아, 보스니아, 달마티아, 크로아티아와 인근 해안 도시의 왕(Kralj Srba, Bosne, Dalmacije, Hrvatske i primorja)'으로 불리며 보스니아 중세 왕국의 최대 전성기를 만들어나갔다. 하지만 1391년 그의 죽음 이후 보스니아는 왕권을 둘러싼 후계자 다툼과 오스만 터키의 침략으로 인해 국가적 위기를 맞이하게 된다.[65)]

---

65) Ivan Božić, Sima Ćirković, Milorad Ekmečić and Vladimir Dedijer, *op. cit.*, pp. 78-79; 트브르트코는 이웃하고 있던 세르비아에서 두샨 왕이 1355년 사망하고, 이후 그의 아들들에 의한 왕권 분열과 제1, 2차 마리차 강 전투(1363, 1371)에서 오스만 터키에 의해 세르비아 네마니치 왕조가 단절된 틈을 타 1374년 세르비아 왕국의 일부 영토를 빼앗았다. 뒤이어 그는 세르비아 왕조의 계승권을 주장하며, 왕조의 후계자임을 상징하는

15세기 크로아티아는, 비록 두브로브니크를 포함한 일부 지역이 독립 공화국으로써 독자적 경제 발전을 이루기도 했지만, 내륙과 상당 수 해안 도시들은 자신들을 보호해 줄 수 있는 강력한 지배 세력이 부재한 가운데 오스만 터키의 침략 앞에 놓여 있었다. 특히 루도비치 1세의 사망 이후 확대된 왕권 싸움으로 인해 헝가리와 크로아티아의 상당 지역은 엄청난 혼란의 시기를 맞이하게 된다. 크로아티아 내륙의 도시들에선 봉건왕조의 부패가 일반 농노들의 삶을 괴롭혔고, 이 당시 확대된 전염병은 자그레브를 비롯한 상당수의 도시들을 황폐화시켜 갔다. 일반 농노들의 지배계층에 대한 불만은 점차 사회 민란으로 표출되어졌고, 당시 절대 권력을 휘두르면서 신자들의 고충을 무시하고 있던 교회 또한 비난의 대상이 되고 있었다. 가톨릭의 위기 속에 사제이자 프라하 카를 대학의 학장이었던 얀 후스(Jan Hus: 1371-1415)는 가톨릭 부패를 엄단하고 교회 개혁을 추진할 것을 설파하였다. 하지만, 로마 교황청이 그를 파문하고, 곧 이어 유죄선고와 함께 1415년 7월 산 채로 얀 후스의 화형이 집행됨에 따라 교회 개혁에 대한 일반 민중들의 불만의 목소리는 더욱 커져가게 된다.[66] 실제 15세기 초 글라골리짜로 씌어진 시에서 당시 교회와 수도원이 배부른 탐욕에 지나치게 헌신하고 있으며, 교회의 고위 성직자가 부패하였다고 비난하고

'스테판(Stefan)'이라는 이름을 덧붙여 자신을 스테판 트브르트코(Stefan Tvrtko)라 불렀다. 이후 '스테판(Stefan)'이라는 이름을 덧붙이는 전통은 보스니아 중세 왕국의 계승자들에게 계속 이어졌다.

66) 대표적인 종교 개혁가인 얀 후스는 1390년대 영국의 위클리프(John Wycliff) 사상에 영향을 받아 그의 개혁 사상을 대학에서 설교하였다. 후스는 특히 교회의 면죄부 판매와 교황군주제(Papal Monarchy)를 비난하고, 교회가 구원의 중심이 되는 이상을 주장하였다. 1412년 파문을 받은 후로, 후스는 라틴어 대신 체코어로 된 종교 서적을 출간하면서, 교황에 대한 일방적 충성을 경계할 것과 당시 교회의 지나친 금전적 부의 추구를 강력히 비난하였다. 임영상, 황영삼 (공편), 『소련과 동유럽의 종교와 민족주의』, (한국외국어대학교 출판부, 1996), p. 225.

있음을 확인할 수 있다. 교회가 어떠한 희망과 미래를 제시할 수 없는 상황 속에서 일반 민중들은 당시 기독교에서 이단으로 규정하였던 보고밀교(Bogomil/ Bogumil) 등 이교도에 심취해 갔으며, 그 숫자가 계속해서 증가하게 되었다.67)

이러한 사회적 혼란, 고통과 더불어 크로아티아 내륙은 14세기 중반 이후 본격화된 오스만 터키의 유럽 원정이라는 전쟁 위협에 직면해 있었다. 전쟁의 위기 속에 크로아티아의 모든 경제는 새로운 군사체계 수립과 군대 양성 등 군비 확충에 전력을 기울여야 했다. 크로아티아인이 오스만 터키군과 처음 만난 것은, 크로아티아인들이 1389년 6월 세르비아의 라자르 흐레베리야노비치(Lazar Hrebeljanović: 1371-1389) 왕자가 주도한 10만 기독교 연합군의 일원이 되어 오늘날 코소보 평원에서 오스만 터키군과 대적하였던 코소보 전투에서부터이다. 1402년 몽고의 티무르 제국의 침략과 그 지배로 인해 한동안 유럽 원정을 참아야 했던 오스만 터키는 1413년 티무르의 사망과 더불어 국가를 다시 재건하고, 유럽 원정을 감행하게 된다. 1420년대에 달마티아 해안 지대를 공격하였던 오스만 터키는 1453년 마침내 비잔틴 제국의 수도였던 콘스탄티노플(Constantinople)마저 점령하고, 1459년 세르비아의 마지막 수도인 스메데레보(Smederevo)

67) Ivo Goldstein, *op. cit.,* p. 29; 보고밀 교도들은 눈에 보이는 모든 세상은, 하나님의 첫째 아들이자 천사였지만 하나님의 말씀을 거역해 하늘에서 쫓겨난, 사탄(Satanael)에 의해 만들어진 것이라 보았다. 또한 인간의 육체 또한 사탄이 창조하였으며, 다만 영혼은 하나님의 창조물이라 믿었다. 이들은 또한 하나님이 인간 세상의 구원을 위해 그의 둘째 아들인 워드(Word)를 보냈고, 워드는 성모 마리아(Virgin Mary)의 귀를 통해 마리아의 몸속으로 들어가, 인간의 모습으로 태어나게 되었다고 말하고 있다. 이렇게 해서 태워난 워드는 인간들에게 어떻게 세상과 그 창조물들을 무찌를 수 있는지 가르쳤다고 믿는다. 따라서 육신에 대한 고통과 죽음을 통해 사탄으로부터 진정한 자유를 찾고, 그 결과 인간의 영혼이 하나님의 우편에 앉을 수 있게 된다고 주장하였다. Francis Dvornik, *op. cit.*, pp. 138-139.

함락, 1463년엔 보스니아 중세 왕국을 무너트리면서 이제 크로아티아의 여러 도시들을 위협하는 상황에까지 이르게 된다. 이에 따라 크로아티아의 귀족들은 헝가리와 함께 도시의 성벽을 높이 세우고 그 방어선을 구축하는 데 전력을 기울였으나, 오스만 터키는 한 동안 직접적인 군사적 충돌을 피한 채 주변의 마을을 약탈하고 불태우면서 크로아티아의 전력을 약화시키는 데 주력하였다. 수십 년에 걸친 오스만 터키의 약탈과 군사적 침략으로 크로아티아의 도시들과 농촌 사회는 완전히 황폐화되었으며, 상당 수 주민들이 떠나고 난 자리엔 소수의 국경 수비대만이 남아 도시를 수비하는 상황에 이르게 된다. 따라서 오스만 터키군이 대규모 군대를 이끌고 와서 도시와 성을 포위했을 때, 이들 크로아티아 수비대들은 강력한 저항을 하기 어려웠다. 1493년 9월 보스니아 내에 주둔하고 있던 오스만 터키군이 중심이 되어 크로아티아 전역으로 침략해 들어오자, 크로아티아의 반인 미르코 데렌친(Mirko Derenčin)을 중심으로 크로아티아 귀족들은 방위군을 결성해 전투를 벌였으나, 스파히(Spahi)라 불리는 8천여 오스만 기병대에 의해 크로아티아군은 대패하게 된다.[68] '피의 평원 전투'라는 의미에서 '크르바브스코 평원(Krbavsko polje) 전투'라고도 불리는 이 전투는 이후 크로아티아인들에게 있어선 세르비아인들의 코소보 전투에 버금가는 역사적 의미를 지니게 되었다. 전쟁의 패배에 따라 크로아티아 상당 지역은 오스만 터키의 지배 하로 넘어갔고, 귀족들과 농노들은 안전한 장소를 찾아, 크로아티아 북서부로 혹은 아드리아 해안과 섬 및 나라밖으로 피난을 떠나야만 했다.[69]

15세기 당시 사회 혼란과 오스만 터키의 위협 속에 비록 나폴리 출신의 라디슬라우스(Ladislaus)가 일부 귀족들에 의해 헝가리와 크로아티아의

---

68) Marcus Tanner, *op. cit.,* pp. 30-31

69) Francis R. Preveden, *A History of the Croatian Peoples Vol. II*, (New York: Philosophical Library, 1959), p. 16.

새로운 왕으로 추대되었지만, 계속된 국력의 쇠락 속에 그는 1409년 7월, 자다르를 비롯한 크로아티아 달마티아 지역의 해안 도시들에 대한 권한을 10만 두카트(dukat, 1950년대 기준으로 약 250,000불)를 받고 베니스에게 팔아넘기는 결정을 내려야만 했다. 이후 베니스는 계속해서 세력을 확대해 1420년까지 이스트라를 넘어 크로아티아의 해안 도시들과 북서부의 크바르네르(Kvarner)만의 모든 도시들을 장악했으며, 그 결과 그 세력선이 북부 아드리아 해로부터 남동부의 두브로브니크 독립 공화국의 경계선까지 이르게 되었다. 베니스는 이들 지역을 점령한 이후 해안 도시들을 자신들의 무역을 위한 주요 통로로써의 보조 역할에만 충실하도록 그 경제 활동과 무역 거래를 제한하게 된다.[70] 베니스의 이러한 크로아티아 해안 도시들에 대한 간섭과 지배권은 이후 1797년 베니스 공화국이 몰락할 때까지 지속되었다.

아드리아 해의 도시들은 15세기 이후 강화된 크로아티아 달마티아 해안 지역에 대한 베니스의 간섭과 세력 확대로 인한 일련의 고통에도 불구하고, 오스만 터키의 침략과 지배로 고통을 받던 내륙에 비해선 보다 나은 사회, 문화적 풍요로움과 경제적 부를 축적할 수 있었다. 당시 오스만 터키 하의 크로아티아 지역에선 이민의 증가와 경제, 문화의 황폐화로 인한 비극이 계속 이어지고 있었던데 반해, 비록 직간접적인 간섭이 존재하였지만 베니스하의 크로아티아 지역은 이탈리아의 영향력을 받으며, 유럽의 르네상스를 통한 예술의 번성과 문학적 발전을 이루게 된다. 실제 베니스하의 아드리아 해안 지역의 도시들은 정치적, 군사적 붕괴에도 불구하고 15세기 문화는 높은 수준에 이르렀음을 확인할 수 있다.[71] 크로아티아

---

70) John V. A. Fine, *op. cit.,* 1994, p. 489; Francis R. Preveden, *op. cit.,* 1959, p. 2.

71) 달마티아 지역에 대한 베니스의 영향에 대해선 John V. A. Fine, *op. cit.*, 1994, pp. 492-495 참조.

언어와 글라골리짜로 이루어진 최초의 책이 1483년에 출판되었으며(로마 법정의 법률에 따른 미사전서, Misal po zakonu Rimskoga dvora), 읽고 쓰는 능력이 인본주의의 영향력 하에 발전을 거듭하고 있었다.72) 이러한 발전은 특히 두브로브니크를 포함해 스플리트, 흐바르, 자다르, 쉬베니크 등에서 크게 이루어졌는데, 그 당시 대표적인 작가로는 마르코 마루리치(Marko Marulić)와 그의 대표작인 "성스런 미망인 유디타의 역사(Istorija svete udovice Judite)"를 들 수 있다. 주로 기독교 윤리와 가르침을 강조하였던 그의 작품들은 정통 라틴어와 번역본으로 출간되어, 전 유럽으로 퍼져나갔으며, 이에 힘입어 그의 서사시들을 포함해 크로아티아의 여러 시들이 라틴어로 번역되어 유럽에서 명성을 얻게 되었다.73)

건축 양식 또한 이 당시 크로아티아 아드리아 해안 지역의 여러 도시들의 미관을 아름답게 장식하였는데, 15세기말 고딕양식 예술은 르네상스 양식과 새롭게 혼합되어 독특한 건축양식으로 나타났다. 이들 해안 지역의 도시들에는 과거 비잔틴의 양식들이 베니스 예술계에 영향을 미치며, 새로운 형태의 건축 기법들이 이곳에 소개되어졌다. 교구 목사 건물, 세관원, 마을 분수와 성벽 일부 등 상당수의 아름다운 건물들이 두브로브니크에 새롭게 만들어졌고, 그 당시 세워진 건축들은 1667년 대규모 지진으로 인해 다소 파괴되기도 했으나 오늘날까지 이어져, 두브로브니크를 '아드리아 해의 진주'로 불리게 하는 원동력을 제공하고 있다. 이와 함께 쉬베니크의 성 야메스(St. James) 대성당 또한 유명한데, 이 성당은 1440년대 당시 크로아티아의 유명 건축가인 자다르 출신의 유라이 달마티나쯔(Juraj Dalmatinac)에 의해 지어진 건물이다. 성 야메스 대성당은 15세기 크로아티아 아드리아 해에 세워진 고딕 건축물의 높은 수준을 반영하고 있으며, 교회 내 조각품들은 당시 유행했던 르네상스 양식의 기법을 잘 보여주고 있다.

72) A. P. Vlasto, *op. cit.*, p. 205.

73) Ivo Goldstein, *op. cit.*, pp., 32-33.

하지만 크로아티아에 대한 오스만 터키의 정복과 베니스의 영향력 증대로 인해 형성된 다양한 문화와 독립적 경계선의 형성은 훗날 19세기 민족주의에 들어오면서 크로아티아인들만의 민족-국가(Nation-State)를 수립하는 데 있어 상당한 어려움을 안겨주게 된다. 이 당시 형성된 다양한 세력에 의한 크로아티아 분열은 크로아티아의 정치, 경제, 문화적 분리를 낳았으며, 뒤이어 오늘날 존재하는 이질적 크로아티아 문화를 유발하는 요인을 형성케 하였다.

IV. 정리하기

395년 동·서로마의 분리 이후 유목민족들의 침입을 피해 그리고 더 나은 정착지를 찾기 위해 발칸유럽에 이주해 들어온 크로아티아인들은 지형적 조건에 따라 사바 강과 드라바 강 사이의 현 슬라보니아 지방과 아드리아 해안가인 달마티아 지역 등에 정착촌을 형성하기 시작하였다. 크로아티아인들은 정착 초기 발칸유럽의 험준한 지리적 특성으로 인해 다양한 지역적 분화와 사회, 문화적 차이가 나타났고, 그러한 특징에 따라 자그레브를 중심으로 한 크로아티아 내륙 지역과 헝가리 및 세르비아 민족의 영향이 깊은 슬라보니아 지방 그리고 중세 시절 비잔틴 제국과 뒤이어 이탈리아의 문화적 영향 하에 놓여 있었던 아드리아 해안지역 및 달마티아 지역 등에선 서로 각자의 사회, 문화 그리고 정치, 경제적 발전이 이루어지게 된다. 하지만 9세기 기독교의 수용은 국가 수립과 그 운명 그리고 발전에 있어 크로아티아인들의 삶과 문화에 매우 깊은 영향을 미치게 되었으며, 이후 민족정체성 수립에 중요한 영향을 미치게 된다.

924년 아드리아 해 닌의 족장이었던 토미슬라브에 의해 크로아티아 최초 중세 독립국가가 수립된 이후 발전을 계속하였던 크로아티아는 1089년 즈보르미르가 후사 없이 갑자기 사망하게 되면서, 1102년 헝가리 아라파드 왕조 하로 들어가게 되었다. 이 시기의 역사에 대한 크로아티아와 헝가리 간의 역사적 논증과는 별개로, 11세기 문언과 문화의 출발을 맛보았던 크로아티아는 12세기 이후 한 동안 헝가리의 직간접적인 지배 하에서 봉건제도의 성숙 및 문화적 융성 시기를 모색하였다고 볼 수 있다. 하지만 15세기 내륙지역으로 오스만 터키의 유럽 원정이 본격화되고, 아드리아 해안 지역에 대해선 베니스 공국의 지배가 견고해지기 시작하면서 크로아티아는 혼란과 전쟁의 시기를 맞이해야만 했다.

비록 크로아티아가 내란과 전쟁의 시기인 15세기를 거치면서, 오스만 터키의 유럽 원정을 막아낸 합스부르크의 직접적인 지배 하에 들어가게 되지만, 중세 시기 수용된 기독교(가톨릭)에 대한 신앙심과 독립국가를 이룬 경험 그리고 문화적 발전은 현재까지 크로아티아인들에게 매우 커다란 의미로 다가오고 있다. 중세에 들어와 크로아티아인들의 정신적 토대로 작용한 기독교는 이후 민족적 위기가 닥칠 때마다 크로아티아 민족주의와 연결되어 민족의 단결과 민족 정체성 발전에 많은 영향을 미쳤으며, 현재까지도 크로아티아 민족의 기초와 발전의 주요 요소이자 신성한 권위를 통해 크로아티아 민족의 중요 구심체로서 그 역할을 수행하고 있다. 더불어 중세 강력한 독립국가를 이룬 경험과 문화 발전에 대한 역사적 자부심은 20세기에 들어와 최초의 남슬라브족 통합 국가를 이룬 '세르비아-크로아티아-슬로베니아 왕국' 하에서 세르비아의 민족적 우위 확대를 견제하는 원동력으로, 제2차 세계대전 당시에는 독일에 협조해 독립국가를 추구해 나가려는 이상적 모험론으로 표출되기도 했다. 그리고 마침내 크로아티아인들의 이러한 끊임없는 독립에 대한 의지는 1990년대 사회주의 유고 연방의 해체와 더불어 1991년 크로아티아 독립국가라는 현실로 이어지면서 오늘날에 이르고 있다.

제3절 세르비아 민족 기원과 민족 정체성

세르비아 민족 기원과 정착을 읽는 역사 키워드
국제 사회에서 세르비아 민족과 민족정체성에 대한 관심 그리고 이에 대한 연구가 활발해진 계기는 무엇보다도 세르비아 민족주의가 제1차 세계대전 발발에 중요한 영향을 미치게 된 이후부터라고 할 수 있다. 특히 20세기 말에 들어와 확대된 발칸유럽의 여러 민족 분쟁들 요인에 있어, 세르비아 민족주의가 그중 하나로 인정되게 되면서, 세르비아 민족의 기원과 민족 정체성의 내용에 대한 관심과 연구가 증폭되게 된다. 무엇보다도 중세부터 이어진 세르비아 민족 정체성 및 19세기 이후 수립된 민족주의(세르비아주의)의 이론 토대에 있어 주요한 기초적 요소들 중 하나는 세르비아 중세 왕국 유지의 기틀이자 현재까지도 일반 민중들에게 절대적인 영향력을 발휘하고 있는'세르비아 정교'라고 할 수 있다. 실제 세르비아 정교는 세르비아 민족이 발칸유럽에 정착한 이후 세르비아 민족의 단결과 정체성 형성에 가장 중요한 영향을 미쳐왔으며, 현재까지도 세르비아 국가와 민족의 가장 중요한 정신적 토대를 제공하고 있다. 본 내용에서는 우선, 앞서 설명된 슬로베니아인들과 크로아티아인들의 발칸유럽 내 민족 기원 및 정착 과정을 총 정리한다는 차원에서, 슬라브족의 분화에 대한 여러 학설과 더불어 남슬라브족의 일파로써의 세르비아 민족 기원에 대해 분석하고자 한다. 또한 이와 함께 발칸유럽 내에서 불가리아 제국 다음으로 강력한 중세 왕국을 수립하였던 세르비아 중세 왕국 시기를 중심으로, 세르비아 민족 및 민족 정체성 형성에 있어 세르비아 정교가 미친 영향과 그 역할에 대해서 소개하고자 한다.

I. 생각하기

세르비아 민족의 기원과 민족 정체성에 관한 연구는 과거 오랜 시기동안 세르비아 국내는 물론 국제 학계에서도 관심의 대상이 되어 왔다. 특히

20세기 초 제1차 세계대전의 직접적인 계기를 제공하였던 세르비아 민족주의에 대한 국제학계의 관심은, 20세기 말에 이르러 슬로베니아와 크로아티아에서의 유고분쟁, 보스니아 분쟁 그리고 코소보 전쟁을 비롯한 발칸유럽 내 여러 분쟁과 전쟁들에서 세르비아 민족이 주요 민족으로 다시 등장하게 됨에 따라 더욱 더 활발해지게 된다.

그동안 세르비아 민족의 기원과 민족 정체성에 대한 연구는 다양한 학문적 분야와 연계해 발전하여 왔다. 즉 세르비아 민족 기원과 민족정체성에 대한 연구는 단순히 고고학적 혹은 인류학적 분야의 연구를 넘어서 예술, 문학, 언어, 역사, 종교 그리고 지정학적 관점에 따른 연구와 더불어 세르비아 민족주의와 같은 정신적·이념적 연구로까지 확대·발전되어 오고 있다.

세르비아 민족의 주요 이데올로기이자 발칸유럽의 대표적 '문화적 민족주의' 중 하나인 세르비아 민족주의[74]는 중세 세르비아 왕국과 당시 최대 전성기였던 스테판 두샨 왕 시절의 영토, 문화적 확대에 기초한 역사적 당위성을 그 기원으로 하고 있다. 19세기 초 나폴레옹 혁명전쟁과 더불어 민족주의의 발칸유럽으로의 유입은 당시 지배 세력이었던 서유럽과는 달리 피지배 상태로 전락해 있던 세르비아 민족에게 종교와 언어 그리고 관습 등 민족의 문화적 요소에 기초한 세르비아 민족주의를 낳게 하였다.

---

74) 세르비아 민족주의는 피터 슈가(Peter F. Sugar)와 이보 레디레브(Ivo J. Lederev) 그리고 한스 콘(Hans Kohn)이 언급한 동·서유럽의 민족주의 특징을 기초로 분류해 보았을 때 '문화적 민족주의(Cultural Nationalism)'의 한 유형으로 분류해 볼 수 있다. 참고로 문화적 민족주의는 국가와 성문법 그리고 법체계 등을 중요시 여기는 '정치적 민족주의(Political Nationalism)'와는 달리 언어, 종교, 관습, 과거의 역사, 신화 등 문화적 요소를 민족 구분의 기초요소로 삼고 있다. 이에 대한 자세한 내용은 본 책 제1장을 중심으로 Peter F. Sugar & Ivo J. Lederev (eds.) *op. cit.*, pp. 3-54; Hans Kohn, *op. cit.*; 김철민, *op. cit.*, 1997 참조.

이후 세르비아 민족주의는 특히 19세기 말 세르비아 근대 민족국가가 수립된 이후 발칸유럽 내 영토 확장을 토대로 발전되게 된다. 세르비아 민족주의는 제1, 2차 세계대전을 거치면서 더욱 더 정교한 이론화 작업이 이루어졌고, 민족주의의 대두를 엄격히 제한하였던 티토의 사회주의 정권 하에서도 계속 그 영향력을 유지하여 오게 된다. 이후 1980년 티토의 사망과 1989년 베를린 장벽 붕괴로 상징되는 사회주의 체제의 해체 과정에서 세르비아 민족주의는 다시 한 번 국제 사회의 정면에 등장하였고, 과거 사회주의 유고슬라비아 연방 붕괴와 발칸유럽의 여러 분쟁들의 주요 원인들 중 하나로 주목받게 된다.

이러한 연구 배경과 이해를 바탕으로 이 글에서는 20세기 일련의 주요 국제사적 사건들에 있어서 중요한 역할을 하였던 세르비아 민족의 기원을 고찰하고, 세르비아 중세 왕국을 중심으로 세르비아 민족 정체성의 형성과 발전에 있어 세르비아 독립 정교의 역할에 관해 살펴보고자 한다.

본 절의 구성을 보면 우선 제2장에서는 슬라브족의 분화 과정과 세르비아 민족의 기원 그리고 그 특징에 대해 알아볼 것이다. 동·서로마의 분리 그리고 뒤이은 서로마 제국의 몰락과 유목민족들의 침입은 슬라브족의 대규모 이주를 낳았다. 이 장에서는 슬라브족의 분화과정에 대해 살펴보고, 이를 통해 이주 후 발칸유럽에 정착하게 된 세르비아 민족의 기원에 대해 알아보게 될 것이다. 이와 더불어 발칸유럽으로의 이주 초기, 여러 기록들에서 밝히고 있는 당시 세르비아 민족에 대한 특징들도 살펴보게 될 것이다. 제3장에서는 발칸유럽에 정착한 세르비아인들의 기독교 수용 과정에 대해 알아보고, 세르비아 중세 왕국의 발전에 있어 세르비아 독립 정교회의 역할에 대해 살펴보게 될 것이다. 마지막으로 정리하기 부분에서는 본문에서의 논의를 바탕으로 세르비아 민족의 기원과 세르비아 민족 정체성 형성에 있어 세르비아 정교회가 미쳤던 영향들을 다시 한 번 고찰하고 그 의미를 살펴봄으로서 결론을 대신하고자 한다.

II. 슬라브족의 분화와 세르비아 민족의 기원

1. 슬라브족의 분화와 남슬라브족의 발칸으로의 이주

슬라브족의 일파인 세르비아 민족의 발칸유럽으로의 이주 과정을 살펴보기 위해선 원시 슬라브족의 문명과 최초 근거지에 대한 논의가 우선시되어야 한다. 원시 슬라브인들의 발원지를 둘러싼 논쟁은 크게 3가지의 학설을 중심으로 오랜 동안 논의되어져 왔다. 우선 첫 번째는 일부 언어학자들을 중심으로 한 학설인데, 이들은 원시 슬라브인들의 발원지가 오데사(Odessa) 인근의 두나브 강 유역이며 슬라브어가 게르만어에 영향을 받았다고 주장하고 있다.[75] 두 번째는 일부 고고학자들을 중심으로 제기된 학설로, 이들은 세르비아인을 포함해 원시 슬라브인들은 석기시대 이후로 현재 러시아 키예프(Kiev)의 북쪽에 위치하고 있는 프리페트(Pripet) 강 유역의 습지를 중심으로 정착촌을 형성하여 왔다고 주장하고 있다.[76] 이러한 주장들 즉, 초기 슬라브 민족이 게르만 문화에 영향을 받아 형성되었다는 주장과 대체로 문화적 빈곤과 빈약이라는 특징을 지닌 습한 늪지대 문화를 이어받았다는 주장들은 오랫동안 슬라브 민족을 열등한 민족으로 보려는 일부 극우 민족주의 학자들과 정치가들에게 악용되어져 왔다. 이후 20세기 초와 중엽을 거치면서 니이델리(L. Niederle)와 폴란드의 여러 고고학자들(John Czekanowski, L. Kozlowski, J. Kostrzewski, T. Sulimirski)을 중심으로 연구가 활발히 일어나게 되면서 원시 슬라브인들의 거주지가 이전에 알려진 것과는 달리 프리페트 강으로부터 남쪽으로는 카르파티아(Carpathian) 산맥까지 그리고 서쪽으로는 비슬라(Vistula) 강, 오데르(Oder) 강 그리고 엘바 강까지 이르는 광대한 지역에 걸쳐 거주했었다는 주장이 대두되게 된다. 원시 슬라브 민족들의 최초 거주지에 대한

---

75) Francis R. Preveden, *op. cit.*, 1955.

76) 이정희, *op. cit.*, p. 22.

이러한 논쟁에 대해 발칸유럽 전문가인 페르디난드 쉐빌(Ferdinand Shevill)은 최근의 연구 동향을 언급하면서 '대체로 원시 슬라브족들이 광대한 지역을 차지해 자신들의 문화를 발전시켜 왔다'라는 세 번째 주장을 받아들이고 있다.[77]

기원전 500년경부터 고대 이란인의 한 분파인 스키타이족(Scythai)의 침입을 피해 원시 슬라브인들은 발트 해와 엘바 강 쪽으로 이주를 시작하였다. 당시 이 지역은 켈트족이 지배하고 있었던 지역으로, 켈트족은 기원전 3세기와 5세기에 걸쳐 두나브 강을 따라 흑해지역에까지 자신들의 세력권을 확장하고 있었다. 현재 스웨덴 동부지역에 거주하고 있었던 고트족 또한 슬라브족의 이주에 따라 이전 슬라브 거주지역과 흑해지역으로 진출하기 시작하였다. 이후 아시아에서 온 훈족의 침입으로 고트족이 멸망하게 되고 유럽에서는 다시 민족 간의 대이동이 발생하게 된다. 당시 슬라브족들은 유럽의 북부에 거주하고 있던 일부 슬라브족들을 제외하곤 대부분이 이러한 유목 민족들의 지배 하에 놓이게 된다. 기원 후 4세기에 들어와 엘바 강 중, 하류지역을 장악하고 있던 켈트족들은 서로마 제국의 혼란을 틈타 로마영토 내로 침입하였고, 이어 이들 켈트족이 차지하였던 지역들은 슬라브족으로 채워지게 되었다. 이들이 현재 체코인, 슬로바키아인 그리고 폴란드인의 선조인 서슬라브족이고 이들은 엘바 강을 건너 그 세력을 서유럽으로 점차 확대시켜 나가게 된다.

서슬라브족들의 출현과 더불어 5세기와 6세기에 들어와선 일단의 슬라브족들이 두나브 강을 건너 비잔틴 제국의 지배 하에 있던 발칸 지역으로의 이주를 시작하였다. 발칸반도로 이주한 슬라브인들은 점차 현재 슬로베니아 지역인 북부 아드리아 해안으로부터 흑해 연안까지 그 거주지를

77) Ferdinand Schevill, *The History of the Balkan Peninsula,* (New York: Arno Press and The New York Times, 1971) p. 73; 원시 슬라브족의 기원을 둘러싼 더 자세한 논쟁은 Francis Dvornik, *op. cit.*, pp. 3-13 참조.

확대시켜갔다. 발칸지역으로 이주한 슬라브족들은 6세기 중엽에 들어와 이들 지역에서 훈족을 몰아낸 뒤, 당시 강력한 군사력으로 동로마 제국과 서부의 프랑크 제국을 위협하고 있었던 아바르족과 동맹을 맺게 된다. 슬라브족들과 손을 잡은 아바르족은 이후 이태리 해안지역과 발칸의 전 지역 그리고 소아시의 일부 지역에까지 자신의 영역을 확장시킬 수 있었다. 하지만 아바르족은 자신들의 세력을 확장해 가면서 이 지역에 잔존해 있던 초기 기독교 문화를 상당수 파괴하였고, 달마티아와 현재 유고슬라비아 북서부의 초기 기독교문화의 모든 흔적을 지워버리게 된다.[78)]

반면 아바르족의 비잔틴제국에 대한 공격은 당시 비잔틴제국의 영역하에 있던 발칸지역을 남슬라브족이 장악할 수 있는 절호의 기회를 제공하여 주었다. 슬라브족이 발칸으로 이주하였던 초기까지만 해도 발칸유럽에 거주하고 있던 원주민 공동체들은 비잔틴의 보호 아래 어느 정도 자신들의 영토와 문화를 지켜나갈 수 있었다. 하지만 슬라브족과 아바르족의 침입은 비잔틴제국의 발칸에 대한 지배를 급격히 약화시켰고, 이를 계기로 슬라브족은 발칸 지역 원주민 공동체를 산악지역으로 몰아내며 발칸의 새로운 주인공으로 등장하게 된다. 이 결과 8세기 말에 이르러서는 발칸반도의 대부분이 슬라브족에 의해 장악되게 된다. 또한 9세기 이후 발칸반도를 경계로 한 로마 가톨릭과 정교 간의 교세 확장을 둘러싼 세력 갈등과 다툼은 로마제국의 영향 하에서 기독교를 중심으로 단결을 보여 왔던 이 지역 원주민 공동체들의 급격한 분열양상을 불러오게 하였다. 발칸유럽에서 비잔틴 제국의 세력 약화와 원주민 공동체들의 분열은 이어 이 지역에 대한 슬라브 민족들의 세력 확대와 독립왕국의 건설을 가능케 하였다.

하지만 산악지대가 많은 발칸유럽으로 이주하였던 남슬라브족은 광활한 평야 지역으로 이주하였던 여타 다른 슬라브족들과 달리 세월의 흐름과

---

78) Donald M. Nicol, *op. cit.*, pp. 31-34.

함께 각 부족 공동체들 간에 느슨한 정치적, 사회적 구조만을 지니게 된다. 그 이유는 발칸 지역의 지리적 험준함에 따른 것으로, 이로 인해 남슬라브족은 작은 집단 구성체로 독자적인 부족을 형성하여갔고 다음 세대가 등장하기 전에 각 부족 공동체들 간의 교류와 문화 전달이 단절되어 갔으며, 점차적으로 관습, 언어, 정치 조직 간의 차이점들이 커져가게 된다. 이러한 단절과 차이점 확대는 곧 이어 남슬라브 민족들 간의 정치적 분열과 군사력의 약화로 이어지게 되었다. 이에 따라 9세기 말에 접어들게 되면서 남슬라브족의 분화가 확대되기 시작하였고, 이러한 분화에 따라 불가리아인, 세르비아인, 크로아티아인 그리고 슬로베니아인이라는 4개의 남슬라브족 공동체로 나누어지게 된다.

2. 세르비아 민족의 기원과 그 특징

세르비아의 중세시기를 다룬 기록물에는 다양한 민족들이 언급되고 있다. 가장 자주 언급되는 민족들로는 그리스인, 헝가리인, 불가리아인, 라틴 민족 등을 들 수 있다. 또한 세르비아인들은 이외에도 여러 민족과 접촉하였는데, 프랑크 민족, 타타르족, 터키족, 게르만족, 러시아인, 보헤미아인등을 들 수 있다. 이러한 민족의 기원과 이름 사이에는 상호 상관관계를 지니고 있으며, 각 민족을 분류해 가는 가장 빠른 방법도 그들 민족 이름에 대한 연구와 이에 따른 분류가 가장 우선시 된다고 할 것이다. 하지만 세르비아 민족에 대한 이와 같은 분류는 좀 더 많은 이해를 필요로 하고 있다.

'세르비아인(Srbin/ Serb)'이라는 명칭에 대한 추측은 기록에 의한다면 발칸반도에 이들이 정착하기 이전 이들이 고대 유럽 민족들 사이에 속해 있었을 당시 그들의 거주지였던 고대 고향 명칭에서 유래했음을 확인할 수 있다.[79] 기록에 의한다면 세르비아인은 10세기 중엽 이후부터 유럽에 소개가 되기 시작했으며, 당시 비잔틴 황제인 콘스탄틴 7세(Constantine VII: 913-959) 시기에 그 존재 기록이 남아있다. 여기서는 세르비아인들을 가리켜 '(당시까지) 비(非)기독교 민족이며, 주변 민족들로는 프랑크 왕국과 역시 비(非)기독교 민족인 크로아티아인 등이 있다'라고 언급하고 있다. 또한 여기에는 세르비아인들을 가리켜 '고대부터 존재해온 부족들이며, 7세기 초 이후 로마제국의 영토인 발칸반도(오늘날 세르비아, 몬테네그로, 코소보, 그리고 보스니아와 헤르체고비나 지역)에 정착하게 되었다'라고 기록하고 있다.

밀로쉬 블라고예비치(Miloš Blagojević)의 주장에 따르자면 당시 세르비아인들에 대한 명칭은 그들의 고대 거주지에서 기인한 것이며, 자신들의 고대 명칭을 그대로 지니고 발칸반도에 들어왔다고 볼 수 있다. 또한 그는 고대 세르비아인들이 이미 자신들만의 독자적인 영토를 확보하고 있었으며, 비잔틴 제국의 콘스탄틴 7세가 이 거주지를 세르비아라 불렀다는 기록 등을 제시하고 있다. 이와 더불어 블라고예비치는 당시 세르비아가 프랑크 왕국, 백 크로아티아(White Croatia) 그리고 후에 헝가리와 국경을 이루면서, 그들 스스로의 세습왕조와 지배구조를 지니고 풍부한 인력을 확보하고 있었다고 말하고 있다. 또한 현재까지 '세르비아'라는 민족명의 계속된 생존을 지켜볼 때 민족들 간의 단합 유지와 더불어 간접적으로 그들이 내부 응집력을 지니고 공동의 언어, 관습, 종교, 사회적 단합을 잘 유지하였다는 점을 보여준다고 언급하고 있다.[80] 위와 같은 사실들을 토대로 정리해 볼 때 10세기 무렵 당시 세르비아는 이미 민족구성에 있어

---

79) 이에 대한 학설은 Rade Mihaljčić, *Istorija Jugoslavije*, (Beograd: Zavod za udžbenike i nastavna sredstva, 1993)과 Ivan Božić, Sima Ćirković, Milorad Ekmečić and Vladimir Dedijer, *op. cit.* 참조.

80) Miloš Blagojević, "On the National Identity of the Serbs in the Middle Ages", Radovan Samardžić and Milan Duškov (eds.), *op. cit.,* p. 21에서 재인용.

가장 중요한 특징인 민족명의 확보, 많은 인구, 광활한 영토, 엄격한 국가 구조 그리고 지배계급과 피지배계급 사이의 단단한 내부 응집력이 있었다고 추론할 수 있다.

하지만 이 같은 세르비아 학자들의 주장에 대해 의구심이 생기는 것도 사실이다. 현재 이러한 주장 중에서 정확하게 입증이 가능한 것은 지배자들과 영토에 대한 기록뿐이기 때문이다. 콘스탄틴 7세의 기록물들을 인용한 페르얀취치(Ferjančić)는 세르비아 지배계급에 대한 기록으로 10세기 중반부터 약 250여 년 동안 세르비아의 한 가문으로 미하일로 비쉐비치(Mihailo Višević)와 그 가족들 그리고 그 후손들에 대해 언급되고 있다는 점을 주목하였다. 그는 이러한 기록들을 통해 당시 세르비아 일반 민중들을 지배하였던 지배계급이 분명히 존재하였다는 점을 강조하고 있다.[81] 하지만 쉐빌은 이러한 지배계급이 존재하였다는 주장에는 동의하면서도, 당시 크로아티아인들과 세르비아인들이 자신들의 강력한 왕이나 지배자를 지니지는 못했으며, 단지 이들 부족들 가운데 나이가 많거나 명망 있는 사람을 쥬판(Župan)으로 부르며 이 족장에 의해 통치되었다고 주장하고 있다. 그는 또한 쥬파(Župa)라 불리는 부족 영토를 쥬판이라 불린 족장이 지배하고 있었으며, 그들 족장들 가운데 가장 세력이 강하고 잘 알려진 족장을 대(大)족장 즉 벨리키 쥬판(Veliki Župan)으로 임명하였다고 말한다. 하지만 쉐빌의 주장에 의하면 이러한 대족장인 벨리키 쥬판은 당시 여러 쥬파를 포함한 광대한 영토를 관장하였음에도 불구하고 그 지배력이나 영향력은 그리 크지 못했다고 언급하고 있다.[82]

당시 세르비아 민족의 특징에 대한 학자들의 이러한 주장들을 종합해 볼 때, 세르비아인들이 발칸반도에 정착하기 시작한 이후, 이들이 자신의

81) B. Ferjančić (ed.), *Vizantijski izvori za istoriju naroda Jugoslavije II*, (Beograd, 1959), p. 60.
82) Ferdinand Schevill, *op. cit.*, p. 74.

정치적 지배자를 지니고 있었던 것은 확실해 보인다. 또한 가장 나이가 많으며 명망 있는 쥬판이라는 지배자가 중요한 정치적 위치를 차지하며, 발칸반도의 거주민들을 지배하고 있었다는 것도 확실하다. 다시 말해 이러한 최고령자들과 각 씨족 대표들로 이루어진 집단에 의한 지배는 '씨족 귀족 정치'라 불릴 수 있을 것이며, 이들은 자신들의 정치적 입지에 따라 사회적 지위를 유지하고 있었다. 잘 알려진 것처럼 그리스 정치에 있어서도 고령의 특별한 집단인 즉 귀족 계급을 대표할 만한 사람들로 이루어져 있던 조직(gerontocracy)이 존재했었고, 고대 로마의 경우에 있어서도 이들이 중심이 된 '원로원(senate)'이 존재하고 있었다. 고대 그리스와 로마처럼 강력한 정치력을 지닌 이러한 정치적 구조가 세르비아인들에게 존재하였다고 보이지는 않지만, 여러 기록들을 확인해 볼 때 적어도 쥬판들을 중심으로 한 이들 집단들이 이와 유사한 활동과 정치적 입지를 지녔음은 확실한 사실로 보인다. 또한 세르비아인들은 그들이 새로운 정착지인 발칸에 들어오기 이전부터 이미 민족을 구성하고 정치·군사적 엘리트 집단을 유지한 채 도착하였다고 볼 수 있다. 실제 이러한 조직과 지배계급을 바탕으로 세르비아인들은 10세기 초반 불가리아 제국의 위협과 같은 어려운 역경들을 헤쳐 나가게 된다.[83)]

세르비아 지배계급 존재에 대한 기록과 더불어 언급할 수 있는 또 하나의 확실한 사실은 발칸반도에 이주해 정착을 시작하였던 세르비아인들이

---

83) 남슬라브 민족 중에 최초의 왕국을 세운 민족은 불가리아 민족으로 시메온(Simeon)과 사무엘(Samuel)에 의해 세워진 제1 불가리아 제국이 최초의 남슬라브 왕국이다. 당시 불가리아 제국은 아직 비잔틴 제국의 영향권에 있던 세르비아 지역으로 꾸준한 영토 확장을 추구하였다. 그러나 이러한 불가리아의 침공에 대해 당시 부족국가 형태로 있었던 세르비아 족장들은 비잔틴에게 구원을 요청하였고, 이러한 요청에 따라 파견된 비잔틴군에게 불가리아군이 1018년 패배함으로써 제1불가리아 제국은 비잔틴 통치 하로 넘어가게 되었다.

당시 차지한 영토에 관한 기록들이다. 발칸반도에 정착한 이후 세르비아인들은 이전까지 자신들이 거주하여 왔던 생활환경과는 전혀 다른 새로운 환경과 자연 조건 그리고 경제적 요인들에 직면하게 된다. 그들이 정착하였던 영토는 가파른 산등성이를 중심으로 험난한 길과 깊은 산림이 우거진 지역이었으며, 따라서 서로간의 대화를 이어줄 통로가 결핍되어 있었고, 이러한 모든 것들은 그들이 예전에 가져왔던 커다란 정착 인구와 지배구조가 더 이상 유지될 수 없다는 것을 의미했다.

이에 따라 오랜 동안 유지되어 왔던 정치적 구조에도 일련의 변화가 나타나기 시작하였다. 하지만 특이할 만한 변화는 10세기까지도 쉽게 관찰되지는 않는다. 이 예로 9세기 말 기록문서에는 세르비아 민족에 대해 단지 기록하기를 '882년 무렵 세르비아인들은 달마티아 대부분의 지역을 차지하고 있다'라고만 언급하고 있다.[84] 당시의 지리적 인식을 바탕으로 할 때, 달마티아 지역이라 함은 아드리아 해 연안으로부터 내륙으로 사바강까지의 지역을 일컫는 말로 이 당시에는 비잔틴 제국의 한 지방으로 편입되어 있었다. 이 지역은 험준한 디나르 알프스 산맥으로 인해 해안과 내륙 지방 사이의 분명한 지리적 경계선이 존재하고 있으며, 또한 내륙지방들도 험준한 산악지대와 광활한 수림 지대가 존재해 있다. 따라서 이와 같은 기록으로 추측해 볼 때 당시 세르비아인들은 자신들이 정착한 지역의 지리적 험준함으로 인해 서로 분리되어 있었으며, 서부 발칸 지역의 광대한 영토를 점하고 있었다는 점을 확인할 수 있다.

실제 지리적 험준함과 단절은 점차 세르비아 민족 사이의 분열과 다양성으로 나타나게 되었다. 11세기 초(1007년) 비잔틴 제국의 콘스탄틴 7세 기록물들에서는 세르비아 민족의 다양성들이 언급되고 있다. 그때 당시 세르비아인들은 달마티아 전 지역에 걸쳐 그들 스스로 작거나 커다란 영토적

84) Miloš Blagojević, *op. cit.*, pp. 22-23.

그리고 정치적 위치를 서로 차지하고 있었다. 쩨티나(Cetina) 강으로부터 헤르체고비나(Hercegovina/ 이 당시에는 훔(Hum) 지방으로 불렸음) 지방인 네레트바 강 사이의 아드리아 해안에는 네레트블랸(Neretvljani) 부족과 빠간(Pagans) 부족이 정착해 있었다는 기록이 남아 있는데, 이들 부족에 대해 콘스탄틴 7세는 이들이 과거 비잔틴 제국의 헤라클리우스(Heraclius: 610-641) 지배시기부터 이 지역에 정착하기 시작했던 비(非) 기독교화된 세르비아인들의 한 일파임을 기록하고 있다. 이와 더불어 네레트블랸 부족은 또한 현재 크로아티아 연안의 브라츠(Brač), 흐바르, 코르출라 등의 섬들을 지배하였다고 기록하고 있다. 네레트바 강과 현재 크로아티아 아드리아 연안의 두브로브니크 사이에 거주하는 자훔랸(Zahumljani) 부족에 대해서도 콘스탄틴 7세는 이들도 또한 헤라클리우스 왕조 시대에서부터 이어져 내려온 세르비아인들이라 기록하고 있다. 또한 당시 두브로브니크와 현재 몬테네그로의 코토르(Kotor) 만 사이에는 트라블리얀(Travuljani) 부족과 코나블랸(Konavljani) 부족들이 정착해 있었는데, 콘스탄틴 7세는 이들 부족들의 영토가 서로 일치한다는 점을 언급하면서, 이들도 세르비아인들이라는 점을 분명히 하고 있다.[85)]

즉 위와 같은 기록들을 살펴볼 때 쩨티나 산에서부터 코토르 만 사이까지 아드리아 해안지구에 세르비아인들이 대규모로 정착하였다는 사실을 확인할 수 있으며, 또한 이들이 다양한 영토적, 정치적 지위를 지니고 있었다는 것도 추론해 볼 수가 있을 것이다. 또한 우리는 이들 기록들을 통해 이미 9세기 중엽 트라브니아(Travunia) 지역과 코나블리(Konavli) 지역의 양 세르비아 부족들이 서로 연합해 하나의 정치적, 지리적 위치를 차지하였다는 것과 이 지역의 통치자로 쥬판에 의해 선출된 지배자가 존재하였다는 사실들을 확인할 수가 있다.

---

85) Ivan Božić, Sima Ćirković, Milorad Ekmečić and Vladimir Dedijer, *op. cit.*, pp. 22-23.

이외에도 기록에 따르자면, 현 몬테네그로의 코토르 만 동부지역과 보야나(Bojana) 강 근처에 두클리얀(Dukljani) 부족이 거주하고 있었다. 콘스탄틴 7세는 비록 이들에 대해 직접적으로 세르비아인이라 바로 언급하지는 않았으나, 트라부냔 부족과 네레트블랴 부족 사이에 언급되는 여러 문헌들과 기록물들을 참고해 볼 때 이들도 또한 세르비아 민족을 그 기원으로 하고 있음을 짐작할 수 있다. 이러한 추측의 증거로는 비잔틴의 기록 속에 10세기 후반에서 11세기 초 무렵까지 생존했었던 두클리야(Duklja, 제타(Zeta)공국으로도 불림)의 블라디미르(Vladimir) 왕자에 대해 언급한 글이 있는데, 그가 이 시기에 세르비아인들의 거주 지역을 지배하였다는 기록과 함께 이후 11세기 초에 두클리야의 스테판 보이슬라브(Stefan Vojslav) 왕자가 두큘리야와 트라브니아의 세르비아인들을 지배하였다는 기록을 확인함으로서 이러한 추측을 확신할 수 있다.[86] 이러한 기록들을 근거로 볼 때 트라브냔 부족은 물론 두큘리얀 부족들도 세르비아인의 한 일파였음을 확인할 수 있다. 세르비아 역사가들의 주장에 따르더라도 실제로 당시 두큘리야의 왕자인 스테판 보이슬라브와 그의 아들이자 후계자였던 미하일로(Mihailo: 1046-1081)는 '세르비아인들의 공식적인 지배자'로 인정되어지고 있다.

9세기와 10세기에 걸쳐 몬테네그로의 쩨티나로부터 보야나 강 지역까지 해안을 따라 넓게 거주하고 있었던 세르비아인들은 지리적인 험준함으로 인해 점차 지역적 분할을 이루면서 거주영역을 확대하게 된다. 비잔틴 제국의 콘스탄틴 7세는 이 지역의 영토를 '세르비아'라 불렀으며, 다른 어떤 세르비아인 거주 지역보다도 더 많은 관심을 지니며 이에 대해 기록하고 있다. 당시 세르비아인들은 발칸으로의 인구 유입 증대와 함께 그들의

86) Sima Ćirković and Ivan Božić, "O Jednom shvatanju i jednoj kritici istorije Crne Gore", *Jugoslovenski istorijski časopis I-II*, (1977), pp. 108-112.

영역을 아드리아 해의 해안지대에서부터 내륙인 사바 강으로까지 확장시켜 갔으며, 서쪽으로는 현재 보스니아 내륙지역인 브르바스(Vrbas) 계곡, 동쪽으로는 현 코소보 지역인 이바르(Ibar) 계곡까지 그들의 거주 지역을 확대시켜 나갔다. 그들의 영역 내에는 보스니아(Bosnia) 지명의 기원으로 알려진 보스나(Bosna) 강이 위로부터 발칸반도의 중앙으로 흘러 내려오고 있었다. 이때가 고대와 중세 세르비아 지역을 모두 망라한 지역이라고 말할 수 있을 것이다. 세르비아인들이 차지하고 있던 이들 지역에는 최초의 세르비아 지배자들과 그 자손들 그리고 수많은 강력한 정치 엘리트 집단들인 쥬판들이 거주하였으며, 실제로 왕성한 정치·경제적 활동을 이 지역에서 펼치게 된다.

발칸유럽으로 이주한 이후 초기 세르비아 지배자들과 그 자손들에 대한 기록은 전해 내려오지 않고 있다. 현재 이름이 전하여 지고 있는 최초의 세르비아 지배자로는 780년 무렵 라쉬카 공국의 비쉐슬라브(Višeslav) 왕자를 들 수 있다. 그가 활동한 시기는 대략 프랑크 제국의 샤를마뉴(Charlemagne) 대제 시기인 742년에서 814년 무렵으로 추측된다. 이때 이후 공국의 정치적 지배력은 그의 아들인 라도슬라브(Radoslav)에게 계승되게 되며, 그 뒤로 손자인 프로시그요이(Prosigoj)와 증손자인 블라스티미르(Vlastimir)에게로 이어지게 된다.[87]

오랜 기간에 걸친 이주와 정착을 통해 세르비아인들은 발칸유럽에서 넓은 영역과 많은 인구를 보유하게 되었다. 또한 세르비아인들은 이외에도 지배자와 지배 왕조, 요새화된 도시들, 귀족계급인 쥬판의 존재 그리고

---

87) Sima Ćirković, *Istorija srednjovekovne bosanske države*, (Beograd, 1964), p. 39; Miloš Blagojević, *op. cit.*, p. 24에서 재인용; 이전까지 세르비아 지배 계층에 대한 짤막한 소개만을 다루어 왔던 기록물들과 역사서들은 이때 이후에 들어와 본격적으로 세르비아 지배 계층에 대한 역사를 좀 더 분명하고 다양한 방법을 통해 제시하게 된다.

군대를 바탕으로 9세기 무렵에 들어와서는 발칸지역에서 중요한 위치를 차지하게 되었으며, 그들의 영토적 팽창에 따라 그들의 영향력과 국경 방어 능력도 점차 확대되게 된다. 하지만 당시까지도 정치적 그리고 지역적으로 분할되어 있던 세르비아인들 사이에 실질적인 민족 통합을 가져다 준 계기는 기독교의 수용, 특히 세르비아 독립 정교회의 수립과 이로 인한 민족 정체성 형성에서부터 비롯되었다고 볼 수 있다.

III. 세르비아 민족정체성 형성과 세르비아 독립 정교

1. 세르비아 자치 공국과 기독교 수용과정

오랜 기간의 이주가 끝나고 정착 단계에 들어서기 시작했던 9세기와 10세기 무렵 당시 지역적 험준함으로 인한 산재에도 불구하고 정치적 통합을 이루고자 한 세르비아인들의 노력은 결코 약화되지 않았다. 이 당시 여러 지역으로 흩어져 있던 이들을 묶어줄 매개체가 필요하였으며, 이의 대안으로 나타난 것이 바로 세르비아인들의 기독교화였다. 하지만 고대 슬라브족의 원시 신앙 종교에 따른 오랜 동안의 관습으로 인해 세르비아인들의 기독교화는 다소 더디게 이루어진 것으로 보인다.[88)]

발칸으로 이주해 온 직후 세르비아인들은 당시 이 지역의 영토적 그리고

---

88) 기독교와 원시 슬라브 신앙과의 결합은 이후 세르비아인들에게서만 나타나는('Samo Srbin Slavu slavi') 독특한 축일 문화인 '성령 축일(Slava)'을 형성게 하였다. 기독교가 중세 세르비아인들에게 미친 영향과 문화적 유산에 대해선 Miloš Velimirović, "Serbia's Cultural Legacy: the Middle Ages", Alex N. Dragnich (ed.), *Serbia's Historical Heritage*, (New York/ Boulder: Columbia University Press/ East European Monographs, 1994) 참조.

정신적 지배자였던 비잔틴 제국과 동로마 교회의 영향력 하에 놓이게 된다.[89] 이러한 영향력에 따라 세르비아인들의 의식 전환이 이루어지게 되는데 이때 이후로 세르비아 지배자들 사이에 기독교적 이름이 등장하기 시작하게 된다. 하지만 당시 세르비아인들이 거주를 시작하였던 현 보스니아와 몬테네그로 그리고 아드리아 해안 인근은 이 지역의 영향력 확대를 둘러싸고 로마 교회(이후 로마 가톨릭으로 발전)와 콘스탄티노플 교회(이후 정교로 발전) 간의 대결이 첨예하게 대립되고 있던 지역이었다. 따라서 이러한 양대 교회의 대립은 점차 세르비아 민족의 응집력에 장애로 등장하게 된다. 게다가 이러한 종교적 대립에 따른 어려움과 더불어 주변 강대국들 간의 세력 다툼도 주요 장애 요인으로 등장하고 있었다. 당시 세르비아인들이 거주하고 있던 영역을 둘러싸고 주변의 강력한 국가들 즉 비잔틴 제국, 불가리아 그리고 헝가리 등은 서로의 영토 확장을 위해 첨예한 다툼을 계속하고 있었다. 따라서 세르비아인들 간의 단결된 독립 왕국의 수립은 시작부터 여러 어려움을 안고 있었으며, 이 결과 10세기 후반과 11세기 전반까지 세르비아인들 사이의 분권화는 지속되게 된다.

주변 강대국들의 개입과 영향력이 확대되는 가운데 11세기 무렵 세르비아인들은 크게 3개 영역으로 나뉘어 각자의 정치 세력을 구축하고 있었다. 이러한 영역들로는 우선 아드리아 해안지역인 코토르 지역을 포함해 닉쉬치(Nikšić)와 현 몬테네그로 수도인 포드고리짜(Podgodrica) 사이의 제타 강을 중심으로 한 두클리야 공국과 보스나 강을 중심으로 보스니아 내륙지역에 넓게 퍼져 있던 세르비아인들 그리고 현재 세르비아 남부 산악지대인 현 노비 파자르(Novi Pazar)의 샨자크(Sandžak) 지방을 중심으로 형성된 라쉬카 공국 등으로 크게 나누어 볼 수 있다.

11세기 중반 두클리야 공국은 스테판 보이슬라브와 그의 아들인 미하

---

89) 특히 9세기 후반 아드리아 해안 도시들은 비잔틴 제국과 동로마 교회의 강력한 영향력 하에 놓여 있었다.

일로 시대에 들어와 네레트바 강에서 코토르 만까지 차지하고 있던 트라블리얀 부족과 자훔랸 부족을 자신들의 지배 하로 완전히 복속한 것으로 보인다. 1040년경 스테판 보이슬라브는 대족장으로 있던 시절 자신들을 제국의 영향력 하로 편입시키려 했던 비잔틴군의 공격과 간섭을 물리쳤고, 이러한 사실은 곧 이어 로마교회와의 관계 개선에 중요한 영향을 미치게 하였다. 두클리야 공국은 당시 로마교황 그레고리 7세(Gregory VII: 1073-1085)와의 유대관계를 바탕으로 1077년에는 독립왕국과 왕의 칭호를 부여받게 된다. 이러한 사실은 1077년에 쓴 로마교황 그레고리 7세의 기록을 통해서 확인해 볼 수 있다. 그 기록 속에는 두클리야의 지배 영역을 언급하면서 '슬라브족의 왕이자 두클리야의 지배자로 미하일로(Mihailo)'를 직접 언급하고 있다. 이어 미하일로의 뒤를 이은 바딘(Badin: 1081-1101)은 1089년 로마 교황으로부터 가톨릭 대주교 관직을 획득하게 되었고, 이것은 그의 국가에 대한 지배권을 더욱 더 강화시켜 주게 된다.[90)]

하지만 로마 교회로부터의 강력한 지지와 가톨릭 대주교 관구 획득 그리고 왕의 권위 확보를 통한 정치적 입지강화에도 불구하고 두클리야 공국은 내부적인 단합에 여러 어려움을 안고 있었다. 비록 왕국의 수립과 로마 교황과의 유대관계 강화를 위해 가톨릭을 받아들였음에도 불구하고 왕국 내 대부분의 세르비아인들은 로마교회보다는 콘스탄티노플 교회 즉 정교에 더욱 더 많은 호감을 지니고 있었다.[91)] 이러한 배경은 콘스탄티노플 교회의 영향 하에 있던 오흐리드(Ohrid) 대교구의 수립과 이에 따른 이

---

90) Ivan Božić, Sima Ćirković, Milorad Ekmečić and Vladimir Dedijer, *op. cit.*, pp. 42-43.

91) 세르비아인들이 발칸에 정착했을 당시 이 지역은 비잔틴 제국의 영향력 하에 있었던 지역이었다. 따라서 두클리야 공국이 로마교회와의 유대관계를 확대하고 이를 통해 왕권 강화를 하려 했던 그 시점에는 이미 콘스탄티노플 교회에서 파견된 신부들의 적극적인 포교로 인해 공국 내 대다수의 세르비아인들이 정교를 신봉하고 있었다.

지역 슬라브인들에 대한 정교의 확대에서 기인된 것이다. 즉 스테판 보이슬라브 지배 하에서 두클리야의 지배권 강화와 영역 확대가 진행되고 있던 동안인 1019년 무렵 성 클리멘트(Sveti Kliment: ?-916)를 비롯한 치릴과 메토디예의 제자들이 이미 지리적으로 인접한 현 마케도니아(Macedonia/ Makedonija)의 오흐리드에 오흐리드 정교 대교구를 수립하였고, 이를 바탕으로 세르비아 민족 사이엔 콘스탄티노플 대주교의 영향력이 강화되게 된다.[92] 오흐리드 대교구 수립 직후부터 정교회 교회의 관할구역은 보스니아와 세르비아 그리고 아드리아 해안을 비롯한 서쪽 지방으로 더욱 더 확대되어 갔다. 이에 따라 1054년 정교와 가톨릭교회 간의 공식적인 분리선언(Schism/ Šizma)에도 불구하고 이 지역은 이러한 선언에 별다른 영향을 받지 않았는데, 그러한 이유로는 이미 이 지역을 둘러싼 양 교회 간의 영역권 분리가 마무리 지어졌기 때문이라 할 수 있다. 다수의 세르비아인들은 정교를 신봉했으며, 가톨릭 추종자는 소수에 불과하였다. 이러한 지배세력과 일반 민중들과의 종교적 불(不)일치는 결과적으로 1094년에 들어와 비잔틴군의 도움을 받은 라쉬카 공국에 의해 멸망함으로써 두클리야 공국이 세르비아 역사에서 사라지게 되는 결과를 낳게 된다.

12세기 무렵 보스니아는 세르비아인들이 거주하는 세르비아 부족 공동체 지역 중 하나로 인식되고 있었다.[93] 실제로 이러한 사실은 15세기 전반기까지도 보스니아 왕국 관청의 공식 언어가 라틴어와 더불어 세르비아어였다는 사실에서도 확인할 수 있다. 즉 기록에 따른다면, 1333년 보스니아 반(Ban)인 스테판 코트로마니치(Stefan Kotromanić)가 두브로브니크까지 영역을 확장해 관할 구역을 강화시킬 당시 발견된 문서에는 보스

92) Fred Singleton, *op. cit.*, 1985, p. 18.

93) 세르비아 역사가들의 주장에 따르자면 중세 보스니아와 본토인 세르비아 사이의 경계선은 드리나(Drina) 강으로 인정되고 있다.

니아 관청의 공식언어가 라틴어와 세르비아어로 구성되어져 있다.[94] 위와 같은 기록을 종합해 볼 때 보스니아내 무슬림 형성에 영향을 미쳤던 오스만 터키의 진주가 있기 전까지는 적어도, 오늘날 크로아티아 아드리아 해의 마카르스카(Makarska) 해안과 크라이나(Krajina) 중부지방, 그리고 네레트바 강 유역의 주민들 중 대다수는 세르비아인이었음을 추측할 수 있을 것이다. 비록 당시 거주 지역에 따라 종교적인 차이가 일부 보이곤 있지만, 이들이 하나의 같은 민족이라는 점은 의심되지 않는다. 따라서 당시 이 지역의 정교도와 가톨릭 신봉자 그리고 보스니아 교회의 신봉자들은 종교적 신념과는 별개로 같은 세르비아인으로 분류할 수 있을 것이다. 다수를 점하고 있는 정교회 신봉자들은 이 지역의 가톨릭교도들을 단순히 '라틴 이교도들(Latin Heretics)'이라 지칭하였으며, 보스니아 교회에 대해선 '지옥에 떨어져야 할 추악한 사람들(the damned baboons)'이라 비난하긴 했지만 그들 모두가 같은 세르비아 민족임은 부정하지 않았다.

9세기 중엽 세르비아의 대족장 이었던 블라스티미르(Vlastimir: 835-860)는 비잔틴제국과의 동맹을 통해 자신이 세운 라쉬카 공국의 안정을 꾀하고자 했다. 이러한 블라스티미르의 의도는 당시 로마 교회의 영향력이 발칸으로 확대되는 것을 견제하고자 했던 비잔틴 제국의 정책과도 일치되었다고 볼 수 있다. 비잔틴은 당시 이 지역의 다수 거주민인 세르비아인들에게 정교 보급을 통해 비잔틴 제국과의 연대를 확대하고 결과적으로 이들에 대한 지배권을 강화하고자 노력하고 있었다. 블라스티미르는 비잔틴으로부터 정교를 수용한 이후 세력을 넓혀 마침내 1094년에 아드리아 해안지역인 현 몬테네그로의 코토르 지역을 중심으로 한 두클리야 공국을 흡수하게 된다(하지만 곧 이어 두클리야 공국 지역의 대부분은 비잔틴

94) Miloš Blagojević, *op. cit.*, p. 26.

제국 하로 편입되었다.). 중세 세르비아 왕조의 원조라 할 수 있는 라쉬카 공국은 1166년에 들어와 당시 대족장 이었던 스테판 네마냐(Stefan Nemanja: 1166-1199)를 중심으로 20여 년에 걸쳐 세르비아 독립왕조 건설을 위한 비잔틴과의 전쟁을 치러야 했다. 비록 결과적으로 비잔틴의 속박으로부터 완전히 벗어나는 데는 실패했지만, 스테판 네마냐는 1186년에 비잔틴에게 빼앗긴 두클리야 지역을 다시 세르비아 영토로 편입시키는데 성공하였고, 무엇보다도 국가와 교회 간의 강력한 유대관계를 이루어냄으로써 현재의 코소보 지역을 중심으로 한 세르비아 중세왕조의 기틀을 마련할 수 있게 되었다.

2. 세르비아 중세 왕국과 세르비아 독립 정교

스테판 네마냐는 공국의 안정과 지속적인 발전을 위해 무엇보다도 세르비아인들의 다수가 믿고 있던 정교를 중심으로 세르비아 민족 간의 단결을 이루고자 하였다. 그의 종교적 역할과 의미에 대한 신념은 곧 이어 보고밀교를 비롯한 여러 이단 종교에 대한 탄압과 이들 신봉자들에 대한 국외추방이라는 종교정책으로 이어지게 된다.[95] 또한 그는 1196년에

95) 당시 세르비아에서 추방된 이들 이단 종교 신봉자들은 당시 반 쿨린(Kulin)이 지배하고 있던 보스니아로 쫓겨나게 된다. 중세 보스니아의 상황과 보스니아 교회에 대한 논쟁에 대해선 김성환, “보스니아 무슬림의 종족 기원연구”, 『동유럽 연구』 Vol. 7. (서울: 한국외대 외국학종합연구센터 동유럽·발칸연구소, 1998); 김철민, “보스니아 무슬림의 형성배경과 민족 정체성 확립에 관한 연구”, 『국제지역연구』 Vol. 3, No. 4, (서울: 한국외대 외국학종합연구센터, 1999); John V. A. Fine, *The Bosnian Church: A New Interpretation.* (New York and London: Columbia University Press, 1975); Noel Malcom, *Bosnia: A Short History.* (London: Macmillan, 1994); Mark Pinson (ed.), *The Muslims of Bosnia-Hercegovina.* (Cambridge: Harvard University Press, 1994) 참조.

대족장 직위를 그의 둘째아들인 스테판 네마니치(Stefan Nemanjić: 1196-1228)에게 넘겨주고 자신은 세르비아의 중세 유명한 사원인 스투데니짜(Studenica) 사원과 그리스 아소스(Athos) 산에 정교회의 성지로 알려진 힐란다르(Hilandar) 사원을 건립하는 등 정교의 발전과 확대에 주력하였다. 정교를 중심으로 세르비아인의 단결을 유도하려 했던 스테판 네마냐의 이러한 정책은 세르비아인들의 주요 거주지 중 보스니아를 제외한 거의 모든 지역들을 하나의 세르비아로 통합하는데 주요한 역할을 하게 된다.

네마냐의 뒤를 이어 세르비아의 대족장이 된 스테판 네마니치는 1202년에 들어와 당시 로마교황인 이노센트 3세(Innocent III: 1198-1216)로부터 왕위를 부여받고, 이어 1217년에 세르비아 중세 왕국을 선포하였다. 당시 비잔틴 제국은 1204년 제4차 십자군의 원정대가 콘스탄티노플을 점령하고 라틴 제국을 수립함에 따라 세르비아인을 포함해 자신의 영향력하에 있던 슬라브 민족들이 독자적인 독립왕국을 세우려는 움직임을 저지하기가 어려운 상황이었다.[96)]

네마니치 시대에 들어와 세르비아는 정치적으로 독립왕국을 선포하였으나, 종교적인 면에 있어 세르비아의 정교회는 불가리아 오흐리드 대교구 소속의 지역교구로 남아있었다. 따라서 세르비아인들의 정치적 통합

---

96) 스테판 네마니치는 뛰어난 외교술을 바탕으로 이러한 기회를 잘 이용하였다. 로마교황으로부터 왕위를 인정받은 직후 네마니치는 곧 이어 당시 세르비아인들의 대다수가 정교를 신봉하고 있던 정서를 고려해 콘스탄티노플 교구로부터도 왕권을 승인 받기 위한 노력을 기울이게 된다. 하지만 당시 비잔틴 제국은 십자군의 콘스탄티노플 점령에 따라 국가적 존립 위기에 처해있었다. 따라서 이러한 네마니치의 바램은 1219년 자신의 막내 동생인 사바가 세르비아 독립 정교회의 초대 교주가 된 이후, 1222년에 들어와서야 비로소 사바의 도움으로 정교의식에 따른 두 번째 대관식을 치룰 수 있게 된다.

그리고 교회와 국가 간 유대관계 강화를 위해 스테판 네마냐와 그의 아들 네마니치는 세르비아 독립 정교회의 수립에 노력을 기울이게 된다. 이들의 노력은 1205년 그의 막내아들인 사바 네마니치(Sava Nemanjić)가 스투데니짜 수도원의 원장으로 임명되고, 이후 세르비아 교회가 독립 정교회로 인정된 1219년에야 비로소 그 결실이 이루어지기 시작하였다.

1219년 콘스탄티노플 교회의 총대주교는 니케아에서 사바 네마니치를 '모든 세르비아와 해안지역의 대주교(Archbishop of all Serbian and costal lands)'로 임명하였으며, 이에 따라 사바는 모든 세르비아인들에 대한 기독교 사도로서의 임무를 수행해야만 했다. 세르비아 독립 정교회의 초대 대교구장이 된 사바는 신의 사도로서의 임무를 가지고 곧 이어 네마니치 왕조가 지배하고 있던 세르비아 지역에 대해 '주교 령(patrimacy)'을 선포하게 된다. 당시 주교 령의 범주는 왕조의 영역 내에 있는 모든 것, 즉 단순한 영토와 인구 그리고 국가 구조 외에도 왕국 내에 존재하는 모든 신의 창조물들을 포용하는 것을 의미했다. 따라서 주교령에서의 모든 결정은 신에 의해 이루어진 것이며, 왕위 계승도 또한 신의 결정에 의해 임명되고 세습된다는 것을 의미했다. 즉 세르비아 민족이 거주하는 네마니치 왕조 내 모든 지역에 대한 주교령 선포는 이후 세르비아 중세 왕국의 기본 근간으로 자리 잡게 된 국가와 교회 간의 긴밀한 유대관계라는 결과를 낳게 하였다.

최초의 세르비아 정교회 독립교구가 현재 코소보 지역의 쥐짜(Žica)에 세워졌고, 이어 사바는 세르비아 정교회와 수도원을 개축·보수하고 교회 서적을 번역하는 등 그의 아버지인 네마냐와 더불어 세르비아 중세 왕조의 정신적 버팀목이자 이후에 세르비아 민족주의의 핵심 축이 되는 세르비아 정교의 기틀을 마련하는데 한평생을 바치게 된다. 이러한 교회의 역할과 의미들은 이후에도 사바 주교와 그의 후계자들의 노력에 의해 세르비아 일반 민중들에게 계속해서 유입되게 된다. 이후 네마냐와 사바는 세르비아인들에 의해 성인으로 봉축되었고, 성 시메온(Sveti Simeon)과 성 사바(Sveti Sava)라는 성인 명을 지니게 되었다. 97)

세르비아에 독립 대교구가 수립된 이후 세르비아의 국가적 이익과 교회와의 관계는 결코 분리되어 생각될 수 없었다. 이러한 예는 13세기 초 스테판 네마니치가 왕위에 올라 독립왕국으로서의 국가적 정비를 강화하고 있던 도중 발생한 불가리아의 침공에서도 잘 보여지고 있다. 불가리아의 침공을 맞이해 사바와 세르비아 정교회는 성인으로 봉축된 시메온에 대한 기도를 통해 당시의 국가적 위기를 타개하려 하였다. 밀로쉬 블라고예비치(Miloš Blagojević)는 자신의 글에서 "기도를 드린 직후 성모 마리아의 도움과 성 시메온의 힘으로 그(시메온)의 주교 령이 강한 손에 의해 들려졌다. 그의 주교 령을 사랑하는 성인들의 도움으로 (세르비아 왕권 획득을 위해 불가리아의 지원 속에 출정한) 사촌 스트레즈(Strez)는 죽음에 이르렀고, 그의 주교 령에 다시는 모욕을 가하지 못하였다.... 또한 나의 신성한 주인 네마냐는 세르비아군에게는 보이지 않는 방패 창을 높이 세워 불가리아군의 눈을 멀게 하였고, 그의 주교 령을 도와 보호함으로서 적들을 몰아내었다"라는 기록의 인용과 함께 시메온이 이때 이후로 세르비아 민족의 수호성인으로 인정되고 있음을 언급하고 있다.98)

이러한 전설 외에도 이후 여러 기록들에서 성 시메온과 훗날 성인으로

97) 성인 전기 작가인 도메티안(Dometijan)과 테오도시우스(Theodosius)는 네마냐와 그의 아들 사바가 아소스 산에 힐란다르 사원을 건립하기까지의 종교적 신념에 찬 과정과 수도 생활 그리고 그들의 주교 령인 세르비아의 복지와 안녕을 위한 기도 생활 등을 그들의 전기집을 통해 잘 정리해 놓고 있다(Domentijan, "Život Svetskog Sava i život Svetskog Simeona", *Stara srpska književnost* 24 knjige Vol. 4, (Beograd, 1988); Teodosije, "Žitija", *Stara srpska književnost,* 24 knjige, Vol. 5, (Beograd, 1988) 참조).

98) Miloš Blagojević, *op. cit.*, p. 28.

추대된 성 사바는 계속해서 그들의 주교 령이 위협받을 때마다 세르비아 국가와 민족을 보호하는 수호성인으로 등장하고 있으며, 현재까지도 세르비아 민중들 사이에 민족을 구원해줄 살아 있는 성인으로 자리 잡고 있다. 그러한 예는 정교회의 성지인 그리스 힐란다르 사원의 기록을 통해서도 알 수 있는데, 여기에 따르자면 "신이 그의 위대하고 무한정한 자비와 사랑을 주어 우리(네마냐 왕조)의 증조할아버지와 할아버지들에게 세르비아인이 거주하는 지역을 지배하라는 임무를 부여해 주셨다. 신이 네마냐의 조상들에게 이르기를 네마냐 자신과 그의 후손들은 자주적으로 세르비아를 지배 보존해야 할 것이며, 또한 민족을 모든 악의 무리로부터 보호하라 명령하셨다"라고 기록하고 있다.[99)]

선민의식에 바탕을 둔 믿음은 세르비아 민족 사이의 강한 연대감 형성에 기여하게 된다. 더 나아가 세르비아 중세 왕국 수립 이후 세르비아 민족은 세르비아 중세 왕국의 기틀을 마련한 성 시메온과 성 사바가 항상 자신들의 곁에 내려와 있으며, 하늘에서 끊임없이 세르비아 민족과 자신들의 주교 령을 보호하고 있다는 믿음을 가지게 되었다. 이러한 의식의 확대는 이후 성 시메온과 성 사바를 기점으로 네마니치 왕조를 신성시시키는 단계로까지 발전되게 되어 네마냐의 후손들이 세르비아 왕조를 계승하는 것 자체가 신성시되는 단계로까지 이르게 되었다. 또한 문학작품들 속에 세르비아 중세 왕조의 시조인 네마냐를 '신성한 뿌리(the holy root)'로 그리고 그 후손들을 신성한 뿌리에서 비롯된 묘목과 후예들로 화려하게 묘사하는 배경이 되게 된다. 그 예는 14세기 종교적 신념으로 가득 찬 프레스코 벽화들 속에 섬세하게 그려 내려간 '네마니치 가계도(Loza Nemanjića/ Nemanjić geneaological tree)'에서도 확인할 수 있다. 또 다른 예로는 중세 세르비아 작가들의 작품들 속에 비쳐지는 네마냐와 그

99) *Ibid.*, p. 29.

후손들에 대한 묘사인데, 여기서도 네마냐는 단지 왕조의 창시자를 넘어 세르비아 민족의 선지자로서 묘사되고 있으며, 세르비아 민족은 하나님에 의해 선택된 민족 즉 선민으로 묘사되는데 까지 이르게 된다.

세르비아인들의 이러한 열망과 자긍심은 당시 세르비아의 정치적·영토적 발전과 더불어 확대되어 갔다. 1217년 과거 비잔틴 제국에 대한 봉신국에서 독립된 왕국으로의 전환을 이룩한 세르비아는 역사상 가장 위대한 왕으로 칭송 받는 스테판 우로쉬 두샨 시기에 이르러 최대의 전성기를 맞이하게 된다. 당시 서로마와 비잔틴제국, 소아시아의 중간 교역로에 위치하고 있던 세르비아는 이웃 국가들과의 활발한 중개무역을 통한 부의 축적과 안정된 정치력 그리고 강력한 군사력을 바탕으로 왕국의 영토를 현재의 수도인 베오그라드(Belgrade/ Beograd)에서부터 서쪽으로는 보스니아 그리고 남쪽으로는 마케도니아, 그리스 남부지역으로까지 넓혀갔다. 이어 세르비아 독립 정교회 교구를 쥐짜에서 코소보의 페치(Peć)로 옮기고, 1354년에는 비잔틴 법전을 기초로 세르비아 민족의 전통과 관습을 가미시킨 독자적인 세르비아 법전을 완성시켜 갔다. 이때 이후 세르비아는 비잔틴 제국과 대등한 국가로서 그리고 정교회 왕조의 정통성을 이어가는 중요 국가로서 인정되게 된다. 발칸유럽에서의 영토적 확대와 정치력 강화를 바탕으로 스테판 두샨은 스스로를 '세르비아와 그리스의 왕'으로 부르며, 자신의 지배 영역 내에 세르비아 정교회의 확산을 주도해 나갔다.

하지만 1355년 46세의 나이로 두샨이 사망하자, 세르비아 왕국은 왕권다툼으로 인한 내부 분열과 오스만 터키의 침입으로 쇠락하게 된다. 특히 1363년과 1371년에 걸친 오스만 터키와의 제1, 2차 마리짜(Marica) 강 전투에서 스테판 우로쉬(Stefan Uroš: 1355-1371) 왕을 비롯한 그 형제들(부카쉰(Vukašin)과 우글레쉬(Ugleš))가 모두 사망한 뒤, 세르비아는 오스만 터키의 조공국가로 전락하게 된다. 중세 세르비아 왕국의 쇠락 속에 라자르 왕자는 헝가리, 알바니아 등 당시 주변 기독교 민족들과 연합을 이루어 1389년 현 코소보 언덕에서 무라드 1세(Murad 1: 1359-1389, 코소보 전투에서 그가 사망한 이후에는 그의 아들인 바예지드 1세(Bayezid I: 1389-1402)가 군을 이끌었음)가 이끄는 대규모 오스만 터키 군과의 전투를 벌였다. 하지만 세르비아의 성축일인 6월 28일 비도브단(Vidovdan/성 바이터스(Vitus)의 날)에 있었던 이 전투에서 라자르 왕자의 사망과 함께 세르비아의 연합군은 패배하게 된다.

1389년의 코소보 전투가 세르비아 민족의식과 세르비아 민족주의 형성에 미친 영향은 매우 컸다. 코소보에서의 전투 이후 이와 관련된 여러 전설들은 훗날 세르비아 민중들에게 민담과 구전문학을 통해 계속해서 전해 내려왔고, 오스만 터키 등 외세의 침입이 있을 때마다, 코소보 전투와 그 신화는 세르비아 민족의 저항정신을 고취시키게 된다. 실제로 이에 대해 세르비아 역사가인 스타노예 스타노예비치(Stanoje Stanojević)는 "이후 코소보는 세르비아 역사에서 제1, 2차 코소보 전투와 함께 웅장했던 세르비아 중세왕조의 몰락과 이민족의 세르비아 지배가 시작되는 치욕의 역사로 기록되었고, 훗날 세르비아 민족의식과 세르비아 민족주의의 출발점으로 인식되게 된다"라고 언급하고 있다.[100] 코소보 전투에 관한 전설과 이상은 이후 민중 서사시에 가장 아름답게 표현되어 졌다. 민중 시인들은 코소보에서 세르비아 전사들의 영웅적 행위와 기적을 노래하였고, 코소보에 관한 전설은 빠른 속도로 민중 이야기와 민중시로 흡수되어 갔다. 여러 세기 동안 이러한 민중가요, 서사시, 그리고 시들은 세대를 거쳐 구전되었고, 세르비아 민족은 이러한 것들을 더욱 더 아름답게 미화시켜 갔다. 이러한 현상의 의미에 대해 밀로쉬 블라고예비치는 "코소보 전설과 이상에 대한 미화와 노래는 우리 민족(세르비아 민족)에게 어려움이 닥칠 때마다 우리들의 신앙심과 자유, 국가 재건의 투쟁을 일깨워 준

---

100) Станоје Станојевић, *ИСТОРИЈА СРПСКОГА НАРОДА* (Београд: издавачка књижарница напредак, 1996), pp. 192-193.

버팀목으로 작용하였다."라고 언급하고 있다.[101)]

그러나 코소보 전투에서의 힘겨운 승리에도 불구하고 오스만 터키는 1402년 소아시아의 앙카라(Ankara)전투에서 몽고에게 대패함으로써 1413년 재건되기 전까지 서유럽으로의 진출을 미루어야만했다. 이후 세르비아에서는 오스만 터키의 봉신으로 전락하게 된 스테판 라자레비치(Despot Stefan Lazarević: 1389-1427)와 뒤를 이은 쥬라즈 브란코비치(Despot Đurađ Branković: 1427-1456)를 중심으로 세르비아의 빼앗긴 주권과 영토를 다시 회복하기 위한 여러 노력이 이루어지게 된다. 하지만 1444년 바르나(Varna) 강에서 무라드 2세(Murad II: 1421-1451)가 이끄는 오스만 터키 군과의 전투에서 헝가리와 세르비아군을 중심으로 한 기독교 연합군이 대패함으로서 이러한 노력들은 수포로 돌아가게 된다. 기세를 몰아 오스만 터키는 1453년 비잔틴 제국의 수도인 콘스탄티노플을 점령하였고, 1459년에는 베오그라드에서 이전한 중세 세르비아의 마지막 수도였던 스메데레보를 장악함으로써 발칸유럽에 대한 오스만 제국의 지배가 본격적으로 시작되게 된다.[102)]

---

101) Miloš Blagojević, *op. cit.*, p. 29; 실제로 코소보의 전설과 이상은 국가적 위기가 닥칠 때마다 세르비아 민족에게 하나의 신앙으로 받아들여졌고, 전쟁에서의 영웅들 행위와 기독교적 순교자들에 대한 추앙은 현재까지도 계속해서 세르비아 민족 전체로 흡입되어 나타나고 있다. 외세 침략에 맞서 싸운 민족전설에 대한 이런 추앙과 묘사는 발칸유럽의 다른 민족들에게서도 일부 보이고 있다. 하지만 다른 민족들 사이에서 이러한 현상이 주로 개인적 차원에서 이루어지는데 반해, 세르비아에서는 민족적 차원에서 현재까지도 강력하게 영향을 미치고 있다는 점에서 특이한 현상이라 할 수 있을 것이다. 코소보의 진설에 관련된 모음집으로는 Stojan Novaković, *Kosovo: srpske narodne pesme o boju na Kosovu*, (Beograd: Vukova Zadužbina, 1995)외 여러 문헌들을 참조.

102) Fred Singleton, *op. cit.*, 1985, pp. 26-28; 이후 세르비아를 비롯한 발칸유럽의 민족들은 1878년 3월 산스테파노(San Stefano)조약과 6월 베를린

세르비아 중세 왕국의 몰락과 더불어 오스만 터키의 발칸유럽으로의 진출은 이 지역에 있어 이슬람교의 확대라는 결과를 가져오게 하였다. 특히 코소보 전투 이후 500여 년에 걸친 오스만 제국의 지배는 세르비아 중세 왕국과 세르비아 독립 정교가 가꾸어 온 모든 전통과 기독교 유물을 파괴시켜 버렸다. 하지만 중세 세르비아 왕국의 수립과 발전시기 세르비아 독립 정교회가 세르비아 민족 정체성 형성과 민족 단결에 미쳤던 영향은 세르비아 민족의식 속에 계속해서 살아남아, 19세기 세르비아가 오스만 터키의 지배에서 벗어나 자치 공국을 수립하고, 이후 근대 독립왕국을 건설할 때 다시 한 번 입증되게 된다.

IV. 정리하기

동·서로마의 분리 이후 유목민족들의 침입을 피해 그리고 더 나은 정착지를 찾기 위해 발칸유럽에 이주해 들어온 세르비아 민족은, 정착 초기 발칸유럽의 험준한 지리적 특성으로 인해 상호 교류와 단합에 어려움을 겪어야만 했다. 하지만 발칸유럽 여러 지역에 흩어져 거주하였던 세르비아의 각 부족들은 기독교로의 개종과 이후 세르비아 독립 정교회의 수립을 통해 점차 정교를 중심으로 민족 간 단합을 확대시켜 나갈 수 있었다. 이후 정교를 중심으로 한 종교적 일체감은 세르비아인들의 정치 통합과 연합체 구성에 결정적인 역할을 하였고, 민족정체성 수립에 중요한 영향을 미치게 된다. 세르비아 독립 정교회 수립 이후 세르비아 중세 왕국의 왕들은 이를 바탕으로 내부의 정치적 갈등과 분열을 해소해 나갈 수 있었으며, 이웃하고 있는 주변 강대국들의 압력들로부터 세르비아의 정치적

(Berlin)조약에 의해 독립국으로 인정받기 전까지 대략 400년을 오스만 터키의 지배 하에 놓이게 된다.

독립과 독자적 민족 정체성을 지켜나갈 수 있었다.

세르비아 중세 왕국 하에서 국가의 유지와 정책은 세속적인 지배자의 판단과 더불어 교회 수장의 신념이 서로 동등선상에서 조화를 이루며 결정되어졌다. 따라서 중세 세르비아의 지배자들과 정교회의 관계는 결코 양분되어 설명될 수 없는 의미를 지니고 있었으며, 실제 중세 왕국 시절동안 양측 간에는 어떠한 갈등도 존재하지 않았다. 중세 왕국시절 이러한 정치와 종교 간의 조화와 일치의 성과는 두샨 왕 시대에 분명히 드러나게 되는데, 그 시절 세르비아 중세 왕국은 안정된 정치력과 경제력을 바탕으로 과거 서로마 지역으로부터 지중해와 아드리아 연안의 도시국가 그리고 비잔틴 지역을 연결하는 중심지로써의 역할을 수행하게 된다. 또한 세르비아 정교에 대한 세르비아 민족의 믿음과 신뢰는 오스만 터키제국에 의해 중세 왕국이 무너진 뒤에도 계속해서 세르비아 민중들 사이에 남아 근대 세르비아 독립 왕국 수립과 이후 세르비아 민족주의 발현에 영향을 미치게 되었다.

20세기에 들어와 제1차 세계대전을 비롯한 발칸유럽의 여러 민족 분쟁 등 국제사적 주요 사건들에 있어 세르비아의 민족주의는 항상 중요한 영향을 미쳐 왔다. 세르비아 민족주의의 이론적 토대를 강화시키는 기초적 요소에는 바로 중세 왕국시절 세르비아 민족의 단결과 정체성 형성에 영향을 미쳤던 세르비아 정교가 함께 하고 있다. 세르비아 정교는 현재까지도 세르비아 국가의 기초와 발전의 주요 요소이자 세르비아 민족의 중요 구심적 역할을 수행하고 있으며, 신성한 권위를 통해 세르비아 국가와 민족의 가장 중요한 정신적 토대를 제공하고 있다. 이러한 점이 바로 세르비아 민족 기원에 대한 연구를 토대로 민족 정체성 형성과 세르비아 정교와의 연관성을 살펴보고자 했던 본 연구의 주요 의미라 말할 수 있을 것이다.

발칸유럽의 주요 민족 중 슬로베니아인, 크로아티아인, 그리고 세르비아인의 민족 기원을 분석한 앞서의 연구 내용을 기초로, 다음 장에서는 19세기 당시 합스부르크 제국과 오스만 터키제국의 지배 하에서 발칸유럽 내 여러 민족들이 표출하였던 다양한 민족주의 양태와 민족 정책들을 제시하고, 이를 통해 19세기 발칸유럽 전반에 전파되게 된 민족주의가 발칸유럽 내 여러 민족들에게 어떻게 영향을 미쳤고, 이에 따른 결과는 어떻게 표출되었는가를 살펴보고자 한다.

제3장 19세기 민족주의 시대와 발칸유럽

–19세기 합스부르크 문화권 하의 발칸유럽

제1절 슬로베니아

- 제국 내 통일 슬로베니아를 향한 열정

19세기 민족주의 시대, 슬로베니아를 읽는 역사 키워드
슬로베니아 민족의 역사 가운데 민족의식 고취 및 문화 정체성 형성에 가장 중요한 영향을 미쳤던 시기는 무엇보다도 '민족과 민족주의 시대'로 불리는 19세기라 할 수 있다. 프랑스 대혁명과 나폴레옹의 유럽 원정에 따른 민족주의 확산이 시작된 19세기에 들어와, 슬로베니아는 과거 오랫동안 자신을 지배하여 왔던 오스트리아의 직접적인 지배를 벗어나, 자신들의 독자적인 자치 국가 수립과 오랫동안 잊혀 왔던 민족 정체성 의식에 눈을 뜨기 시작하였다. 본 내용에선 19세기 초 나폴레옹의 도움으로 슬로베니아 지역에 수립된 '일리리아 속주'가 수립된 역사적 의미와 당시 프랑스 혁명군에 의해, 이 지역에 도입된 민족주의가 오랫동안 합스부르크 제국의 지배 하에 길들여져

있었던 슬로베니아인들에게 어떠한 영향을 미쳤는지에 대해 분석하고 있다. 더불어, 나폴레옹 유럽 원정이 실패한 이후, 민족주의 부활의 신호탄이라 불리고 있는 1848년 파리혁명의 여파가 슬로베니아인들의 민족의식 고취와 문화 정체성 형성에 어떤 영향을 미쳤는지를 알아보고, '고도의 자치권을 지닌 통일 슬로베니아'에 대한 슬로베니아인 들의 열정에 대해 설명하고자 한다. 이와 함께, 본 내용에서는 합스부르크 제국이 프로이센과의 전쟁에서 패한 이후 1867년 수립한 오스트리아-헝가리 이중 제국 당시, 자신들의 보호자로 인식하고 있던 오스트리아의 쇠락을 지켜보면서, 새롭게 다가오는 역사적 선택을 강요받아야 했던 당시 슬로베니아인들의 고민을 살펴보고, 남슬라브 족들과의 연대를 둘러싼 논쟁에 대해서도 소개하고자 한다.

19세기 민족과 민주주의 시대, 외세 지배로부터 벗어나 자신들의 독립국가를 꿈꾸었던 발칸유럽의 다른 슬라브족들과는 달리, 슬로베니아는 오스트리아 제국 내에서 단순히 제국 내 통일된 민족에 기초한 자치주 수립에 만족하고자 했다. 본 내용을 통해 남슬라브족들 사이에 그러한 역사적 인식 차이가 생긴 배경은 무엇이며, 당시 슬로베니아인들이 선택한 전략적 고민은 훗날 어떠한 결과를 가져오게 되었는지에 대해 분석하고자 한다.

I. 생각하기

18세기말 프랑스 대혁명과 미국 독립전쟁의 여파로 확대되게 된 민족주의 이념과 그 사상은 나폴레옹 유럽 원정을 계기로 19세기 중엽에 들어와 슬로베니아(Slovenia/ Slovenija)를 비롯한 합스부르크 전역으로 확대되게 된다. 민족주의의 여파는 합스부르크 제국 내 여러 소수민족들의 독립과 민족국가 수립에 대한 의지를 북돋아 주었으며, 오스만 터키 지배하의 발칸 반도 내 여러 민족들에게도 터키에 대한 저항과 함께 독립국가 수립에 대한 열망을 일깨워 주었다. 비록 짧은 기간이었지만 슬로베니아 또한 19세기 초 프랑스의 지배 하에 들어가, 합스부르크 제국 하에서 그들이 그토록 주장하여 왔지만 전혀 기대하지 못했던 자치주 수립을 맛볼 수 있었고, 나폴레옹이 추진한 다양한 개혁과 민족주의 이상을 직접 체험할 수 있게 되었다. 하지만, 슬로베니아인들은 합스부르크 제국 내외의 크로아티아인, 세르비아인 등 여타 남슬라브족 및 소수 민족들에 비해 민족주의 이상 실현과 독립된 민족국가 수립의 목표를 구체화하려는 의지를 강하게 표명하지 못하였었다. 실제, 과거 16세기부터 이어 온 오스만 터키의 침략과 농민 반란 그리고 종교개혁 운동 및 18세기 계몽주의 시대를 거치면서도, 슬로베니아인들의 합스부르크 제국에 대한 충성도는 제국 내 다른 어떤 소수 민족들과 남슬라브족에 비해 매우 높은 편이었다. 그러한 배경의 주요 요인으로는 제국과의 밀접한 경제적 연결 고리 외에도 무엇보다도 슬로베니아인들이 민족 구성상 자신들의 소수 민족의 한계를 분명히 인식하고 있었고, 자신들을 둘러싼 다른 강대국들의 침략 위협 속에서 오스트리아를 자신의 보호자로 인식하고 있었던 점이 매우 컸다 하겠다.

하지만, 19세기 민족주의를 경험하게 된 슬로베니아인들은 합스부르크 제국의 지배 하에서 독자적 언어를 바탕으로 한 자신들의 고유한 문화적, 민족적 정체성을 유지, 발전시키려는 노력을 게을리 하지 않았다. 이를 통해 슬로베니아 지식인들은 오스트리아 여러 지역으로 흩어져 있던 슬로베니아인들의 통합을 위해 노력하였고, '통일된 슬로베니아'를 향한 꿈을 계속해서 키워왔다. 비록 이러한 통합 의지 실현과 이를 통한 민족국가 수립에는 실패하였지만, 19세기 민족주의 이념은 슬로베니아인들의 민족, 문화적 정체성 구축에 기여하였고, 제1차 세계대전 이후 세르비아, 크로아티아와 함께 하는 최초의 남슬라브족 통합 국가수립에도 그 영향을 미치게 된다.

이러한 연구 배경을 바탕으로, 본 절에선 슬로베니아 민족의 역사적 특징들을 민족의식 고취 및 문화 정체성 형성에 중요한 영향을 미쳤던 19세기 민족주의시기를 중심으로 분석해 보고자 하였다. 이러한 작업은 오늘날 국가 구성 및 민족 정체성에 가장 중요한 시기라 할 수 있는 19세기 민족주의 시대 당시, 동유럽 및 발칸유럽 민족들이 자신들의 민족의식을 어떻게 고취시켜 갔는지? 그리고 자신들이 처한 각자의 역사적 환경 속에서 선택한 방법들과 그 결과는 어떠했는지? 에 대한 다른 동유럽, 발칸 지역 민족들의 연구에 일련의 도움을 제공해 줄 수 있을 것으로 기대된다.

II. 19세기 민족주의 시대의 도래
: 일리리아 속주 건설과 민족 정체성 수립

미국의 독립전쟁(1775-1781)과 프랑스 혁명(1789)을 사상적 토대로 형성된 민족주의가 슬로베니아인들에게 영향을 미치기 시작한 시기는 19세기 초 나폴레옹 지배 시기부터라 할 수 있다. 18세기말 형성된 민족주의는 19세기에 들어와 부르주아주의 및 절대적 봉건주의 타파를 기치로 내걸었던 나폴레옹 전쟁과 맞물리면서 유럽 전역으로 급속히 확산되게 된다. 더불어 1804년 오스트리아 제국으로 새롭게 탄생한 제국과의 전쟁에서 승리를 거둔 나폴레옹이 이후 슬로베니아를 장악하게 되면서, 민족주의는 점차 슬로베니아인들의 민족의식 자각과 문화적 정체성 형성에 중요한 영향을 미치게 된다.[103)] 이스트라 반도를 비롯해 북부 달마티아와 슬로베니아 지역을 장악한 나폴레옹은 오늘날 슬로베니아 수도인 류블랴나를 중심으로 '일리리아 속주(Illyrian Province/ Ilirinska pokrajna)'[104)]를

---

103) 또한 동시에 당시 제국의 몰락이 자신들에게 좋은 결과를 가져오지 못할 것이라 생각하고 있던 상당수 슬로베니아 인들은 독일에서 일어난 민족주의의 여파로 인해 1806년 신성로마제국이 폐지되고, 독일 내 여러 공국들이 형성되는 과정을 우려의 눈으로 바라보았다. John K. Cox, *op. cit.*, p. 14.

104) 국제사적 관점에서 바라볼 때, 비록 일리리아 속주가 유럽 내에서 그 영토적

건설한 후, 프랑스 제국에 합병시켰다. 나폴레옹의 슬로베니아 점령과 속주 건설은 18세기 이후로 확대된 언어를 통한 민족의식 자각 움직임과 글자 해독력의 증가 그리고 경제적 교류 및 발전에 따른 인구 이동 증대와 더불어 슬로베니아인들의 삶과 정치적 변화에 대한 열망을 점차 확대시키는 계기를 마련해 주게 된다. 나폴레옹 군대의 진군과 점령이 구체화되었을 때, 슬로베니아인들은 슬라브인들의 언어적 민족주의를 존중해주는 프랑스 정책에 적극적으로 동조를 보냈으며, 이것은 무엇보다도 당시 오스트리아 제국의 시대착오적인 지배 방식을 개선시키고자 하는 슬로베니아인들의 열정에서 비롯되었다고 할 수 있다.

비록 그 짧은 지배 기간(1809-1814)에도 불구하고, 새로운 지배자로서의 프랑스 등장은 슬로베니아인들의 삶과 의식에 매우 많은 영향을 끼쳤다. 프랑스 지배 초기 지식인들을 중심으로 슬로베니아인들은 나폴레옹이 수립한 새로운 세금 제도와 징병제 도입에 대해선 지지하지 않았지만, 사회와 의식의 변화에도 불구하고 오랜 동안 피지배 민족들의 목소리를 외면하여 왔던 오스트리아에 대한 반감으로 인해 프랑스식 개혁을 흔쾌히 받아들였다. 무엇보다도 슬로베니아인들의 민족 정체성을 존중하는 차원에서 프랑스는 모든 성명서를 발표할 때 프랑스어와 함께 슬로베니아어로 동시에 발표하였고, 낙후되어 있던 도로를 새롭게 닦았으며 다양한 정부 개혁을 단행하였다. 또한 프랑스 정부는, 과거 오스트리아인들의 직접 지배 혹은 슬로베니아인 일부만을 하급 관료로 임명하였던 오스트리아 제국의 관료 지배 방침을 벗어나, 일리리아 자치주를 운영함에 있어 슬로베니아 지식인 계층들을 자치주의 주요 요직들에 임명하는 정책을 단행하였다.

범위는 작았지만 나폴레옹의 유럽 전략에 있어선 매우 중요한 자리를 차지하고 있었다. 나폴레옹이 이 지역을 장악함에 따라 내륙 국가에 가까웠던 합스부르크 제국이 당시 유일하게 지니고 있었던 전략적 해양 요충지를 상실하게 되었기 때문이다.

프랑스는 또한 슬로베니아어를 공식어로 인정하였으며 이를 가르치는 학교 설립을 지원하였고 남녀 모두가 함께 다닐 수 있도록 그 대상과 학교 수를 확대시킴으로써 슬로베니아인들의 큰 환영을 받게 된다.

짧은 지배 기간 동안 프랑스가 취한 여러 개혁 정책들 중 가장 큰 영향력을 끼쳤던 것은 남슬라브 민족 간 연대 구축으로, 슬로베니아인뿐만 아니라 크로아티아인과 세르비아인들 사이의 민족의식 고리 연결과 공통의 민족 정체성을 확산시키려 했다는 점을 들 수 있다. 프랑스 정부는 이들 남슬라브 민족 간을 연결시키는 고리로써 남슬라브족 통합 운동의 이념적 기초를 제공하고자 했다. 즉 일리리아라는 속주 이름에서 확인할 수 있듯이, 프랑스는 과거 고대 로마가 이 지역을 지배하기 이전, 아드리아 연안과 오늘날 유고슬라비아 지역을 장악하였던 일리리안 부족의 기원에서 비롯된 일리리아라는 개념을 슬로베니아 지식인들에게 이해시키고자 했으며, 이를 통해 슬로베니아인들과 일리리아 지방의 다른 남슬라브인들 간의 국가 정체성 의식을 강화하고자 하였다.[105)]

'정복자'로서가 아닌 '해방자'로서의 이미지를 굳히고자 했던 프랑스의 의도는 당시 중부 유럽 내 여러 서슬라브족 외에도 발칸유럽의 남슬라브족들을 지배하고 있던 오스트리아 제국을 견제하고자 했던 데서, 그리고 제국 내 소수 민족들의 민족주의 의식 확산에 따른 오스트리아 제국의 분열을 기도했던 데서 비롯되었다고 할 수 있다. 실제, 나폴레옹은 그의 혁명 사상을 유럽에 전파하기 위한 약 40여 차례의 전쟁을 치렀는데, 이 중 1796년 오스트리아의 지배를 받고 있던 슬로베니아 지역을 비롯해 북부 이탈리아로의 원정을 나가면서, 이들에게 전한 그의 메시지를 통해 당시 유럽 내 제국들을 분열시키고, 프랑스 혁명군이 피지배 민족들에게 있어 해방자로서 인식되기 원하는 나폴레옹의 전략을 이해할 수 있다.

105) Carole Rogel, *op. cit.*, pp. 6-7.

그는 제국의 지배 하에 있던 이탈리아 민중들을 행한 연설문에서 "이제 이탈리아인들이 우리와 함께 당당하게 여러 나라의 대열에 동참할 때가 왔다. 만약 여러분들이 오스트리아의 지배에 맞서 자신의 진가를 발휘한다면, 유럽은 깜짝 놀랄 것이고 다시 한 번 이탈리아의 위대함을 되살릴 수 있을 것이다. 무기를 들고 일어나라. 이미 우리에게 해방된 지역은 인구도 증가하고 생활도 윤택해졌다. 여러분들의 자유를 가로막고 인권을 탄압하는 적들의 간담을 서늘하게 만들어 주자. 나는 제군의 군대를 지휘할 것이며, 이를 통해 제군들은 명예와 영광과 부(富)를 얻게 될 것이다." 라고 주장하였다.

나폴레옹과 프랑스의 유럽 정복을 위한 전략 의도가 어떠했던 간에, 19세기 민족주의 시대에 형성된 '일리리아주의(Ilirism/ Ilirizam)' 개념은 훗날 남슬라브 여러 민족들이 서로 연합해서 하나의 독립된 통합 국가로 자리 잡으려는 사상으로 발전시키는 데 크게 기여하였다. 그리고 실제, 이러한 통합 운동은 제1차 세계대전 이후 결실을 맺어 최초의 남슬라브족 통합 국가인 '세르비아-크로아티아-슬로베니아 왕국'의 수립으로까지 이어지게 되었다고 할 수 있을 것이다.

하지만, 슬로베니아에서의 민족주의 의식 확산과 다양한 개혁 움직임은 나폴레옹이 몰락한 후 '비엔나(Vienna) 체제'가 수립에 따라 어려움에 처하게 된다. 1812년 나폴레옹이 러시아 원정을 실패한 데 이어, 1813년 10월 라이프치히 전투에서 대패하게 되면서, 슬로베니아에 대한 지배권을 다시 장악하게 된 오스트리아는 그동안 일리리아 자치주 수립 이후 행해져 왔던 프랑스의 모든 개혁안들을 철폐하기 시작하였다. 그리고 이와 함께 1815년 빈회의의 결정에 따라 슬로베니아를 비롯한 제국 내 모든 지배 지역의 행정 체제와 사회 질서를 프랑스 지배 이전 상태로 되돌리려 노력하였다.

그러나, 이미 민족주의를 맛본 슬로베니아 지식인들은 과거와 달리 자신들이 속한 민족과 고유문화에 대한 의식에 조금씩 눈을 뜨기 시작하였고, 슬로베니아어의 독자성과 언어적 정체성 확립을 통한 민족 정체성 수립 작업에 임하게 된다. 이 중 언어학자이자 비교 슬라브 언어학의 선구자로 칭송받고 있는 예르네이 코피타르(Jernej Kopitar: 1780-1844)는 다양한 지역 방언들을 기초로 슬로베니아어 안에 담긴 문학적 용어들을 창조해 내는 데 성공하였다. 그는 발칸 지역의 언어적 지식과 경험들을 소개하고자 했고, 세르비아 언어학자이자 근대 세르비아어의 창시자인 부크 카라쥐치(Vuk Stefanović Karadžić: 1787-1864)에게서 영감을 얻어 1808년 마침내 슬로베니아어 문법책을 저술하는 게 성공하게 된다.[106] 그는 제국 내 행정부 하에서 역사 기록물을 담당했었던 만큼 친(親)오스트리아 성향의 '오스트로슬라비즘(Austroslavism)'[107]의 신봉자였고, 문법책 제작 작업 또한 제국의 군주제와 로마 가톨릭교의 융성을 위한 바람에서 제작하였던 것이 사실이다. 하지만, 결과적으로 보았을 때, 오늘날까지도 인구 200여만 명에 불과한 슬로베니아인들이 자신들의 고유 언어를 계속 유지하고 발전시키는 데 커다란 밑거름을 제공했다는 데 그 의미를 둘 수 있을 것이다.[108] 더불어, 그의 계몽 정신은 훗날 크로아티아의 '일리리아인'

106) James Gow & Cathie Carmichael, *op. cit.*, p. 18.

107) 코피타르를 비롯해 당시 유럽의 걸출한 언어학자 중 하나로 손꼽히며 비엔나 대학의 총장까지 역임하였던 프란쯔 미클로쉬취(Franc Miklošič: 1813-1891) 등은 비록 슬로베니아인이었지만 오스트리아 제국의 번영과 발전에 충성했던 오스트로슬라비스트(Austroslavist)들로 분류될 수 있다. 이들은 오스트리아 제국의 발전을 위해 헌신한 슬라브인들로, 슬라브인들이 제국 내에서 헝가리 인에 이어 세 번째의 영향력을 지니며 제국과 공존할 수 있음을 역설하기도 하였다. 그들의 이런 생각은 1830년부터 제작된 잡지(Kranjska Čbelica) 등을 통해 대중들에게 전달되게 된다. *Ibid.*, p. 19.

108) 아보 바나쯔(Ivo Banac)는 이에 대해, "슬로베니아인들이 오랜 세기 동안 이어진 외세 하의 여러 장애물들을 이겨내고, 19세기 언어를 중심으로 민족적 자각을 일으킨 것은 겉으로 보았을 때 거의 불가사의적인 사건

그리고 세르비아의 '남슬라브인(Yugoslav)' 정신의 필수적인 요소에도 영향을 미치게 된다.

19세기 유럽 전역에 걸쳐 민족주의의 영향력이 대세를 이루는 가운데, 슬로베니아도 또한 낭만주의(Romanticism, 1815년부터 1848년까지 지속됨)가 유입되기 시작하였다. 민족주의와 함께 낭만주의에 빠져들었던 당시 슬로베니아 지식인들은 과거보다 분명한 민족어(national language) 개발과 문화 정체성(cultural identity) 발굴에 앞장서게 된다. 당시 슬로베니아인들의 민족어 발굴과 개발에 있어 보다 분명한 특징은 이들이 당시 합스부르크 제국의 지배 하의 크로아티아인 등 다른 남슬라브족들 간에 유행하였던 공통의 남슬라브어 개발과 적용이라는 '일리리아 운동' 동참에는 그리 적극적이지 않았다는 점이다.[109] 그 결과 오늘날 슬로베니아어가 세르비아어나 크로아티아어 그리고 다른 기타 남슬라브어와는 다른 그들만의 독특한 독자적 언어 구축과 활용을 가능케 한 역사적 요인을 제공하였다고 할 수 있다.

이 시기 슬로베니아 작가들 중 가장 위대한 사람으로는 아직까지도 슬로베니아인들의 깊은 사랑을 받고 있는 낭만주의 시인 프란체 프레쉐렌(France Prešeren: 1800-1849)을 들 수 있다. 그는 우선 슬로베니아 농민들의 방언을 슬로베니아인 모두가 이해할 수 있도록 하기 위해 현대화되고 순화된 언어로 바꾸기 위한 작업을 시도하였다. 그의 공로에 따라 1840년대에 들어와 슬로베니아인들은 험준한 산악 지형으로 인해 형성되었던 각자의 독특한 방언들을 하나로 통합할 수 있었고, 최초의 공식적인

이었다"라고 평가하고 있다. Ivo Banac, *National Question in Yugoslavia: Origins, History, Politics,* (New York: Cornell University Press, 1994), p. 45.

109) 당시 언어적 통합 운동을 통한 민족국가 수립 그리고 더 나아가 남슬라브족 통합 국가 수립을 추진해 나갔던 크로아티아의 일리리아 운동에 대해선 Leopoldina Plut-Pregelj and Carole Rogel, *op. cit.*, p. xliv 참조.

자국어가 탄생한 것을 확인할 수 있었다. 프레쉐렌에 의해 새롭게 형성된 슬로베니아 표준어는 극장에서 그리고 노래와 뮤지컬을 통해 일반 민중들에게 그대로 전달되었다.[110]

하지만, 당시 시대적 큰 흐름은 세르비아 언어학자인 부크 카라쥐치와 크로아티아 언어학자인 류데비트 가이(Ljudevit Gaj: 1809-1872)를 비롯한 양 지역 학자들 간에 세르비아어와 크로아티아어의 합체를 통한, 즉 언어적 통합을 통한 남슬라브 통합 운동이 차지하고 있었다. 따라서 슬로베니아 내 지식인들 사이에서도 여러 현실적인 이유, 즉 수적으로 적게 사용하는 자국어를 포기하고, 남슬라브족 간의 통합 및 정치, 문화적 연대를 위해 이들 세르보-크로아티아어(Serbo-Croat/ Srpksohrvatski)로의 언어적 통합을 추진하자는 일부 움직임들이 존재하고 있었다. 이 중 대표적인 사람으로는 '일리리아의 부활(Illyria Resurrected/ Ilirija oživljena)'이란 시를 통해 일리리아 운동에 기초한 슬로베니아인들과 다른 남슬라브족들과의 정치적 연대 및 문화, 정치적 공감대를 제시하고자 했던 발렌틴 보드니크(Valentin Vodnik: 1758-1819)를 들 수 있다. 하지만, 프레쉐렌은 이를 거부하였고, 슬로베니아 문어의 창시자이자 아버지로 불리는 프리모즈 투르바르(Primož Trubar: 1508-1586)의 전통을 기초로 슬로베니아어의 독자성을 키우기 위해 노력하였다.[111] 이러한 프레쉐렌의 의지는 마리보르(Maribor)시의 주교였던 안톤 마틴 슬롬쉐크(Anton Martin Slomšek: 1800-1862)에게로 이어졌고, 그는 교육 개혁을 통해 슬로베니아 지역 내 초등학교에서 슬로베니아어 교육을 활성화시키는 데 주력하기도 했다. 그리고 1843년 야네즈 블라이바이스(Janez Blajvajs, Janez Bleiweis: 1808-1881)는 슬로베니아인들의 문화생활 수준 향상을 위해

110) 프레쉐렌이 지은 시인 '즈드라블리짜(Zdravljica, 축배)'는 현재 슬로베니아의 국가로 사용되고 있다.

111) James Gow & Cathie Carmichael, *op. cit.*, p. 20.

슬로베니아인 상류층 외에도 농민과 장인 등의 서민들 또한 두루 볼 수 있는 슬로베니아 최초의 신문(Agricultural and Handicraft News/ Kmetijske in rokodelske novine)을 발간하기도 하였다.112)

이러한 노력들이 구체화되고 있음에도 불구하고, 적어도 18세기 후반까지 오스트리아의 영향력은 슬로베니아인들의 문화적 삶과 문서화된 거의 모든 글 그리고 언어의 모든 면을 구속하고 있었다. 그럼에도 불구하고, 비록 짧은 기간이었지만 나폴레옹 지배 하에서 느꼈던 개혁에 대한 향수와 민족주의의 영향력은 슬로베니아인들에게 자신들의 문학적 버전을 발전시킬 수 있는 계기를 마련해 주었다고 할 수 있다. 특히, 슬로베니아어로 된 문학작품들의 소개는 민족들 간의 연대와 의식 확대가 이루어지는 밑거름을 제공하였고, 이후 오랜 기간 동안의 외세 지배 속에서도 슬로베니아인들이 그들 스스로 민족 정체성을 깨닫고 단결할 수 있는 가장 중요한 동기를 제공해 주게 되었다고 할 수 있다.

슬로베니아인들의 민족 정체성 확산은 그들의 경제 발전에 따라 더욱 더 확대되었다. 19세기 슬로베니아의 농업과 목축업 발전 그리고 이에 따른 생산량 증대 효과는 1864년 슬로베니아 사회, 과학, 예술의 총 집합지라 할 수 있는 '슬로베니아 문화협회(Literary society of Slovenia/ Slovenska Matica)'의 창립자인 수의사 야네즈 블라이바이스 박사의 노력에서 기인한다 하겠다.113) 19세기 후반에 들어와서는 슬로베니아 민족의식을 고취하는 일련의 사회 운동들이 지식인층들을 중심으로 일어났는데, 그 중심에는 당시 야네즈 에반겔리스트 크레크(Janez Evangelist Krek: 1865-1917)의 작품들이 큰 영향을 미쳤다.114)

---

112) Carole Rogel, *op. cit.*, p. 7.

113) 그는 슬로베니아의 정치, 사회적 발전에도 관심을 가져, 1843년 경제 사회 협회를 창립하였고 이것은 훗날 '슬로베니아인민당(Slovene People's Party/ Slovenska Ljudska Stranka)'으로 발전하게 된다.

III. 1848년 파리혁명과 슬로베니아 : 고도의 자치권을 지닌 통일 슬로베니아를 향한 열정

나폴레옹 전쟁을 마무리하고 예전의 군주제와 제국주의 시대로 돌아가려 했던 유럽의 빈체제는 1848년 2월 파리에서 일어난 혁명의 여파로 인하여 그 뿌리조차 흔들리는 상황에 처하게 되었다. 당시 1848년 혁명의 여파는 유럽 전체를 뒤흔들었고, 나폴레옹 패망 이후 다시 오스트리아 제국 지배 하로 들어가게 된 슬로베니아에서도 또한, 수도 류블랴나를 중심으로 농노제의 완전한 폐지 및 소수 민족의 정치적 권리와 민족 정체성 인정을 요구하는 합법적 군주제의 도입을 향한 목소리가 확대시켜 갔다. 오스트리아 정부의 강력한 진압 의지에도 불구하고 이러한 분위기는 점차 고조되어 갔고, 그 결과 소수의 지식인들을 중심으로 자치권을 가진 '통일된 슬로베니아(United Slovenia/ Zedinjer Slovenija)'에 대한 공개적 요구가 확대되게 되었다.

이 당시 슬로베니아인들이 제국의 본토 정부에 대해 요구한 내용은 크게 두 가지로 요약해 볼 수 있는 데, 그 첫째는 오스트리아 제국 내에 여러 행정 구역으로 흩어져 있는 슬로베니아인들을 한데 모아 고도의 자치권을 지닌 하나의 행정 구역으로 설립해 줄 것을, 그리고 두 번째는 행정 관청과 학교에서 슬로베니아어를 사용할 수 있도록 허가해 줄 것 등을 들 수 있다.[115] 슬로베니아 지식인들의 이러한 요구는 이웃한 이탈리아와 독일 등에서 발생한 일련의 역사적 변화 움직임과 경험에서 영향을 받았다고 볼 수 있다. 실제, 이 시기에 들어와 오랫동안 서로 분열되어 외세의 영향력 하에 놓여 왔던 이탈리아와 독일 민족주의자들은 구시대적인

---

114) Stane Granda and Barbar Satej (eds.), *Slovenija 1848-1998,* (Ljubljana: Zveza Zgodovinskih Društev Slovenije, 1998), pp. 216-222.

115) Leopoldina Plut-Pregelj and Carole Rogel, *op. cit.*, p. xliv.

도시 국가의 형태를 벗어남과 동시에 과거의 분할과 피지배 상태를 매듭짓고 통일된 국가를 꿈꾸기 위한 봉기를 확대시켜 나가고 있었다.[116] 그러나, 프랑스 지배 이후 그 어떤 슬라브 민족보다도 민족주의 영향을 많이 받았던 슬로베니아인들은 오스트리아 제국의 낡은 체제가 많은 문제점을 지니고 있음을 깨닫고 있었지만, 주변 강대국들에 대한 공포와 제국과의 경제적 이유 등으로 인해 제국으로부터 벗어난다는 생각까진 이르지 못하고 있었다.[117] 따라서 비록 요구 조건의 일부 조항들에 있어선 당시 오스트리아와 독일의 지배 하에 들어가 있던 일리리아 지방과 다른 남슬라브 지역들의 통합과 단일화 의지가 필요하다는 점을 밝히고는 있지만, 슬로베니아의 지식인들은 '독립된 슬로베니아' 대신, 그들의 강령 속에 제국 내에서 고도의 자치권을 가진 '통일된 슬로베니아'를 명시하는 데서 요구를 멈추었다.

실제, 1848년 혁명의 여파는 오스트리아 제국 내의 정치, 경제 그리고 사회의 거의 모든 영역에 전반적인 영향을 미쳤고, 그 결과 제국 내에서 과거 봉건제의 유물인 농노제가 사라지게 하는 결실을 거두어내게도 하였다. 더불어, 19세기 후반부터 본격화 된 슬로베니아의 경제적 발전과 현대화는 당시 유럽 내에서도 드물게 슬로베니아인들의 80-90%가 초등교육 이상을 이수하는 높은 교육열로 이어졌고, '성 헤르마고라스 협회(Society of St. Hermagoras/ Mohorjeva družba, 1851년 설립)', '슬로베니아 독서회(Slovene reading societies/ Čitalnice, 1860년대부터 확대)' 그리고 1864년 문학협회인 '슬로베니아 문화협회' 등 다양한 문화 및 학술 연구소들이 이 당시 설립되게 된다. 더불어, 경제적 부에 대한 열망은 (특히 1880년 이후로) 수십만 명의 슬로베니아인들이 트르스트 항구를 통해 신개척지인 미국 등 전 세계 곳곳으로 이민하는 붐을 일게 하였다.[118]

---

116) James Gow & Cathie Carmichael, *op. cit.,* p. 19.
117) Carole Rogel, *op. cit.,* p. 8.

하지만, '고도의 자치권을 지닌 통일 슬로베니아'를 향한 슬로베니아 민족주의자들의 정치적 저항 운동은 혁명의 여파가 자국 내로 파급되는 것을 두려워하였던 러시아 제국의 개입에 따라 점차 수그러들었고, 그해 11월에 들어와선 오스트리아 정부의 지배권이 다시 회복되게 된다. 그 결과 정치적 저항 운동을 통해 슬로베니아인들의 민족 정체성 확대 및 자주권을 확보하려 했던 슬로베니아 지식인들과 민족주의자들의 욕구는 급격히 약화되었고, 1851년부터 시작된 오스트리아 제국의 '신(新)절대주의(Neoabsolutism)'에 따라 그 활동 영역 또한 과거처럼 다시 문화적 영역에 한정되어 좁혀지게 되었다. 이러한 현상은 적어도 오스트리아 제국이 프로이센 제국에게 패함에 따라 그 실체를 본격적으로 드러낸 1866년까지 지속되게 된다.

1848년 파리혁명의 여파를 겨우 이겨낸 오스트리아 제국은 이후, 슬라브 민족들을 포함한 여러 소수 민족들의 계속된 독립 운동과 이탈리아 지역의 통일 운동 여파에 따라 조금씩 그 쇠약함을 드러내기 시작하였다. 그 결과 1859년엔 롬바르디아 지방을 그리고 1861년엔 베네치아를 이탈리아에 상실하였고, 특히 1866년 프로이센에 대한 군사적인 패배는 오스트리아 제국 내부의 문제점과 쇠퇴를 그대로 드러내게 하였다. 오스트리아가 프로이센과의 싸움에서 패배한 이후 1870년 프랑스 또한 프로이센에게 패하면서 독일 제국이 수립되자, 오스트리아 제국 내 슬로베니아인

---

118) Leopoldina Plut-Pregelj and Carole Rogel, *op. cit.*, xliv-xlv; 티토(Josip Broz Tito: 1892-1980)의 전기 전집에 따르자면 슬로베니아와 크로아티아의 국경지역인 쿰로베쯔(Kumrovec)에서 태어난 티토 또한 당시 이러한 꿈을 꾸었던 것으로 알려지고 있다. 그는 젊은 시절 일자리를 찾으러 보헤미아(Bohemia)로 가기 전에 트르스트 항구를 통해 뉴욕으로 향하는 연락선에 매력을 느꼈고, 그 배를 타고 백만장자의 꿈을 꾸고 가는 자신의 모습을 상상하며 지냈다. Nebojša Tomašević, *Tito, ilustrovana biografija*, (Beograd: Jugoslovenska revija, 1980).

들을 포함한 여러 민족들은 오스트리아가 예전의 영광에서 밀려나 이제 곧 새로운 독일 제국의 한 부분으로 전락하게 될 것이라는 생각이 확산되었다. 하지만, 그러한 일은 일어나지 않았다. 실제, 당시 독일 제국의 재상 비스마르크(Otto Eduard Leopold von Bismarck: 1815-1898)는 제국의 무리한 확장 정책(대(大)독일 제국 수립)을 수립하기보다는 제국의 안정과 결속 그리고 대내적 발전에 보다 많은 관심을 지니고 있었고, 따라서 오스트리아의 요제프 황제(Francis Joseph: 1848-1916)와 상호 동맹(Dual Alliance)을 구축하는 선에서 마무리하게 된다. 이러한 비스마르크의 판단은 당시 독일 제국이 수립된 지 얼마 되지 않은 상황 속에서 대내적으론 제국의 안정이 필요하였다는 점과 함께, 대외적으론 프랑스와 러시아의 견제 및 당시 영국의 세계 전략들 중 하나였던 '세력균형(Balance of Power)'을 무시할 수 없었고, 더불어 게르만 민족이 다수를 차지해 결속력이 강하였던 독일 제국과는 달리 여러 소수 민족들로 구성되어 있던 오스트리아 제국의 현실적 사정을 고려해 오스트리아와의 합병이 실익이 없음을 인식하고 있었기 때문이라 분석할 수 있다.[119)]

Ⅳ. 이중 제국 하에서의 슬로베니아 : 남슬라브족 통합 운동(유고슬라비아주의)의 확산

오스트리아 제국 내 여러 소수 민족들의 제국으로부터의 이탈과 독립 움직임이 본격적으로 추진되는 가운데, 오스트리아 내 독일인들의 게르만 민족주의 성향이 보다 강경해져 가면서 슬로베니아인들은 독일의 부상

119) 당시 복잡한 국제 정세 속에서 비스마르크가 자국의 이익을 위해 어떤 전략을 가지고 오스트리아 제국의 활용도를 봐라보았는지에 대해선 Ian D. Armour, *op. cit.*, p. 114 참조.

으로 인한 향후 인종적 차별과 권리 약화를 우려하는 분위기가 팽배해져 가고 있었다. 점차 확대되어 가는 따라서 오스트리아 정부는 제국을 유지하기 위한 고육책으로 제국 내 가장 큰 소수 민족 중 하나였던 헝가리 귀족들을 설득해야만 했었다. 대타협의 결과 1867년 마침내 '오스트리아-헝가리 이중 제국(Dual Monarchy, 이후 '오-헝 이중 제국' 또는 '이중 제국'으로 약칭함)'이 탄생되게 된다. 이러한 오스트리아 제국의 영토 상실로 인해 슬로베니아인들은 이 중 일부가 서로 다른 국가의 영토 내로 편입됨에 따라 소수 민족으로 전락하고, 민족적 정체성을 유지하는 데 일련의 아픔을 맛보아야 했다. 실제, 1866년 당시 이탈리아는 오스트리아 제국으로부터 새롭게 병합하게 된 트르스트 지역에 거주하고 있던 슬로베니아인들(약 27,000명)을 자국 내 여러 지역으로 강제 이주시켰으며, 이 중 제국 내 헝가리 영토로 편입된 슬로베니아인들 또한 45,000명에 달하였다. 이 수치는 오스트리아의 인구 조사에 따라 19세기 후반 당시 수도인 류블랴나 인구가 4만 명, 그리고 1860년대에 전체 슬로베니아인이 110만 명, 1910년 130만 명에 불과했다는 사실에 비춰봤을 때, 굉장히 많은 수라 할 수 있다(참고로, 제국 내에서 최초로 인구조사를 실시했던 1754년에는 75만 명이었음).[120)]

실제, 19세기 중반 민족주의에 젖어있던 오스트리아 제국 내의 슬라브족들인 체코인, 슬로바키아인, 폴란드인, 크로아티아인 그리고 세르비아인 등은 제국의 틀에서 벗어나기 위한 저항과 독립 운동을 더욱 확대하기 시작하였다. 반면, 그 당시 슬로베니아인들은 비록 오스트리아 제국 운영의 일부 문제점을 지적하고, 소수 민족에 대한 차별을 시정해 줄 것을 요청하긴 했지만, 다른 슬라브족들에 비해 독립에 대한 의지는 그리 높지 못하였다. 하지만, 오스트리아 제국의 붕괴와 새로운 이중 제국의 탄생

---

120) Carole Rogel, *op. cit.*, pp. 9-10.

▌〈지도 2〉 1867년 합스부르크 제국 내 민족 분포도와 영토 분할선[121)]

그리고 독일 제국의 등장은 슬로베니아 지식인들 사이에 오스트리아 제국의 붕괴가 임박했다는 인식을 확대시키는 계기가 되었으며, 1848년 파리혁명의 실패 이후 수면 아래로 사라져 있었던 통일된 슬로베니아에 대한 꿈을 부활시키는 계기를 마련해 주었다고 할 수 있다. 실제, 1868년부터 1870년까지 슬로베니아 지식인들과 민족주의자들은 여러 도시들에서 통일된 슬로베니아를 부르짖는 대규모 집회를 연이어 개최하였고, 학교들과 지방 정부들에게 독자적인 슬로베니아어의 사용을 권장해 나갔다. 이처럼, 1860년대 후반 수천 명의 슬로베니아인들은 문화적 자부심을 내세우며 '타보르(tabor, 캠프)'라 불리는 대중 집회를 빈번하게 가졌고, 여기에선 민주적으로 통일된 슬로베니아 프로그램의 원초적 요구들을 얻기 위한 목소리를 높여나가기 시작하였다. 이후 이 모임은 제국에 의해 1870년에 금지되게 된다.

---

121) R. J. W. Evans, *Austria, Hungary and the Habsburgs: Central Europe c. 1683-1867*, (Oxford: Oxford University Press, 2006.), p. xviii.

이와 함께 이들 지식인들과 민족주의자들은 남슬라브족 통합 운동 및 새로운 독립국가를 꿈꾸고 있던 크로아티아인과 세르비아인 등 다른 남슬라브 인들과의 연대를 본격적으로 추진하기 시작하였다. 당시 크로아티아인들은 1867년 이중 제국 수립 이후 헝가리의 지배 하에서 마자르화(Madžarizacija) 정책에 따라 자치권이 축소되고 민족 정체성이 박해받는 고통을 이어가고 있었다. 이런 가운데, 점차 주변 슬라브족들과의 연대를 통해 독립 크로아티아 민족국가를 수립하고자 하는 '민족주의 세력들(narodnjaci)'이 뜻을 모으고 있었다.[122] 반면, 세르비아는 러-터 전쟁 이후 맺어진 1878년 3월 산스테파노(San stefano) 조약과 동년 6월 베를린(Berlin) 조약을 계기로 독립국가 수립에 성공한 후 영토를 확장해가며, 발칸유럽 내에서 새로운 맹주 국가로 조금씩 부상해가고 있었다. 따라서 민족 수나 규모면에서 작았던 슬로베니아인들은 이러한 다른 남슬라브족들과의 연대, 혹은 이러한 전략을 제국에 대한 압박 수단으로 활용해 제국 내에서 자신들의 '통일 슬로베니아'와 문화 정체성 구축을 이룩해 나가고자 하였다고 볼 수 있다.

마침내 이러한 노력은 결실을 맺어, 1879년부터 1893년까지 오스트리아 정부는 슬로베니아 지역의 일부 정부와 학교에서 슬로베니아어 사용을 포함한 독자적 슬로베니아 문화 수업을 가르치는 융화 정책을 허용해야만 했었다. 이에 따라 1869년 중등학교가 설립되었고, 비록 1905년까지 제국에 의해 공식적으로 그 학위를 인정받지 못하였지만, 1890년대에서는 쩰례에선 슬로베니아어로 교육하는 전통적인 고등학교(gimnazija)가 설립

122) 이중 제국 수립 직후 헝가리의 마자르화 정책에 대한 크로아티아인들의 반(反)헝가리 노선과 남슬라브 연대를 위한 일련의 움직임에 대해선 김철민, "오스트리아-헝가리 이중 제국 수립과 크로아티아 민족주의: 1867-1878", 『동유럽 발칸학』, Vol. 11, No. 1, (한국동유럽발칸학회, 2009b) 참조.

되게 된다.[123] 정치적 성과도 계속되어, 1883년 이후 카르리올라 의회는 슬로베니아인들에 의해서만 구성되기 시작했고, 1888년 이후부터는 류블랴나에서 슬로베니아인 출신의 시장이 본격적인 업무를 수행할 수 있게 되었다. 더불어 1907년에 들어와 선거권 개선이 이루어짐에 따라 슬로베니아인 출신의 정치가들은 대거 정치 일선에 등장할 수 있는 계기가 마련되게 되었다.

1890년대 이후 슬로베니아에는 세 개의 정치적 정당들이 수립되었는데, 그중 하나는 류블랴나를 중심으로 지식인과 기업인들이 주축이 되어 결성한 '민족 진보당(National Progressive Party, 1891년 창립)'을 들 수 있다. 이 정당은 범슬라브주의(Pan-Slavish)를 신봉해 다른 슬라브족들과의 연대를 강조하였고, 무엇보다도 슬로베니아 내로의 게르만주의의 확대를 경계하였다. 두 번째 정당으로는 '슬로베니아인민당(Slovene People's Party)'을 들 수 있다. 가톨릭적인 보수적 색채가 대체로 강하였던 이 정당은 다른 남슬라브족들과의 관계 강화가 중요하다는 데에는 대체적으로 동의하였지만, 슬로베니아인들의 이익을 위해선 오스트리아 제국과의 관계 강화가 무엇보다도 중요하다고 역설하였다. 더불어 1867년 오스트리아 제국에 대한 승리 이후 날로 커져가고 있던 독일 세력이 오스트리아 제국을 자신들의 영향권 하로 편입시킬 경우, 향후 슬로베니아에 대한 억압과 민족 정체성 박탈로 이어질 수 있음을 우려하였다. 세 번째 정당으로는 트르스트 등 항구와 도시 지역의 노동자들에게 인기가 높았던 '남슬라브 사회민주당(Yugoslav Social Democratic Party, 1896년 창립)'을 들 수 있다. 다른 정당들에 비해 다소 진보적 성향을 지녔던 이 정당은 민족주의라는 틀 위에 오스트리아-막시스트 사회주의 이념을 기치로 내걸었으며, 슬로베니아는 물론 다른 슬라브족들과의 연대를 통한 사회주의 국가

123) John K. Cox, *op. cit.*, p. 15.

수립을 목적으로 하고 있었다.[124)]

1908년 10월, 오스트리아의 보스니아-헤르체고비나 합병 소식은 발칸 유럽 내 여러 민족들을 크게 자극하였으며, 특히, 제국 내에서 지배를 받고 있거나 혹은 제국 밖 경계선에 놓여 있던 남슬라브인들 간의 민족적 자아 및 정체성 연대를 크게 일깨우게 된다. 또한 합병 소식은 곧 바로 이 지역을 자신의 역사적 지배 지역으로 인식하고 있던 세르비아와의 전쟁이 임박했다는 소문 확산을 불러왔고, 슬로베니아인들 또한 대규모 군 동원령에 따라 오스트리아 군대에 입대해야만 했다. 오스트리아 제국의 보스니아 합병에 대한 세르비아인들의 분노와는 달리, 슬로베니아의 정치가들과 주요 정당들은 다소 다른 견해를 보이고 있었다. 이들은 무엇보다도 남슬라브족이 대규모 거주하고 있는 보스니아의 합병을 계기로 제국 내에서 남슬라브인들 사이의 연합이 한 단계 상승할 수 있으리라 판단하고 있었다. 하지만, 합병 6개월이 지난 이후부터 세르비아와의 군사적 긴장이 완화되자 오스트리아 정부는 제국 내에서 남슬라브족들 간의 민족주의 연대 의식을 분열시키기 위한 보다 엄격하고도 치밀한 탄압을 확대하였고, 이에 따라 슬로베니아인들의 바람은 무의로 끝나게 된다. 슬로베니아 정당 지도자들은 1909년 슬라브인 탄압을 중단할 것을 비엔나 정부에 정식으로 제기하였고, 이러한 억압에 대한 반발로 남슬라브 독립국가 탄생을 위한 모임과 모든 남슬라브인 들로 이루어진 문화적 연합체의 필요성을 보다 본격적으로 논의하기 시작하였다.

이처럼, 비록 다른 남슬라브족 지역들에 비해 그 출발은 늦었지만, 19세기 말에 들어와 슬로베니아인들은 슬라브 문화의 단일화와 통일 국가를 보다 크게 부르짖었으며, 이를 위한 모임과 회의 또한 보다 구체적으로 전개해 나갔다. 오스트리아 제국으로부터 벗어나고자 한 슬로베니아인들의

124) Carole Rogel, *op. cit.*, pp. 9-12.

노력과 구체화가 다른 슬라브족들에 비해 늦었던 이유에 대해선, 크게 두 가지 측면으로 나누어 분석할 수 있을 것이다. 그 첫 번째는 민족의 크기와 규모의 작음에서 나오는 콤플렉스를 들 수 있다. 실제 당시 슬로베니아인들은 그들 민족의 규모가 너무 작아서 그들 스스로 독립된 통일국가로 가기가 불가능 할 것이라는 인식이 당시 지식인들은 물론 일반인들 사이에 넓게 퍼져있었다. 두 번째로는 독립 이후의 두려움과 이에 따른 오스트리아 제국에 대한 상대적 충성심을 들 수 있다. 14세기말부터 이어온 제국 하에서의 슬로베니아인들 삶은 이러한 제국의 그늘에서 벗어날 경우 도래하게 될 이웃 국가들의 침략과 고통을 그 무엇보다도 두려워했으며, 따라서 다른 어떤 슬라브족들보다도 오스트리아 제국의 견고함과 이에 대한 충성심이 보다 강하였었다고 할 수 있다.125)

그럼에도 불구하고, 1914년 제1차 세계대전이 일어나기 전까지 슬로베니아인들의 지난 20여 년의 정치적 삶은 그 무엇보다도 '유고슬라비아주의(Yugoslavism/ Jugoslavizam)'의 이념과 그 이상에 크게 동요되었다는

125) 실제 1918년 남슬라브족 통합 국가를 만들기 위한 선거에서, 슬로베니아의 상당 지역에선 슬로베니아의 미래를 남슬라브족 통합 국가가 아닌, 오스트리아와 함께 하는 데 동의하는 투표율이 60%가 넘게 나오는 지역들이 속출하기도 하였다; 이에 대해 존 콕스(John K. Cox)는 약간은 다른 의견을 제시하고 있는 데, 그는 슬로베니아인들의 오스트리아 제국에 대한 충성도가 제국 내 다른 피지배 민족들에 비해 상대적으로 높았던 이유에 대해 첫째, 19세기까지 게르만 상권이 슬로베니아 전역에 중요한 경제요소로 자리 잡고 있었다는 것, 둘째, 당시 이스트라와 트르스트 그리고 고리지아 지역을 병합하였던 이탈리아에 대한 두려움이 컸다고 분석하고 있다. 더불어, 가린디이와 스티리아에 거주하고 있는 슬로베니아인들은 독일의 야욕에 대한 보호자로 오스트리아를 원하였다고 분석하고 있다. John K. Cox, *op. cit.,* p. 6; 실제, 슬로베니아인들의 이러한 두려움은 제1, 2차 세계대전 당시 구체화되었음을 볼 때 이러한 분석 또한 그 설득력이 존재한다 하겠다.

점이다. 비록, 오스트리아와의 정치적 연결 고리에도 불구하고, 모든 슬로베니아 정당들은 제국 내에 속한 다른 남슬라브족들과의 연대의 필요성을 강력히 주장하고 있었다.[126] 이러한 배경은 제국 내에서 그들의 수적 열세를 극복하고 이를 통해 비엔나 정부에 슬로베니아인들의 주장, 즉 오랫동안 요구하여 왔던 '고도의 자치권을 지닌 통일 슬로베니아' 혹은, 더 나아가 '제국 내에서 자치권을 지닌 남슬라브 국가 수립'에 대한 요구를 관철시키기 위한 목적에서 비롯되었다고 할 수 있다. 이러한 설명이 가능한 이유로는 당시 남슬라브족 연대를 강조하던 슬로베니아 정당들의 주장이 제국 밖에 대한 것보다는 제국 내 남슬라브족에 국한되어 있었다는 점을 들 수 있다. 이러한 사실은 실제 제국 내 크로아티아인들을 크게 고무시켰으며, 이들은 슬로베니아인들과의 연대를 통한 남슬라브족 통합이라는 더 큰 꿈을 꾸게 해주었다.

이처럼, 비록 슬로베니아인들이 적극적으로 원하지는 않았지만, 19세기 이래로 불어 닥친 민족주의라는 시대적 분위기와 자신들을 둘러싼 국제적 상황 그리고 오스트리아 제국의 쇠약은 결국 슬로베니아인들에게 제국의 그늘에서 벗어나 '통일 슬로베니아'가 아닌 그들만의 길을 가도록 요구하였다. 그 결과 슬로베니아인들은 이에 대한 대안으로 남슬라브족 통합 운동에 관심을 보이기 시작하였고, 이러한 분위기 성숙은 결과적으로 제1차 세계대전 이후 최초의 남슬라브족 통일 왕국인 '세르비아-크로아티아-슬로베니아 왕국'이 수립되는 정신적 기틀을 제공해 주었다고 할 수 있다.

126) Leopoldina Plut-Pregelj and Carole Rogel, *op. cit.,* p. xlv.

V. 정리하기

발칸유럽에 들어오게 된 슬로베니아인들은 그들이 초기 정착한 지역이 알프스 산악지대라는 자연적 험준함과 주변 강대국들로 둘러싸인 지정학적 위치로 인해 다른 남슬라브족들과 달리 광범위하고 강력한 중세 왕국은 물론 단 한 번의 독립 왕국 경험조차 지니지 못하며 그들의 역사를 이어와야만 했었다. 특히 신성로마 제국과 합스부르크 제국 등 여러 외세의 오랜 지배 기간은 슬로베니아인들로 하여금 자연스럽게 이들 외세의 사회와 문화 그리고 정치, 경제적 영향을 받아들이게 하였으며, 오늘날까지도 이러한 영향이 슬로베니아 곳곳에 현존해 있는 게 사실이다. 하지만, 남슬라브족의 일파인 슬로베니아인들은 이러한 역사적 약점과 소수 민족이라는 한계에도 불구하고, 자신들의 고유 언어를 계속 유지, 발전시키려 노력했으며, 이를 바탕으로 제국의 사회와 문화에 일방적으로 동화되지 않은 채 그들만의 문화와 민족 정체성을 새롭게 발전시켜 왔다.

슬로베니아인들의 의식과 언어를 바탕으로 한 독자적 문화 발전에 가장 큰 영향을 미쳤던 사건은 바로 19세기 민족주의의 도입과 나폴레옹의 지배라 할 수 있을 것이다. 민족주의의 도래는 그동안 막연히 계급에 따라 '우리'와 '그들'을 구분해 왔던 슬로베니아인들의 의식 속에 언어, 관습, 음식과 의복 등 문화적 기준에 따라 서로 간의 분리 기준점을 제시하는 계기를 마련해 주었다는 점에서 의미가 크다 하겠다. 무엇보다도 19세기는 민족주의가 전 유럽을 지배하고 유럽 내 민족들이 그 영향 하에 있었다는 측면에서 유럽 내 민족들에게는 물론 슬로베니아인들에게도 매우 중요한 시기라 말할 수 있다. 특히, 19세기 초 나폴레옹 유럽 원정과 오스트리아 제국의 패배 결과 슬로베니아는 류블랴나를 중심으로 한 일리리아 속주로 편입되었고, 이후 프랑스의 영향력 하에서 한 동안 새로운 민족주의 시대정신과 다양한 개혁의 바람을 직접 경험할 수 있었다. 이것은 오랫동안 오스트리아 제국의 지배 하에서 그들의 민족적, 문화적 정체성을 제대로 인정받지 못한 채, 제국에 복속되어 살아야 했던 슬로베니아 민중들의 의식을 크게 자극하였고, 크게 각인되게 된다. 따라서 나폴레옹이 패망한 후 다시 슬로베니아를 지배하게 된 오스트리아 제국이 나폴레옹이 남긴 개혁과 의식을 타파하고 과거의 제국주의 시대정신으로 돌아가려 했지만, 이미 슬로베니아 민중들과 유럽인들의 가슴속에 새겨진 '통일된 슬로베니아'를 향한 민족주의 열망조차 되돌릴 수는 없었다. 그 결과 1848년 파리혁명이 발생한 후, 슬로베니아 민중들은 다시 한 번 그들의 민족의식을 불러 일으켰고 이후로 세르비아인, 크로아티아인인 등 다른 남슬라브족들과의 연대를 통한 남슬라브족 민족주의를 계속 이어나가려 노력하게 된다.

이후, 오스트리아 제국에 대한 계속된 미련 그리고 '통일된 슬로베니아'에 대한 아쉬움 이 존재하였지만, 슬로베니아인들의 이러한 열망은 남슬라브족 민족국가 수립에 대한 의지로 이어졌고 제1차 세계대전이 끝난 이후 최초의 남슬라브족 통합 국가인 '세르비아-크로아티아-슬로베니아 왕국' 수립이라는 결실을 만드는 데 기여하게 된다. 비록, 새로운 통합 국가 내에서 남슬라브 민족들 간의 일련의 갈등과 반목이 지속되었지만, 슬로베니아가 함께 한 남슬라브족 통합 운동은 이후 사회주의 유고슬라비아 연방 하에서 티토가 내세운 민족 간 통합 정책, 즉 유고슬라비아주의 정신으로 이어졌으며, 이후 이 정신은 20세기 동안 다양한 문화와 민족으로 구성되어 있던 과거 유고슬라비아 내 민족들을 하나로 묶는데 중요한 이론적 토대를 제공하였다고 할 수 있다.

제2절, 크로아티아

-언어적 통합을 통한 독립 남슬라브 국가 건설

19세기 민족주의 시대, 크로아티아를 읽는 역사 키워드
18세기 미국 독립 전쟁과 프랑스 혁명을 계기로 일어난 민족주의는, 19세기에 들어와 나폴레옹 유럽 원정을 통해 크로아티아를 비롯한 발칸유럽의 모든 민족들에게로 확산되게 된다. 민족주의가 도래할 당시 크로아티아는 합스부르크 제국(1867년 이후론 오스트리아-헝가리 이중 제국으로 변경)을 비롯한 외세 지배 하에서 지역적, 민족적 그리고 문화적으로 서로 분열된 상태에 처해있었다. 이러한 현실 속에서, 당시 민족주의에 심취하였던 크로아티아의 지식인들은 크로아티아의 정치적 통합과 민족 간 단결을 유도하기 위해 크로아티아 내에서 가장 광범위하게 펼쳐져 있던 '쉬토 방언'을 중심으로 한 언어적 통합운동을 우선적으로 전개하게 된다. 이 운동은 이후 외세 지배를 벗어나 자신들의 민족-국가(Nation-State)를 수립하기 위한 '일리리아주의'로 발전하게 되었으며, 이후 1848년에 일어난 2월 파리혁명과 여러 역사적 중요 사건들을 거치면서 일리리아주의는 점차 남슬라브족 통합운동인 '유고슬라비아주의'로 변모하여 발전되게 된다. 이를 배경으로, 본 내용에서는 19세기 민족주의 시대에 크로아티아에서 일어났던 일리리아주의와 이를 모태로 발전한 유고슬라비아주의가 어떠한 역사적 배경과 과정을 거치며 20세기 남슬라브족 통합국가의 토대가 되었는지, 그리고 이러한 민족주의의 양태들이 남슬라브족들 그중에서도 특히 크로아티아인들에게 가져다 준 의미는 무엇이었는지에 대해 분석하고자 한다.

I. 생각하기

18세기말 서유럽에서 시작된 민족주의는 19세기 중엽 이후에는 당시 여러 제국들 지배 하에 놓여 있던 중부유럽과 발칸유럽 전역으로 확대되게 된다. 이러한 민족주의 여파로 인해 크로아티아는 당시 합스부르크 제국(1866년 이후 오-헝 이중 제국으로 변경) 하에서 민족의 권리와 독립을 추구하기 위한 여러 움직임을 전개하여 갔다. 이러한 움직임의 대표적인 사례로는 크게 두 가지를 들 수 있는데, 그것은 19세기 초 크로아티아의 언어 개혁을 통해 크로아티아 내 민족 통합을 주도해 나가려 했던 '일리리아주의'와 19세기 중엽 파리 2월혁명을 계기로 이전의 일리리아 운동을 확장해 남슬라브 민족의 통합을 구체화하려 했던 '유고슬라비아주의'라 할 수 있다.

19세기 초 당시 크로아티아는 오랫동안 오스트리아의 영향을 받고 있던 북부 크로아티아, 세르비아인이 다수 거주하면서 헝가리의 강력한 영향력 하에 있던 슬라보니아, 경제·문화적인 면에서 이태리의 영향력을 벗어나지 못하고 있던 달마티아와 이스트라 지방 그리고 상대적으로 경제·문화적 소외지역으로 헝가리의 지배를 받고 있던 크로아티아 내륙 지방 등으로 나뉘어져 있었다. 이러한 현실 속에서 19세기 당시 유럽에서 팽배해 있던 민족주의 사상에 영향을 받은 크로아티아 지식인들은 크로아티아의 통합과 크로아티아인들의 민족 정체성 구축을 위해선 무엇보다도 언어적 통일과 개혁이 필요하다는 인식을 지니고 있었다. 이에 따라 크로아티아 대부분 지역에서 쓰이고 있던 쉬토(Štokavski) 방언을 기초로 언어 개혁을 토대로 한 일리리아 운동에 돌입하게 되었고, 이러한 운동의 결과 이전까지 크로아티아에서 보편적 언어로 상용되고 있던 헝가리어와 이태리어 그리고 게르만어를 대신해 크로아티아어가 자리를 잡게 된다. 또한 이러한 언어 개혁을 토대로 출발한 일리리아 운동은 곧 이어 크로아티아 전 지역의 정치적 통합 운동으로 확대되게 되었다.

19세기 중엽에 들어와 크로아티아는 당시 급격하게 변화하고 있는 국제정세에 영향을 받게 된다. 특히 1848년 2월에 있었던 파리혁명과 뒤이은 제국 내 헝가리 반란과 진압은 당시 크로아티아의 통합과 민족 정체성 확립에 관심을 지니고 있던 크로아티아 지식인들 사이에 일리리아 운동을 확대해 남슬라브족 통합 국가건설을 전제로 한 유고슬라비아주의 운동으로의 발전이 필요하다는 인식을 확산시켜 주었다. 이러한 유고슬라비아주의는 1850년 크로아티아와 세르비아 언어학자들 간에 맺은 '비엔나 어문협약(Književni dogovor)'을 통해 통일된 표준어로 세르보-크로아티아어를 탄생시켰다. 또한 일리리아 운동의 효과가 본격적으로 나타나기 시작한 1870년대 이후 유고슬라비아주의는 달마티아, 이스트라 그리고 슬라보니아 지방 내에 크로아티아 정치적 통합이 가시화되면서부터 본격적인 발전의 기초를 마련하게 된다. 이와 함께 1878년 베를린 조약에 따른 오스트리아의 보스니아 병합(1908년 완전 합병)과 오스만 터키제국의 쇠퇴에 따라 오랫동안 자치 지역으로 남겨져 있던 '전선(Military front/ Vojna granica)'이 1881년 크로아티아 영내로 편입되게 되면서 크로아티아인들과 세르비아인들 사이에는 오랜 시기동안 끊어져 왔던 상호 인적 교류와 정치적 유대관계가 보다 더 활발히 이루어지게 되었고, 이에 따라 양 민족을 중심으로 남슬라브족 통합국가에 대한 이상도 확산되어 갔다.

이 절에서는 이러한 연구배경을 바탕으로 19세기 민족주의 시대에 보인 크로아티아의 역사적 상황에 맞추어 당시 민족주의의 영향으로 나타난 일리리아주의와 유고슬라비아주의의 형성과정과 그 의미를 살펴보고자 한다.

본 글의 구성을 보면 우선 제2장에서는 19세기 민족주의시대를 맞아 제국의 지배 하에서 오랫동안 분열되어 왔던 크로아티아의 통합을 위해 선택하였던 언어통합운동이 일리리아주의로 확대되어 크로아티아의 정치적 통합운동으로 발전되어 가는 과정을 살펴보게 될 것이다. 제3장에서는 19세기 중엽 이후 일련의 세계사적 의미를 지니는 사건들 속에서 크로아티아 내 민족주의의 한 양태인 일리리아주의가 어떻게 변화, 발전하게 되었는지를 살펴보게 될 것이다. 여기서는 특히 19세기 중대한 역사적 사건들 즉 1848년 2월 파리혁명과 1867년 이중 제국의 수립 그리고 1878년 베를린 조약 등의 사건들이 크로아티아에 끼친 영향과 그 의미를 살펴보고, 당시 제국의 지배 하에서 대표적 민족주의 양태로 나타났던 유고슬라비아주의가 어떻게 발전, 확대되게 되었는지를 알아보게 될 것이다. 마지막으로 제5장에서는 19세기 민족주의의 파급이 크로아티아와 그 민중들에게 미친 영향과 그 의미에 대해 다시 한 번 언급함으로서 결론을 정리하고자 한다.

II. 언어 통합 운동과 일리리아주의

1683년부터 다시 시작된 오스만 터키제국의 유럽침공은 명맥만 유지하고 있던 헝가리의 모든 자원을 파괴하였다. 그러나 제2차 비엔나 전투에서 합스부르크 제국은 오스만 터키제국의 공격을 잘 막아내었고, 이어 1686년에는 오스만 터키제국에 함락되었던 부다페스트를 그리고 1687년에는 헝가리가 빼앗겼던 중부유럽 대부분의 영토를 합스부르크가 다시 회복시켜주게 된다. 하지만 회복된 헝가리의 영토는 합스부르크 지배 하로 들어갔으며, 헝가리로부터 오스만 터키제국의 후퇴와 이후 1699년 오스만 터키제국과 합스부르크 제국 간에 맺어진 스렘스키 카를로브찌 조약으로 인해 헝가리 전 지역과 크로아티아를 비롯해 헝가리가 이전까지 지배하고 있던 남슬라브지역의 모든 통제권이 합스부르크로 넘겨지는 결과를 낳게 된다.[127] 이후 헝가리는 합스부르크 제국으로부터 자치권을 회복

127) 18세기 세르비아에 대한 영향력 확보를 둘러싼 오스만제국과 합스부르크 제국 사이의 충돌과정과 그 의미에 관해선 Michael Boro Petrovich, *A History of Modern Serbia 1804-1918 Vol. I.* (New York and London: Harcourt Brace Jovanovich. 1976), pp. 19-23 참조.

하고 과거의 영광을 재현하고자하는 모든 노력을 기울였고, 특히 1703년에 있었던 대규모 저항을 통해 헝가리는 합스부르크로부터 어느 정도의 자치권을 회복함과 더불어 크로아티아 등 일부 남슬라브 지역에 대한 통치권을 다시 회복하게 된다.

18세기 말에 들어와 헝가리 지식인과 개혁가들을 중심으로 오스트리아가 주축이 된 합스부르크 지배에 반발하는 조직적인 독립투쟁이 점차 확대되게 된다. 당시 이들은 나폴레옹 혁명전쟁에 따른 민족주의 발현에 큰 감명을 받았고 자신들도 합스부르크의 간섭에서 벗어나 독자적인 헝가리 민족국가를 세우고자 하는 열망에 휩싸여 있었다. 19세기 초 나폴레옹의 유럽원정과 함께 민족주의는 유럽 내에 급속하게 확대되었고, 헝가리하의 크로아티아에도 또한 커다란 영향을 미치게 된다. 1805년 프랑스는 아드리아 해의 전략 요충지이자 상업적 중요 지역이었던 이스트라 반도와 달마티아 연안을, 이어 다음 해엔 크로아티아의 중세 도시이자 과거 오랫동안 자치 공국으로 상업적 번영을 구가해 왔던 두브로브니크를 장악하였다. 이후 1809년에 들어와서는 사바 강 남쪽의 모든 크로아티아 영토와 현재 슬로베니아의 수도인 류블랴나를 자신의 영향력 하로 편입시킨 후 프랑스는 이 지역에 광범위한 사회 개혁을 단행해 나갔다.[128] 이어 프랑

128) 하지만 프랑스의 아드리아 해상 항로의 장악은 곧 이어 발칸유럽에 기득권을 유지하려는 러시아 그리고 인도와 중부유럽 간 교역을 위해 이 지역을 활용하고 있던 영국의 강력한 반발을 낳았다. 따라서 1805년 러시아는 달마티아의 최남단 지역인 현 몬테네그로의 코토르(Kotor)만 연안 일대를 점령함으로써 유럽과 아시아를 잇는 아드리아 해를 실질적으로 봉쇄하는 정책을 구사하였다. 영국도 이곳에 해군을 증강하여 인도에서 가져온 영국의 상품들과 중부 유럽 상품들의 교환을 통해 나폴레옹의 영국에 대한 봉쇄정책을 타파하려 하였다. 또한 영국은 이스트라 반도의 북단에 위치한 트르스트(Triest/ Trst)와 아드리아 해의 비스(Vis) 섬 등을 장악해 프랑스에 압박을 가하고 있었다. Ivo Goldstein, *op. cit.,* p 57.

스는 비록 짧은 기간(1812-1815)이었지만 자신들이 점령한 달마티아와, 크로아티아 내륙 그리고 슬로베니아 일부지역을 '일리리아 지방'이란 명칭으로 자신들의 속주로 편입시키게 된다.

르네상스 시대 이후 '일리리아'라는 명칭은 고대 및 로마-비잔틴 시대의 일리리아 지역(현재의 발칸반도에 위치한 구(舊)유고슬라비아 지역)에 살았던 주민들의 전체나 일부를 가리키는 이름으로 사용되어 왔었다. 이 명칭은 사용자에 따라서 크로아티아인, 세르비아인 또는 슬로베니아인을 의미할 수 있었고 아니면 남슬라브인 전체를 의미할 수도 있었던 이름이었기 때문에 다른 종족명보다 전통적이면서도 중립적인 이름이었다.[129)] 이 명칭에 대한 사용은 이미 19세기 이전부터 크로아티아 지역에서 널리 사용되어 오고 있었는데, 특히 중세 시대에 지식인 계층을 대변하고 있던 여러 가톨릭 성직자들이 가톨릭의 확산을 통해 이 이념을 자주 활용하게 되면서 알려지게 된다. 1525년 도미니크 수도회의 사제였던 빈코 프리보예비치(Vinko Pribojević)는 자신이 쓴 저서에서 언어와 문화에 있어 슬라브족으로 이해되는 일리리아인들의 존재를 소개하였고, 역시 도미니크 사제였던 유라이 크리자니치(Juraj Križanić)는 17세기 중엽 일리리아 이념을 보다 더 확대시켜 세르비아인, 크로아티아인, 불가리아인들을 큰 나무인 슬라브 민족에서 나온 일리리아 줄기에서 서로 갈라져 나온 가지들로 묘사하기도 했다.[130)] 즉 일리리아라는 이러한 명칭은 당시 나폴레옹 점령 시기동안 잠시 이 지역에 적용되었던 행정상 그리고 문학작품 속에 그려지던 문학상 명칭에서 자주 인용되었지만, 더 나아가 살펴보자면 로마가 이 지역을 정복하기 이전 발칸유럽을 넓게 장악하고 있었던 고대 일리리안

---

129) 김성환, "유고슬라비아주의와 언어문제", 『동유럽 연구』, Vol. 10, No. 1, (한국외국어대 외국학 종합연구센터 동유럽·발칸연구소, 2001), p. 116에서 재인용.

130) 임영상·황영삼 (공편), *op. cit.*, pp. 313-314 참조.

부족의 명칭에서 유래한 것이라 볼 수 있다. 일리리아주의가 확산되던 당시 남슬라브인들 사이에서는 이미 자신들이 발칸지역의 선주민이었던 고대 일리리아인들의 후손이라는 생각들이 널리 퍼져 있었고, 당시 이런 분위기 속에서 크로아티아 지식인들은 분열되어 있던 크로아티아의 통합을 위한 방안으로 일리리아라는 명칭 사용을 선택하게 된 것이다.

이러한 국내외 상황 속에서 크로아티아의 성직자들과 지식인들은 근대화를 향한 활발한 움직임을 전개해 가고 있었다. 현 크로아티아의 수도인 자그레브의 주교였던 막시밀리안 브르호바쯔(Maksimilijan Vrhovac)는 1794년부터 30여 년 간 인쇄기를 통해 크로아티아의 문예 부흥을 위한 수많은 크로아티아 문학, 과학 그리고 종교 서적들을 출판하였다. 이어 그는 자그레브 최초의 시민 병원을 수립하였고, 1819년에는 '아카데미 도서관(Akademička biblioteka, 후에 '크로아티아 국립대학 도서관'으로 발전)'을 여는데 앞장을 섰다. 그는 또한 도서관의 서적 수집에도 앞장서 자신의 도서들을 기증함과 동시에 주변 성직자들에게도 크로아티아 구전 민요와 고대 일리리아 부족의 전설들에 관한 자료들을 수집할 것을 독려하게 된다. 프랑스 혁명의 영향을 받았던 요시프 쉬푸쉬(Josip Šipuš)는 크로아티아 최초 경제서적(Temelji žitne)을 출간하면서, 무역의 발전과 진보를 위한 조건의 하나로써 언어 통일의 중요성을 강조하였다. 실제 당시 민족주의 시대에 들어오게 되면서 유럽은 민족-국가의 부흥을 위한 첫 번째 조건으로 언어의 중요성을 인식하고 있었다. 이러한 분위기는 곧 이어 유럽 각 지역에서 자 민족의 독자적이고 보편적인 언어 개발과 보존 그리고 확대를 장려하는 움직임을 낳았다.[131] 하지만 그 시기 크로

131) 베네딕트 앤더슨(Benedict Anderson)은 민족주의 의식의 기초를 형성하는데 있어 언어의 중요성을 매우 강조하고 있으며, 특히 동일한 언어 교환과 인쇄 자본주의 발달로 인한 '활자어(print-languages)'를 통해 동질 집단의식이 발달하게 되고 민족이란 주관적 개념을 형성하게 된다고 주장하였다.

아티아는 제국들의 지배와 강대국들의 영토 분할로 인해 정치·문화적으로 분열되어 있었고, 지방주의가 높아져 가고 있었다. 크로아티아 북부와 슬로베니아 지역의 공용어로 라틴어가 쓰이고 있는 것과는 별개로, 대부분의 크로아티아 각 지역에선 세 가지 방언들 즉 현재의 슬라보니아 지방과 보스니아(Bosnia) 접경지역 그리고 자그레브를 기준으로 동부지역에는 쉬토(Štokavski) 방언이, 아드리아 해안과 달마티아 연안 지역에는 차(Čakavski) 방언이 그리고 자그레브를 포함해 북서부 지방에는 카이(Kajkavski) 방언이 주류를 이루고 있었다. 따라서 영토와 민족 간 분열을 극복하고, 크로아티아 민족국가 통합의 기초를 두기 위한 방법으로는 무엇보다도 공통 표준어로서의 크로아티아어 수립과 도입이 필수적인 것으로 인식되고 있었다.

이러한 사회적 분위기와 인식에 따라 1829년 크로아티아 내 언어 통일과 외세로부터 자유롭고 강력한 남슬라브 국가건설을 목표로 당시 언론인이자 언어학자였던 류데비트 가이와 자그레브 지식인들은 '일리리아 운동'을 일으키게 된다. 당시 가이와 이를 지지하는 세력들에 의해 추진된 언어 통일 운동은 19세기 들어 표출된 '크로아티아 국가 부흥'을 위한 첫 번째 정치·문화 운동이었으며, 그 특성상 언어적 통합을 민족 정체성 회복을 위한 주요 수단으로 채택하고 있었다. 실제 이들의 궁극적인 목적도 언어적 통합을 기초로 한 크로아티아 민족의 정치적, 사회적, 그리고 경제적 통합에 있었다. 그리고 이들은 이러한 통합이 크로아티아를 넘어 발칸 전체 남슬라브인의 통합으로 이어져야한다는 이상을 펼쳤고, 이 운동에 대한 호응을 보였던 달마티아의 일부 지식인들은 우선 단계로

Benedict Anderson, *op. cit.*, pp. 46-47; 언어와 민족주의의 상관관계에 대한 논의는 권혁재, "부크 카라지치(Vuk Karadžić)와 세르비아의 언어적 민족주의 연구", 『동유럽 발칸학』 Vol. 4, No. 1, (한국동유럽 발칸학회, 2002), pp. 35-42를 참조.

크로아티아 지식인들과 연합하고, 뒤이어 크로아티아, 슬라보니아 그리고 달마티아의 통합을 조건으로 하는 정당건설을 추진하여 갔다.[132)]

그 누구보다도 가이는 통일된 남슬라브 민족과 하나의 남슬라브어 탄생이라는 이상을 현실로 옮기기 위한 여러 문화 운동을 활발히 전개하게 된다. 1830년 가이는 '크로아티아 철자법 기초(Kratka osnova hrvatskog pravopisa)'라는 책을 통해 모든 남슬라브인들, 특히 라틴 알파벳(Latinica; 세르비아와 몬테네그로, 마케도니아 그리고 불가리아에선 문자상 치릴 알파벳(Ćirilica)을 선호하고 있었음)을 쓰고 있는 사람들을 위한 단일화된 철자법 개발을 소개하였다. 이러한 가이의 제안은 실제적으로 당시 외세 지배로 분열되어 있던 근대 크로아티아의 민족 단결과 국가통합을 향한 첫 걸음으로 인식되었다. 1832년 가이는 크로아티아의 마르세예즈(Croatian *Marseillaise*)로 불릴 정도로 유명해진 '크로아티아의 화합과 단결(Hrvatova sloga i zajedinjenje)'이라는 시를 썼다. 이것은 이후 '크로아티아여 영원하라!(Još Hrvatska ni propasta!)'로 알려지면서 흩어져 있던 크로아티아인들의 결집과 단결에 중요한 영향을 미쳤고, 다른 슬라브 민족들과의 유대 관계에도 긍정적인 영향을 미치게 된다. 이어 1835년부터 가이의 주도에 의해 '크로아티아 신문(Novine Horvatske)'이 출간됨으로서 크로아티아 독립국가를 부흥시키고자 하는 운동이 본격적으로 시작되었다. 이어 그는 일리리아 운동을 주도할 문학잡지 '크로아티아,

132) 당시 가이의 취지에 적극 지지를 표시하고 따랐던 집단들 모두가 크로아티아인만은 아니었다. 무엇보다도 가이 자신도 가족의 뿌리가 슬로바키아인으로서 이 운동에는 크로아티아인과 더불어 슬로베니아인(Stanko Vraz...), 그리스인 (Dimitrije Demeter...), 그리고 세르비아인등이 참여하고 있었다. 또한 일리리아 운동을 주도하였던 세력은 한때 나폴레옹에 의해 지배를 받았던 달마티아지역과 크로아티아, 슬로베니아 일부지역 중산층과 지식인들 그리고 서유럽에서 자유주의 사상을 배워온 남슬라브 신진 지식인들이었다. 김철민, *op. cit.,* 1997, p. 164.

슬라보니아 그리고 달마티아 다니짜(Danica Hrvatska, Slavonska i Dalmatinska)'를 간행하고 이를 통해 남슬라브어 통합을 위한 구체적인 이론과 정서법 문제를 다루어 나갔다. 이러한 그의 사상과 이론에 고무된 많은 학자들이 한 자리에 모이게 되고 또 이들의 활동에 힘입어 최초의 크로아티아 문법서가 출판되는 등 크로아티아어와 관련된 많은 언어학 서적들이 출판되게 된다.

이러한 움직임을 지지하고 있던 얀코 드라쉬코비치 백작(grof Janko Drašković: 1770-1856)은 미래 크로아티아 독립국가 건설을 전제로 1832년 언어 통일 문제를 강력히 들고 나왔다. 그는 크로아티아어로 된 첫 번째 소(小) 논문 ('친애하는 특사에게 보내는 논문 또는 좌담(Disertacija ili razgovor darovan gospodi poklisarom)')에서 봉건 체제와 경제 문제를 타파하기 위해 자본가 계급의 성장 등 새로운 개혁이 필요함을 역설하면서, 크로아티아의 독립과 공식 언어로써 당시 크로아티아 상당 지역에 광범위하게 퍼져있던 '쉬토 방언'의 적용을 요구했다. 여기에는 또한 향후 크로아티아 독립국가의 영토적 범위로 크로아티아, 슬라보니아 그리고 달마티아 지방 외에도 이웃하고 있는 슬로베니아와 보스니아를 통합해 '일리리아 왕국'을 수립하자는 의견을 제안하게 된다. 크로아티아 국회는 드라쉬코비치의 제안을 받아들였고, 이어 이러한 그의 주장은 특히 중산계급들을 중심으로 지지를 얻게 된다. 1838년 드라쉬코비치는 다시 한 번 언론을 통해 '대(大) 일리리아(Velika Ilirija)'라는 남슬라브 민족국가에 대한 이상을 표출하였다. 이후 이러한 이상에 따라 크로아티아의 언어학자들은 크로아티아인들 사이에 가장 넓게 퍼져있으며, 세르비아인들에게도 쓰이고 있던 '쉬토 방언'을 중심으로 표준어(književni jezik) 통일 운동을 전개해 나갔다. 일리리아주의자들은 이를 통해 당시 분열되어 있던 남슬라브 언어를 통합시키고, 이를 정치적 통합 운동의 중요 초석으로 삼으려 했다. 이후 이 언어는 '일리리아어'로 불리게 된다. 실제 당시 슬라브어를 연구하는 전문가들과 크로아티아인들 사이에선 "모든 슬라브인은 러시아어, 체코슬로바키아어, 폴란드어, 그리고 일리리아어 4가지 방언을 사용하는 하나의 민족"이라는 이상적인 남슬라브 민족주의가 확대되고 있었다.[133)]

반면 크로아티아에서 이러한 일리리아주의를 중심으로 한 남슬라브족 통합 운동이 전개되고 있던 상황과는 별개로, 슬로베니아와 세르비아에서는 자신들의 민족통합과 민족국가 수립에 대한 열망이 확대되고 있었다. 합스부르크가 지배 하에서 슬로베니아인들은 오랜 동안 자신들의 표준어 개발에 주력하고 있었는데, 19세기 민족주의 시대에 들어와서는 교회 예배와 예배법을 적용할 때 슬로베니아어를 사용하는 등 문화적 게르만화에 직면하여 슬로베니아의 문화와 언어를 수호하려는 움직임이 확대되고 있었다. 또한 세르비아도 18세기 초 제1, 2차 세르비아 혁명의 성공에 따라 수립된 자치 공국을 중심으로 세르비아인의 통합과 세르비아 민족국가 수립에 대한 열망에 휩싸여 있었다. 따라서 일리리아주의는 당시 일반 슬로베니아인들과 세르비아인들의 정서와는 분명한 거리감이 존재하고 있었다. 이에 대해 아들러(Adler)는 "(당시) 일리리아주의가 이후 범슬라브주의를 표방하였으나 어디까지나 크로아티아인들을 중심으로 한 통합을 전제로 하였기 때문에 정치적으로 흡수당할 우려를 가지고 있었던 슬로베니아인들이나 나름대로 자기 종족 중심의 남슬라브인 통합 프로그램을 가지고 있었던 세르비아인들을 끌어들이는 데는 성공할 수 없었다"고 주장하고 있다.[134)] 어쨌든 이런 주변상황에도 불구하고 크로아티아에서의 일리리아주의는 크로아티아 국가 의식을 위한 기초와 남슬라브족 연대 사상을 바탕으로 근대 크로아티아 민족의 단합과 통합에 많은 영향을

133) Ivan Božić, Sima Ćirković, Milorad Ekmečić and Vladimir Dedijer, *op. cit.*, pp. 238-239; Fred Singleton, *op. cit.*, 1985, p. 74.

134) 김성환, *op. cit.*, 2001, p. 117에서 재인용.

미치게 된다.

일리리아주의자들은 이러한 언어 통일 운동을 전개함과 동시에 대(對)헝가리 정치투쟁에도 적극성을 보였다. 이것은 크로아티아 민족에 대한 헝가리의 지나친 마자르화 정책에 대한 반감에서 비롯된 것이라 볼 수 있으며, 이러한 양측 간의 갈등은 크로아티아와 헝가리 간의 관계 설정 문제로까지 확대되게 된다. 1825년 합스부르크 황제의 칙령에 의해 소집된 크로아티아 국회에서 크로아티아 대표들이 크로아티아 내 모든 국민에게 교육어로서 헝가리어 도입을 요구하고 있던 헝가리 귀족들과 충돌하는 사건이 발생하였다. 1830년 헝가리는 크로아티아 내 모든 학교에 헝가리어 도입을 다시 강력히 요구하였다. 이어 헝가리와 크로아티아의 관계를 설정함에 있어 양국 간의 관계가 동맹관계라기보다는 크로아티아의 영토와 민족이 헝가리의 지배 하에 놓여있는 종속관계임을 분명히 함으로서 크로아티아인들의 강력한 반발을 낳게 된다. 이에 따라 1830년 크로아티아 의원이었던 요시프 쿠쉐비치(Josip Kušević)는 크로아티아 국가의 기원 그리고 1102년 크로아티아 귀족들과 헝가리 국왕 사이에 맺은 계약 내용과 이에 바탕을 둔 양국 관계에 대한 상세한 설명을 발표해야만 했다("O municipalnim pravima i statutima kraljevina Dalmacije, Hrvatske i Slavonije"). 이러한 헝가리의 압력 속에서 일리리아주의자들은 크로아티아어를 지역적 방언에서 탈피시켜 하나의 표준어로 승격시키고자 노력하였고, 그 결과 1832년 크로아티아 귀족의회인 사보르(Sabor)에서 크로아티아어가 의회 공식 언어로 인정되는 성과를 얻게 된다. 이어 크로아티아어가 크로아티아 고등교육에 도입되었고, 일부 대학에서는 크로아티아어를 선택 과목으로 가르치는 것이 허용되었다. 이후 크로아티아인과 헝가리인 간에 확대되기 시작한 충돌은 1848년 2월 파리혁명 이후 그 절정에 달하게 되는데, 이러한 양측 간의 갈등과 충돌은 최초의 남슬라브족 통합 국가가 등장한 1918년까지 미해결로 남겨지게 된다.

헝가리와의 갈등 속에서 일리리아주의자들은 크로아티아 독립국가의 건설과 권리획득에 그들의 우선 정책을 삼았으며, 남슬라브 민족의 문화 사상 확대와 보급을 장려하는데 앞장서고 있었다. 이들의 노력 결과 1842년 '일리리아 문화협회(Matica Ilirska)'[135)]가 자그레브에 설립되는 등 일리리아주의의 이념과 사상은 점차 크로아티아 신문들과 문학잡지를 통해 일반 시민들에게 알려지게 되었고, 크로아티아 전역으로 확산되게 된다. 하지만 크로아티아 독립국가 건설을 목표로 한 일리리아주의의 확산은 곧 이어 헝가리의 강력한 견제와 반발을 낳게 된다. 헝가리는 우선 헝가리의 정책에 동조하는 크로아티아 일부 보수 귀족들과 당시 합스부르크 제국의 정책에 상대적으로 우호적이었던 크로아티아 북서부 지역인 카이 방언지역의 주민들을 동원해 '쉬토 방언'을 중심으로 한 크로아티아 언어 통일 운동을 방해하고자 했다. 이러한 헝가리의 분열정책에 따라 1841년 크로아티아에는 친(親)헝가리주의자들을 중심으로 한 크로아티아-헝가리 정당이 설립되게 된다.

이러한 분열정책과 함께 헝가리는 크로아티아에서 일어나고 있는 일리리아주의의 확대를 막기 위해 '일리리아'라는 단어의 사용을 금지하고자 했다. 1843년 헝가리 의회는 헝가리와 슬라보니아 그리고 크로아티아지역에서 헝가리어를 모든 학교와 관공서에서 공식어로 사용할 것을 의무로 하는 법안을 통과시켰다. 이 법에 대해 크로아티아는 제국 내 크로아티아의 자치권을 침해하는 법안이라며 반발하였고, 헝가리로부터 정치적 분리를 요구하는 탄원서를 제국의 수도인 비엔나에 보냈다. 하지만 비엔나정부는 크로아티아에서 일기 시작한 다양한 문화 활동들을 지지한다는 점과 헝가리로부터 크로아티아 민족의 권리가 보호되어야 한다는 원칙적 입장에도 불구하고 '일리리아'라는 용어의 사용을 금지시킨다는 칙령을 포함한

135) 이 협회는 1874년 '크로아티아 문화협회(Matica Hrvatska)'로 개명된 이후 크로아티아의 대표적인 문화학회로 발전하였다.

크로아티아의 탄원서와 기타 모든 문서를 헝가리어로 다시 써 부다페스트로 돌려보내 버렸다.[136)]

이러한 제국의 이중정책은 크로아티아인들에게 제국 내에서 자신들의 권리가 제대로 인정받지 못하고 있음을 확신시켰고, 이후 헝가리의 압력에 대한 저항과 더불어 헝가리와 제국의 지배에서 벗어나 크로아티아 독립과 남슬라브 민족국가의 건설을 추구하려는 운동을 더욱 더 가속화시키는 결과를 낳았다. 실제 이 일이 있고 난 후 1843년 이반 쿠쿨레비치(Ivan Kukuljević)는 크로아티아 국회에서 가진 연설을 통해 크로아티아가 직면해 있는 현실적 고통과 억압에 대해 신랄한 비판을 가하였다. 그는 연설문에서 "우리 민족들 의식 속에는 라틴인, 독일인, 이태리인, 헝가리인, 슬라브인의 특성이 서로 조금씩 섞여 있어 훗날 이러한 모든 것이 하나로 합쳐질 때, 솔직히 우리는 아무것도 아닌 존재가 되어 버릴 것이다. 사라져버린 로마 언어 그리고 현존하는 헝가리어와 이태리어가 우리 민족어의 주인 역할을 하고 있다. 살아있는 것이 우리를 위협하고 죽은 것이 우리의 숨통을 꽉 조이고 있는 게 우리의 현실이다"라고 당시 크로아티아의 정체성에 대한 탄식과 비판을 함으로서 크로아티아의 미래에 대한 크로아티아인들의 의식을 깨우치고자 했다.[137)] 실제 그의 이 연설은 헝가리에 대한 크로아티아인들의 언어 투쟁에 있어 중요한 전환점을 제공하게 된다. 이후 1845년 크로아티아 자치 정부가 다시 부활되었고, 상실된 모든 특권들이 회복되게 되었으며, 자그레브 학술원이 대학으로서의 지위를 획득하게 된다. 이와 동시에 헝가리 교구로부터의 행정상 독립을 의미하는 자그레브 주교관구의 대주교관구 승격이 이루어지게 된다. 이러한 언어 투쟁

---

136) 합스부르크 제국의 이러한 이중적 정책의 배경에는 당시 제국의 입장에서 보았을 때 제국 내 가장 큰 소수민족으로 제국의 안정에 위험스런 존재로까지 부각된 헝가리에 대한 견제에서 비롯된 것이라 볼 수 있다.

137) Ivo Goldstein, *op. cit.*, p. 65.

속에서 당시 일리리아 학자들에 의해 이룩된 크로아티아어의 표준화 노력은 이전의 어떠한 문화 활동보다도 크로아티아어 발전에 기여했으며, 이들의 노력은 훗날 세르비아 언어학자인 부크 카라쥐치와 함께 1850년 '비엔나 어문 협약'을 통해 통일된 표준어인 세르보-크로아티아어를 탄생시킴으로써 그 결실을 이루게 된다.[138)]

언어적 통합 운동에서 비롯된 일리리아주의 운동은 점차 모든 슬라브인들의 정치적 통합운동인 유고슬라비아주의 운동으로 확대되었다. 실제 남슬라브 민족주의에 기초한 이 운동은 당시 다(多)민족 사회로 이루어진 합스부르크 제국 내의 여러 소수 민족들을 자극시켰고, 체코(Czech)와 슬로바키아(Slovakia)인들의 통합 움직임에도 큰 영향을 미치게 된다.

III. 유고슬라비아주의와 크로아티아

1. 1948년 2월 파리혁명의 영향과 의미

19세기 초 나폴레옹을 축출한 이후 유럽의 군주들은 과거와 같은 절대군주의 시대를 다시 재현하려 했으나, 프랑스 혁명과 나폴레옹의 유럽

---

138) 비엔나 어문협약에 관해서는 김성환, "구유고지역의 언어상황과 민족주의", 『동유럽발칸학』 창간호, (한국동유럽 발칸학회, 1999), pp. 21-22 과 김성환, *op. cit.*, 2001, pp. 117-118 참조; 이후 크로아티아 국회는 당시 크로아티아와 슬라보니아 지방에서 사용되고 있는 언어를 어떻게 명할 것인지에 대해 논의하였는데, 4가지 제안들 즉 국어, 크로아티아-슬라보니아어, 크로아티아어 또는 세르비아어, 그리고 남슬라브어 중 여러 차례의 논란 끝에 언어 명을 크로아티아어로 정하게 된다. 이때 이후로 19세기 말과 20세기의 정치적 상황에 따라 언어의 공식적 명칭이 바뀌기도 했으나, 실제 일상에서는 크로아티아어란 명칭이 정착하게 되었다. Ivo Goldstein, *op. cit.*, p. 79.

원정에 영향을 받았던 유럽의 여러 지역에서는 계속해서 민족주의 확산 속에 농민과 시민 소요가 확대되고 있었다. 특히 1830년대 이후 유럽 내에서 발생한 대규모 기근과 전염병 창궐 그리고 상업 활동 감소와 빈곤, 실업의 연속은 1848년 2월 프랑스 파리에서 2월혁명을 일으키게 하였고, 그 여파는 유럽의 전 지역으로 확대되어 갔다.[139)]

1848년 2월 파리혁명의 정신은 특히 제국주의 통치를 받고 있던 중·동부유럽의 전 지역으로 파급되었는데, 헝가리에선 코스수(Kossuth)가 주도하는 반(反)합스부르크 대규모 저항을 일으키게 했다. 헝가리에서 대규모 저항이 일어나자 합스부르크 제국은 헝가리 지배에 대해 적대적 입장을 취하고 있던 크로아티아인들에게 슬라보니아와 달마티아를 헝가리로부터 독립시켜주겠다는 조건을 걸어 반란 진압을 요청하게 된다. 동년 3월 크로아티아 국회는 제국의 승낙을 받아 당시 합스부르크 제국의 대령이었던 요시프 옐라취치(Josip Jelačić: 1801-1859)를 크로아티아의 지도자인 반(ban)으로 임명하였고, 그는 이어 제국을 도와 헝가리 반란을 진압할 것을 약속하였다. 당시 옐라취치는 헝가리에게 농노제의 폐지, 크로아티아, 슬라보니아, 달마티아의 통합, 그리고 독립 정부 구성을 위한 기초조건으로 헝가리로부터의 재정 독립과 재산 특권의 폐지를 요구하였다.[140)] 이러한 크로아티아의 반(反)헝가리를 통한 독립 움직임에 대해 세르비아인들은 동년 6월 당시 헝가리 지배 하에 있던 보이보디나 국회가 크로아티아와 함께 반(反)헝가리 운동에 동참한다는 선언을 계기로 지원을 약속하였다. 이러한 대(對)헝가리 투쟁을 계기로 형성된 양 민족 간의

---

139) 비록 짧은 기간 동안 치러진 혁명이었지만 유럽은 이를 계기로 이미 민족주의와 민주주의 그리고 자유주의 사상들로 충만해 있음이 확인되었다. 프레데리크 들루슈 (편), 윤승준 (역), 『새 유럽의 역사』 (서울: 까치, 1995), p. 319.

140) 1848년 2월 파리혁명이 크로아티아에 미친 영향과 당시 크로아티아의 상황에 대해서는 Marcus Tanner, *op. cit.*, pp. 82-93 참조.

연대는 크로아티아와 세르비아 정치 지도자들 간에 긴밀한 협력과 통합 운동에 대한 활발한 의견 교환을 낳게 된다. 실제 크로아티아의 반(反)헝가리 투쟁에 있어 크로아티아인들과 세르비아인들의 연대는 이후 1850년 크로아티아어와 세르비아어 간의 어문 협약의 결실을 낳는데 일조하였다. 이와 함께 크로아티아의 정치적 통합을 위해 일어난 일리리아주의 운동이 세르비아와의 연대를 통한 남슬라브족 통합 국가 건설이라는 유고슬라비아주의 운동으로 발전하는데 중요한 영향을 미치게 된다.

1848년 7월과 8월에 걸친 크로아티아와 헝가리 간에 협상이 결렬된 것을 확인한 옐라취치는 동년 9월 4만여 명의 크로아티아 징병 부대를 이끌고, 헝가리로 진격해 들어갔고, 세르비아인은 후방에서 크로아티아에 대한 지원을 강화해 나갔다. 그러나 복잡하게 얽혀 가는 합스부르크 내 피지배 민족들의 저항움직임이 자국 내에 퍼질 것을 두려워 한 러시아는 오스트리아에 대한 군사적 지원을 약속하였고, 1849년 5월 헝가리 반란은 진압되게 된다. 하지만 제국에 대한 크로아티아의 충성과 헌신에도 불구하고, 헝가리반란 진압 이후 크로아티아는 헝가리 통치로부터 자유로워질 수는 있었지만, 제국으로부터 독립을 얻어내지는 못하였다. 합스부르크는 크로아티아를 달래기 위해 크로아티아 영토의 독자성과 농노제 폐지를 약속하였으나, 실제 정책에 있어 합스부르크는 크로아티아 귀족 의회 해산과 게르만화 추진을 통해 남슬라브 민족의 통합을 적극적으로 저지하고자 했다.

19세기 초 이후 크로아티아에서 활발히 일어나고 있던 창조활동들과 민족주의 움직임은 제국의 게르만화와 이에 대한 압력으로 사라질 위기에 봉착하게 된다. 당시 이러한 상황은 크로아티아 지식인들 사이에 국가와 민족 정체성 수립에 대한 두 가지 기본적인 정치적 흐름을 낳게 하였다. 그중 하나는 최초의 남슬라브족 통합 국가의 사상적 기초를 제공한 유고슬라비아주의였고 다른 하나는 배타적인 크로아티아 민족주의였다. 남슬라브 민족들 사이에 중요한 사상적 토대로 자리 잡게 되는 유고슬라비아주의는 아이러니하게도 크로아티아인의 통합과 민족국가 수립을 그 출발점으로 하고 있던 일리리아주의의 토대 위에서 시작되었다. 유고슬라비아주의는 크로아티아인이 주로 문화·인종적인 의미에서 남슬라브족의 광범위한 가족에 속해있다는 의식에서부터 출발하고 있었다.[141] 하지만 당시 유고슬라비아주의에 대한 골드스턴(Ivo Goldstein)의 주장에서처럼 "이러한 사상적 흐름은 당시 작고 힘없는 크로아티아를 위한 최선의 틀이었고 심지어, 그들의 생존을 위한 조건이었다"라고 말할 수 있다.[142] 다른 한편, 19세기 중엽 크로아티아에선 극우 크로아티아 민족주의가 안테 스타르췌비치(Ante Starčević: 1823-1896)와 이우겐 크바테르니크(Eugen Kvaternik: 1825-1871)를 중심으로 확대되고 있었다. 이들은 민족의 새로운 가해자로 등장한 오스트리아를 크로아티아의 '역사의 적'으로 선언함과 동시에, 일리리아주의가 크로아티아 민족의 단결과 미래를 가져다 줄 거라는 일리리아주의자들의 환상은 치명적 오류라고 비난하였다. 이들은 또한 현재의 어려움을 타개하기 위한 조건으로 일리리아주의자들이 내건 세르비아와 연합한 남슬라브족 통합 국가를 건설하려는 의도 즉 유고슬라비아주의가 결코 크로아티아 민족의 번영을 가져다 줄 순 없으며, 오히려 강력한 크로아티아 민족주의 사상 아래 불가리아인을 제외한 모든 남슬라브족을 크로아티아인으로 규정해 통합해 나가자는 주장을 펼쳐나가고 있었다.[143]

---

141) 원래 유고슬라비아주의는 '(불가리아인을 포함한) 모든 남슬라브인들을 언어, 종교, 역사적 경험의 차이에도 불구하고 본질적인 정체성을 가지고 있는 공동체로 보는 사상이나 믿음' 또는 '그러한 남슬라브인들을 하나의 민족으로 통합하기 위한 열망이나 정치적 운동'등의 뜻을 가진 용어이다. 김성환, *op. cit.*, 2001, p. 114..

142) Ivo Goldstein, *op. cit.*, p. 75.

143) 이들의 이념적 근거와 주장에 대한 자세한 내용은 Ivo Banac, *op. cit.*, pp. 85-108 등을 참조.

2. 1867년 이중 제국의 수립과 크로아티아

19세기 유럽 전역에 막강한 영향력을 발휘하고 있던 민족주의가 합스부르크 제국과 오스만 터키제국의 분열을 촉진시켰던데 반해, 독일에서는 1862년 프로이센의 새로운 수상으로 임명된 비스마르크를 중심으로 흩어져 있던 독일인의 단합을 촉진시키는 계기를 제공해 주었다. 이에 따라 1806년까지 신성로마제국의 수장이었던 오스트리아는 1860년대 이후 급격히 성장한 프러시아의 도전을 받게 된다. 비스마르크는 1864년 당시 독일인이 다수 거주하였지만 덴마크령에 해당되었던 슐레스비히와 홀슈타인 공국을 독일연방으로 편입시켜, 오스트리아와 함께 이 지역을 통치하였다. 하지만, 1866년 프로이센은 이 두 공국을 일방적으로 합병해버렸으며, 이어 바로 오스트리아에 대한 전격 공격을 단행, 오스트리아군을 패퇴시킴으로서 두 강대국 간의 세력균형은 급격하게 프로이센으로 기울게 된다.

1866년에 일어난 오스트리아와 프러시아 간의 싸움에서 오스트리아의 패배는 합스부르크 제국의 소멸과 이중 제국의 탄생 그리고 1848년 이후 크로아티아에 적용했던 오스트리아 강압 정책의 전환을 가져오게 했다. 오스트리아의 쇠락을 확인한 헝가리는 오스트리아에게 제국 내에서 동등하고도 독자적인 왕국으로서의 권리를 요구하였고, 1867년 양측 간의 대타협에 의해 하나의 왕실, 공동의 군대, 동일한 외교정책을 원칙으로 하고 정치적으로 2개의 국가를 인정하는 '이중 제국'이 탄생하게 되었다. 그리고 여기서 이루어진 약속에 따라 크로아티아와 보이보디나 지역은 다시 헝가리 지배 하로 들어가게 되었고, 슬로베니아와 달마티아 지역은 오스트리아의 통치 하로 들어가게 된다.

크로아티아와 보이보디나를 다시 통치하게 된 헝가리는 이 지역 슬라브인들에게 크로아티아와 보이보디나 정부의 독립성을 인정하고 자체

의회를 통해 이 정부를 운영할 것을 약속하였다. 하지만 실제 운영에 있어선 지속적인 압력에 따른 마자르화 정책이 추진되게 된다. 그동안 합스부르크 지배시기에 그라니차르(graničar, 경비병이란 뜻을 지님)[144]로서 정치적, 문화적 자치를 누려왔던 보이보디나 지역의 세르비아인들은 헝가리의 압력과 강력한 마자르화 정책으로 인해 자신들의 문화 유지에 어려움을 겪어야 했다. 이 결과 근대 세르비아의 문화적 중심지가 보이보디나 내 카를로브찌(Karlovci)나 노비사드(Novi Sad)에서 세르비아의 베오그라드와 보스니아의 사라예보(Sarajevo) 등으로 옮겨지게 된다. 또한 헝가리의 크로아티아에 대한 강압적인 지배와 마자르화 강요는 크로아티아인의 반(反)헝가리 정서를 더욱 자극시켰으며 이들의 압제로부터 벗어나고자 하는 크로아티아인들의 의지를 더욱더 불러일으키게 하였다. 반면 오스트리아의 직접적인 지배 하로 들어간 슬로베니아에서는 민족주의 사상에 영향을 받은 지식인들 사이에 남슬라브민족의 통일을 역설하며 이를 홍보하기 위한 대규모 집회가 계속해서 열리고 있었다. 이들은 모든 교육기관과 관공서에서 슬로베니아어를 사용할 것을 권장했으며 크로아티아, 세르비아와 함께 반(反)헝가리 연대 투쟁에 동참할 것을 호소하였다.

오-헝 제국의 크로아티아 지배가 새롭게 시작되던 1868년 이후 크로아

---

144) 오스만 터키제국의 제2차 비엔나 전투 패배 이후 합스부르크 제국과 오스만 제국사이에 맺은 스렘스키 카를로브찌 조약에 따라, 크로아티아, 보스니아 그리고 보이보디나 지역을 경계로 양 제국 간에는 일련의 '전선(Vojna granica)'이 형성되게 된다. 이어 합스부르크 제국의 방어정책에 따라 이 국경 지역에는 중세 오스만 터키제국의 침입을 피해 합스부르크 제국 영내로 피신하였던 세르비아인들이 대거 이주되면서, 이들에게 종교, 집회의 자유와 토지가 무상으로 제공되는 대신 오스만 터키제국의 침략에 대한 우선 방어를 맡게 하였는데, 이들 세르비아인들은 훗날 '그라니차르'로써 불렸고, 이후 세르비아 근대 민족국가의 수립과 세르비아주의(Serbianism/ Srpskizam) 확대의 선봉에 서게 된다.

티아 지식인과 귀족들 사이엔 당시의 암울한 현실을 벗어나기 위한 대책들이 논의되었다. 이에 따라 남슬라브족 통합 운동에 바탕을 둔 유고슬라비아주의자와 달마티아와 슬라보니아 지역을 포함한 대(大)크로아티아 건설을 추구하자는 크로아티아 극우 민족주의자들 간에 토론과 논쟁이 더욱 더 활발히 일어나게 된다.

우선 이중 제국 지배 당시 남슬라브 민족 통합 운동과 일리리아주의 운동의 정신적 지도자로 상징되는 인물로는 스트로스마예르(Josip Juraj Strossmayer: 1815-1905) 주교를 들 수 있는데, 그는 비록 오스트리아 출신임에도 불구하고 오랫동안 크로아티아에 정착하여 크로아티아인이 된 사람으로 1849년 쟈코보(Đakovo)의 주교가 된 이후 류데비트 가이와 함께 19세기 크로아티아 내 남슬라브 운동을 이끌고 있었다. 그는 특히 크로아티아인과 세르비아인을 구분하는 종교적 이질감을 해소시키려 노력했으며, 우선 남슬라브 문화 통합 운동을 추진하기 위해 1867년 '남슬라브 과학예술 아카데미(JANU: Jugoslovenska akademija nauka i umetnosti)'를 설립하기도 했다.[145] 이어 1874년에는 자그레브 대학을 설립하여 크로아티아인에게 남슬라브 민족통일이라는 이상과 남슬라브 민족의 우수성을 교육시켜 갔다. 그러나 이에 반해 크로아티아의 극단적 민족주의자인 안테 스타르쳬비치는 남슬라브 민족 통합을 이끄는 스트로스마예르를 강하게 비판하였다. 그는 자신을 추종하는 세력들에게 크로아티아 민족의

145) 훗날 이들의 이상과 이론은 제1차 세계대전 이후 수립된 최초의 남슬라브족 국가인 세르비아-크로아티아-슬로베니아 왕국(1929년 이후 유고슬라비아 왕국으로 국명 개칭)과 제2차 세계대전 이후 탄생하는 사회주의 유고슬라비아 연방공화국 탄생의 밑거름이 되었다; 이러한 배경으로 사회주의 유고슬라비아 연방 시기 공산주의자들은 남슬라브 통합 운동을 적극적으로 추진하였던 스트로스마에르를 진정한 사회주의자 혹은 유고슬라비아인(Yugoslav/ Jugosloveni)으로 추앙하게 된다. Pedro Ramet, *op. cit.*, p. 306.

우수성을 선전하고 이어 1881년에는 크로아티아 극우정당인 '권리당(Stranka prava)'을 창당, 자신이 당수가 된다.146) 이러한 스타르췌비치의 민족적 차별성에 기초하는 광적인 배타적 민족주의는 제2차 세계대전 당시 극우 크로아티아 민족 집단인 우스타샤(Ustaša)의 우두머리인 안테 파벨리치(Ante Pavelić)에게로 계승되어, 세르비아 정교도들을 가톨릭으로 개종시킨다는 미명 하에 수십만의 세르비아인을 학살케 하는 이론적 배경을 만들어 주었다.

어쨌든, 19세기 중엽 이후 특히 오-헝 제국이 등장한 1870년대에 들어와 민족주의는 크로아티아 전역으로 파급되어 크로아티아 민중들 사이에 막강한 영향력을 발휘하고 있었다. 이에 따라 북부 크로아티아, 크로아티아 내륙, 슬라보니아 그리고 달마티아 지역으로 분열되어 서로 이질적인 의식 속에 단결이 어려워 보였던 크로아티아는 1870년 이후 통합을 향한 일련의 변화를 보이게 된다. 우선 유고슬라비아주의의 확산으로 인해 슬라보니아 지방에 대거 거주하고 있던 세르비아인들과의 연대 의식이 확대되고 있었고, 크로아티아의 북부 지방과 내륙지방은 이미 헝가리의 압제와 마자르화에서 벗어나고자 하는 연대 조직을 시작하고 있었다. 당시 이러한 통합에 가장 큰 걸림돌은 이태리 문화의 영향력 하에 경제적, 문화적으로 상대적 우의를 자신하고 있었던 달마티아 지역의 자치주의자들이었다. 하지만 1870년 달마티아 의회 선거에서 크로아티아의 통합을 주장하던 국민당은 달마티아 지역만의 자치를 주장하던 자치주의자들에게서 값진 승리를 얻게 된다. 이어 1872년 달마티아 내 주요 행정기관에 소속된 이태리인들뿐만 아니라 크로아티아인들에게도 업무와 승진에 있어 평등권이 부여되게 되었고, 1876년 이후에는 크로아티아 일간지(Narodni

146) 일리리아주의자였던 스트로스마예르와 크로아티아 극단적 민족주의자였던 스타르췌비치 간에 일어났던 논쟁과 갈등에 대해선 Marcus Tanner, *op. cit.*, pp. 94-107 참조.

list)를 발행함에 있어 이태리어와의 병행 표기를 포기하고 크로아티아어로만 된 일간지 발행을 단행하게 된다. 이어 1882년 지방 선거에서 그동안 가장 강력히 크로아티아 내륙과의 통합을 반대하여 왔던 스플리트와 두브로브니크에서 통합주의자들이 승리함으로서, 이제 달마티아에서 크로아티아 통합에 반대하는 지역 공동체는 '자다르(Zadar)'만이 남게 되었다. 달마티아에서 크로아티아 통합주의자들의 세력이 확대되고 있던 시점, 이스트라 반도에서도 이와 비슷한 현상들이 나타나고 있었다. 1870년 최초의 크로아티아어로 된 정기 간행물('우리의 단합 (Naša Sloga)')이 트르스트에서 출간되었고, 1883년에는 그동안 이태리어가 공식 언어로 상용되어 왔던 이스트라 의회에서 당시 통합주의자였던 마트코 라기냐(Matko Laginja)가 크로아티아어로 의회 연설을 시도한 것을 계기로 이스트라에서도 크로아티아 통합 움직임이 활발히 전개되게 된다.

당시 활발한 크로아티아 통합 움직임은 발칸유럽 민족들 사이에서의 공통적 움직임인 과거 역사에 대한 찬양과 신화를 중시하는 '문화적 민족주의' 성향을 띠며 크로아티아 민중들 사이에 급속하게 확산되어 갔다.[147] 또한 이러한 문화적 민족주의는 과거 역사적 인물들에 대한 영웅적 민족주의를 낳았다. 크로아티아 의회는 1866년 오스만 터키제국과 치렀던 시게트(Sziget) 전투 300주년을 성대히 개최하였고,[148] 이어 1874년

147) 동·서유럽 간의 민족주의를 구별함에 있어 사회계약, 일반의지(general will), 법, 자유를 기초 요소로 '정치적 민족주의' 성향을 띠고 있던 서유럽과는 달리, 발칸유럽을 비롯한 동유럽에서는 선민의식과 신화, 종교 그리고 독립과 미래, 꿈 등의 요소를 중시하는 '문화적 민족주의'가 발달하였다. 이에 대한 자세한 내용은 본 책 제1장을 참조.

148) 이 행사는 1566년 8월 헝가리와 크로아티아 국경 사이에 위치했던 시게트에서 니콜라스 즈린스키(Nikolas Zrinski)가 이끄는 2,500여 명의 크로아티아인 결사대가 당시 보스니아 출신으로 야니차르(Janjičar) 용병이 된 뒤 술탄 바로 밑 벨리키 베지르(Veliki Vezir)에까지 오른 메흐메드 파샤

에는 중세 크로아티아와 달마티아의 왕으로 등극하여 두 지역 간의 통합에 기여하였던 즈보니미르(Zvonimir) 왕의 대관식 800주년 기념 축하 행사가 성대히 치러졌다.149)

이와 더불어 19세기 당시 발칸유럽의 다른 민족들 사이에서 나타났던 현상들처럼 크로아티아인들 사이에서도 인종적 분포와 역사성에 기초한 '영토적 민족주의' 성향이 확대되기 시작하였다. 이에 동조하는 크로아티아 정치가들은 다음과 같은 이유를 들어 이웃하고 있던 보스니아 지역으로의 영토 확장에 많은 관심을 보이게 된다. 그것은 우선 1870년대 당시 보스니아 내 인구의 18%는 가톨릭인으로 이들은 크로아티아인으로 분류해야 한다는 점과 역사적으로도 오스만 터키제국이 이 지역으로 진출하기 이전 이미 중세 크로아티아 왕국은 브르바스(Vrbas) 강에서부터 보스니아 지역의 서남 지역을 장악하고 있었다는 논리에서 출발하고 있었다. 따라서 당시 영토적 확대에 관심을 지니고 있던 크로아티아의 정치가와 민족주의 이론가들은 이 지역을 '터키 하 크로아티아(Turska Hrvatska)'라 일컬었으며, 이 지역이 크로아티아의 일부분이었음을 증명하기 위한 역사적 논리 수립에 열중하고 있었다. 하지만 1878년 러-터 전쟁의 결과 맺어진 3월 산스테파노 조약과 동년 6월 베를린 조약으로 인해 보스니아에 대한 이들의 꿈은 좌절되게 된다.

소콜로비치(Mehmed Paša Sokolović)가 이끄는 15만 터키군을 상대해 끝까지 저항하다 장렬한 최후를 맞은 전투를 기념하는 것이었다. 비엔나 점령을 목표로 했던 이 전쟁에서 당시 술탄이었던 술레이만 1세(Solyman I: 1520-1566)가 사망하자, 오스만 터키의 유럽으로의 진격 계획은 취소되었고, 이어 메흐메드의 사위인 셀림 2세(Selim II: 1566-1574)가 새로운 술탄에 오르게 된다.

149) 중세 크로아티아의 역사와 의미에 대해선 Francis R. Preveden, *op. cit.*, 1955 참조.

3. 1878년 베를린 조약과 남슬라브족의 연대

1683년 제2차 비엔나 전투에서의 패배 이후 날로 약화되어 가던 국력을 다시 세우고자 실시하였던 마흐메드 1세(Mahmud I : 1730-1754), 셀림 3세(Selim Ⅲ: 1789-1806) 그리고 마흐메드 2세(Mahmud II: 1808-1839) 등 술탄들의 여러 개혁조치들이 실패로 돌아가고, 19세기 민족주의 시대가 오자 오스만 터키는 발칸에서의 영향력 상실과 더불어 제국의 분열 위기를 맞게 된다.[150] 이러한 오스만 터키의 국력 약화와 중앙정부의 영향력 감소는 지방 무슬림 지주들(특히 기독교 용병집단인 야니차르 집단)의 기독교 농노들에 대한 가혹한 착취를 낳았고, 이는 곧 바로 기독교 농노들의 대규모 저항을 일으키게 하였다.

1875년 6월 크로아티아인들이 다수 거주하고 있던 헤르체고비나 지방의 가벨라(Gabela) 지역에서 시작된 무슬림 지주들에 대한 대규모 저항은 곧 이어 세르비아인들이 밀집해있던 헤르체고비나 동부지방으로 확대되었고, 이어 두 달 뒤에는 보스니아와 헤르체고비나의 전 지역으로 저항이 퍼져나가게 된다. 동년 7월 저항군을 지원하기 위한 단체가 자그레브와 베오그라드에서 조직되었고 이어 보스니아의 국경지대의 여러 도시들도 또한 이러한 저항에 가담하였다. 이러한 국내적 저항과 함께 해외에서 세르비아의 대주교인 미하일로(Mihailo)와 크로아티아 주교인 스트로스마예르는 파리 국제회의를 통해 오스만 터키제국의 무자비한 진압을 규탄하고 남슬라브 민족의 생존권 보장을 서구 열강들에게 강력히 요구하였다. 오스만 터키제국의 무자비한 진압을 피해 보스니아와 헤르체고비나에서 도망쳐 온 10만여 명의 피난민들을 위해 크로아티아와 세르비아에 대피소가 만들어졌고,[151] 반면 크로아티아와 세르비아의 지원병들이 오스만

---

150) 이들 술탄들의 개혁 실패의 배경과 그 의미에 대해선 김철민, *op. cit.*, 1999, p. 128-130 참조.

151) 1879년 당시 보스니아의 인구는 약 116만여 명으로, 이들 중 거의 10퍼센

제국군과 싸우기 위해 보스니아와 헤르체고비나로 들어가는 등 발칸에서의 전쟁 위기가 확산되게 된다.

이런 상황 속에서 당시 부동항 획득과 발칸유럽에서의 영향력 확보라는 전략을 가지고 남진정책을 추진하고 있던 러시아는 남슬라브족의 권리를 보호한다는 명분을 가지고 1877년 오스만 터키에게 전쟁을 선포하였다. 이후 러시아는 오스만 터키와의 전투에서 계속 승리하며 1878년 3월 3일 산스테파노조약을 통해 발칸 지역에 대한 자신들의 기득권을 보장받게 된다. 전쟁 중에 러시아의 협력자였던 남슬라브 민족들은 러시아의 발칸 진출과 함께 가장 많은 이권을 챙길 수 있었는데, 세르비아도 이 조약을 통해 오스만 제국으로부터 완전한 독립을 보장받게 된다. 하지만 당시 슬라브 민족 후원자로서 자임하고 있던 러시아가 발칸으로 급격히 영향력을 확대해가자 오스트리아를 비롯한 서구 열강들은 마케도니아를 비롯해 이전 오스만 제국의 영토를 불가리아에게 양도하기로 한 산스테파노 조약의 내용을 문제 삼아 이 지역 문제에 개입하기 시작하였다. 이 결과 오스트리아의 주도 하에 중부유럽과 지중해연안 지역의 힘의 균형 문제를 조절하려는 새로운 협의가 1878년 6월 베를린에서 시작되었다. 이 '동방문제(Eastern Question)'에 대한 해결을 구실로 유럽의 열강들은 다시 발칸 지역을 자신들의 이익에 맞게 분할하였고, 이 과정에서 오스트리아는 보스니아 지역에 대한 행정권을 획득하게 된다. 비록 조약상에는 일시적 행정 통치라는 언급이 있었으나 실제에 있어 보스니아 지역이 오스트리아의 새로운 영토로 편입되었음을 의미하고 있었다.[152)]

트에 가까운 인구가 보스니아에서 피난해 크로아티아와 세르비아 등 이웃으로 피난하였다.

152) 1878년 3월 맺은 산스테파노 조약과 동년 6월 맺은 베를린 조약의 조약 원문과 내용에 대해선 Momir Stojković (ed.), *Balkanski ugovorni odnosi, 1876-1996, I*, (Beograd: JP Službeni list SRJ, 1999)와 Ferdinand Schevill, *op. cit.*, pp. 393-406 참조.

보스니아를 장악한 오스트리아 정부는 이 지역에 대한 통치권을 확고히 하기 위해 자그레브와 베를린 사이에 건설하고자 했던 철로를 사라예보까지 연장시키는 계획을 세웠다. 오스트리아는 또한 아드리아 해안을 따라 새로운 철로를 건설하기 시작하였고 이후 이 철도들은 주로 오스트리아의 새로운 식민지개척을 위한 군사 수송로로 사용되어지게 된다. 세르비아와 크로아티아인들 사이에 영토 확대의 가장 우선 지역으로 여겨지고 있던 보스니아 지역의 사회적 안정과 유지를 위해 오스트리아는 상대적으로 온건적 통치수단을 사용하였고, 특히 지방정치와 경제권을 장악하고 있었던 무슬림들의 문화와 기득권을 인정하는 친(親)무슬림 정책을 펼치게 된다. 실제 이러한 오스트리아의 유화정책은 지배 초기 어느 정도 성공을 거두었으며, 상당수의 무슬림들을 제국의 협력자로 만드는데 일조하였다.[153] 하지만 이러한 오스트리아 정부의 온건정책에도 불구하고 19세기 중엽 이후 민족주의의 영향을 받고 있던 보스니아 내 세르비아인들은 1878년 산스테파노 조약과 베를린 조약을 거치며 독립을 이룬 후 새로운 근대국가로 성장하고 있던 이웃 세르비아 근대 왕국에 더 많은 관심을 보이고 있었다. 보스니아 내 크로아티아인들도 또한 점령 초기 같은 가톨릭 추종 국가로서 오스트리아의 도움과 지원에 호의를 보였으나, 이웃 크로아티아와 달마티아 지역에서 확대되고 있던 남슬라브 민족주의의 영향 속에서 새로운 남슬라브 왕국 건설에 대한 희망이 확대되고 있었다.

1881년 이중 제국은 그동안 자치 지역으로 남아있던 '보이나 그라니짜' 지역을 제국 내 크로아티아 지역으로 완전히 통합시키는 결정을 내리게 된다. 이러한 배경은 오스만 제국의 쇠락과 퇴각으로 인해 '보이나 그라니짜'가 그동안 수행해 왔던 세력완충지대로서의 역할이 사라졌다는데서 찾을 수 있다. 이러한 통합으로 인해 세르비아인이 다수를 이루고 있는

153) 당시 오스트리아의 보스니아 무슬림에 대한 유화정책 배경과 그 내용에 대해선 김철민, *op. cit.*, 1999, pp. 131-134 참조.

상당 지역이 크로아티아 구역으로 편입되게 되었고 이는 훗날 두 민족 간의 갈등으로 이어지게 된다. 편입된 행정틀 하에서 세르비아인은 크로아티아 자치의회와 정부의 결정을 종종 무시하였고, 이중 제국은 이러한 세르비아인을 이용해 크로아티아를 견제하고자 두 민족 간의 불신을 조장하곤 했다.154)

이런 상황 속에서 크로아티아의 새로운 통치자로 부임한 카롤리 추엔-헤데르바리(Ban Karoly Khuen-Hedérváry)는 자신의 부임시기(1883-1903) 크로아티아 지역에 있어 강력한 마자르화 정책을 다시 추진해 나갔다. 하지만 이 정책의 결과는 더욱 더 거친 반(反)헝가리 정서와 제국 내의 체코와 슬로바키아까지 포함하는 범슬라브주의 운동의 확대로 이어지게 된다. 1895년 반(反)헝가리 시위에 참가했던 크로아티아 대학생들이 헝가리의 압력에 의해 자그레브대학에서 퇴학당하자, 이들은 '새 시대(Nova doba)'라는 잡지를 통해 제국 내 모든 슬라브인들의 단결을 촉구하는 글을 실었다. 이 글에서 학생들은 외세의 지배로부터 해방되고자 하는 모든 슬라브 민족의 기원을 표현하였고, 이를 계기로 기존의 남슬라브족 통합 운동은 점차 이중 제국 내 모든 슬라브 민족을 하나로 엮는 범슬라브 통합 운동으로 확대되게 된다.

이어 1903년 헝가리가 재정독립을 바라는 크로아티아의 요구를 거절하자, 크로아티아 지식인들의 저항과 언론인들의 비판이 뒤를 이었고, 계속된 구속이 이어졌다. 이러한 일련의 사건들의 여파는 오스트리아 지배 하에 있던 달마티아 지역으로까지 확대되어 세르비아인과 크로아티아인들 사이에 제국의 지배를 벗어나 범슬라브 민족국가를 수립하자는 범슬라브

154) 이때부터 시작된 '보이나 그라니짜' 지역을 둘러싼 세르비아인과 크로아티아인 사이의 갈등과 불신은 훗날 20세기 말에 들어와 유고내전과 보스니아 내전으로 폭발하게 되고 이 지역은 두 민족의 가장 핵심적인 영토권 분쟁지역으로 발전하게 된다.

민족주의의 확산을 낳게 하였다. 이에 따라 1903년 이후 크로아티아 지역에서 진보적인 크로아티아인과 세르비아인이 서로 연합하여 이중 제국의 통치에 저항하는 사건들이 자주 일어났으며, 이러한 공동 전선 구축은 양 민족 지도자들 간의 정치적 연합을 가능하게 하였다. 이 결과 1908년 크로아티아 지방선거에서 크로아티아-세르비아 연합정당은 총 88석의 의석 중 57석을 차지함으로서 크로아티아 제1당으로 부상하게 된다. 남슬라브 민족주의와 통합국가 건설로 이어질 수 있는 이러한 양 민족 간 연합의 가시화는 헝가리정부에게 있어 일련의 위기감을 가져다주었고, 이에 따라 헝가리는 두 민족의 연합을 파괴하기 위한 '분열 지배 정책(Divide and Rule)'을 추진하기 시작하였다. 그리고 마침내 1908년 10월 보스니아 지역에 대한 오스트리아의 완전 병합에 대한 세르비아-크로아티아 연합정당의 비난과 저항은 헝가리에게 탄압의 빌미를 제공하여 주게 된다. 헝가리는 분열 정책의 한 방책으로 크로아티아에서 크로아티아인에 비해 소수 민족이었던 세르비아인에 대한 집중적인 탄압을 우선 시작하였다. 1908년 헝가리는 크로아티아 내 세르비아인들이 크로아티아-슬라보니아 지역에 세르비아 민족국가를 건설하려했다는 죄목을 씌었고, 이어 이를 주도한 혐의를 씌어 당시 제국의 보스니아 합병에 저항하고 있던 세르비아-크로아티아 연합정당 내 주요 세르비아 지도자들을 감금하게 된다. 세르비아인에 대한 헝가리의 일방적인 탄압은 이는 두 민족 중 어느 한 민족만을 집중적으로 탄압함으로써 탄압을 받는 민족과 그렇지 않은 민족 사이의 연합관계를 와해시키고 더 나아가 두 민족사이의 갈등을 유발시키자는 책략에서 비롯된 것으로, 무엇보다도 당시 보스니아 지역에서 증대되고 있던 세르비아 민족주의에 대한 견제를 내포하고 있었다.

하지만 이러한 헝가리의 탄압과 책략에도 불구하고 1908년 오스트리아의 보스니아 합병발표는 결정적으로 크로아티아를 비롯한 발칸유럽 남슬라브인들의 민족정체성을 일깨우게 하였다. 오스트리아의 보스니아 합병 이후 발칸유럽에서는 보스니아로의 영토 확장에 강력한 의지를 표방하고 있던 세르비아와 이중 제국 사이에 전쟁 위기감이 증폭되는 가운데, 이중 제국은 제국 내에 급격히 확산되고 있던 범슬라브주의의 확대를 막는데 주력하고 있었다. 반면 세르비아는 1908년 오스트리아의 보스니아 합병 이후 군부세력의 영향력이 강력히 대두되고 있었고, 극우 민족주의 집단들이 세르비아 국내외에서 활발한 활동을 벌이기 시작하게 된다.

하지만 1878년 3월 산스테파노 조약과 동년 6월 베를린 조약을 통해 독립을 이루며, 민족국가로 성장해 가고 있던 세르비아에 비해, 19세기 민족주의 시대를 거쳐 20세기 초까지도 크로아티아는 여전히 이중 제국의 지배 하에 놓여있었고, 이를 벗어나기 위한 방안으로 크로아티아의 지식인들은 남슬라브족의 통합을 전제로 한 유고슬라비아주의의 보급과 확대라는 대안을 선택해야만 했다. 이후 19세기 크로아티아에서 커다란 호응을 받아 확대되었던 일리리아주의와 유고슬라비아주의는 제1차 세계대전 이후 크로아티아를 비롯해 세르비아와 슬로베니아가 서로 연합한 최초의 남슬라브 왕국을 수립하는데 있어 중요한 사상적 토대를 제공하게 된다. 또한 이후 제2차 세계대전을 거치며 티토 하 사회주의 연방을 구축해 가는 과정에 있어서도 연방 내 다양한 민족들의 통합과 단결을 이루는데 중요한 사상적 이념을 제공하였다는 점에서 그 의미가 크다고 말할 수 있을 것이다.

Ⅳ. 정리하기

19세기는 민족주의가 전 유럽을 지배하고 유럽 내 민족들이 그 영향 하에 있었다는 측면에서 유럽과 크로아티아의 역사에 매우 중요한 시기 중 하나라 말할 수 있을 것이다. 제2차 비엔나 전투에서 오스만 터키가 패배한 이후 맺은 스렘스키 카를로브찌 조약(1699)에 따라 발칸유럽은 합스부르크 제국과 오스만 터키제국의 지배 하로 한 동안 분열되어 오다가 19세기 민족주의 시대를 맞이하게 된다. 19세기 당시 오스만 제국은 이미 국력의 약화로 인해 발칸유럽 내에서 과거와 같은 영향력을 발휘하지 못하고 있었으며, 합스부르크 제국 또한 나폴레옹의 유럽 원정과 1866년 프러시아와 가졌던 전투에서의 패배로 인해 이중 제국으로 전락함으로서 예전과 같은 영향력을 누리지 못하고 있었다. 무엇보다도 19세기 이후 프랑스에서부터 일기 시작한 민족주의를 중심으로 한 현대적 이념체계가 다(多)민족으로 이루어진 이들 제국 내 여러 민족들에게 깊게 파고들기 시작하면서 이들 제국은 제국의 유지와 운영에 심각한 도전을 받고 있었다.

이런 국제적 상황 속에서 19세기 당시 외세 지배 하에서 문화·역사적 그리고 정치·경제적 분열로 상징되던 크로아티아의 현실을 바라보았던 크로아티아 지식인들은 민족주의 영향에 따라 언어 통합과 개혁을 통한 크로아티아의 정치적 통합을 구축해 나가려 했다. 이러한 움직임은 곧 이어 '일리리아주의'라는 이념으로 발전하여 남슬라브 통합 운동으로까지 확대되게 된다. 그 결과 크로아티아와 세르비아의 언어학자들은 제1차 세계대전 이후 최초의 남슬라브 왕국을 수립하는데 그 기초를 제공하였던 '비엔나 어문 협약(1850년)'을 통한 통일된 표준어인 세르보-크로아티아어 탄생이라는 결실을 이루게 된다. 19세기 중엽 이후 크로아티아를 둘러싼 국제정세는 이전보다도 매우 불안하면서도 혼미한 상태였고, 유럽 내 모든 지역에 걸쳐 민족주의가 급속히 팽창해 가던 시기였다. 이런 상황 속에서 크로아티아 내 지식인들은 당시 외세 지배 하에서 신음하던 크로아티아의 미래에 대한 청사진을 제시할 필요성을 느끼고 있었고, 이에 따라 발칸유럽 내 남슬라브족 통합 운동을 구체화하려는 움직임을 전개해 나가게 된다. 이후 이러한 일련의 움직임들은 일리리아주의를 모태로 했던 '유고슬라비아주의 운동'으로 발전하게 된다.

19세기 말 동진정책을 통해 발칸 지역을 장악하려 했던 오스트리아와 전통적인 부동항획득과 남진정책을 통해 발칸에 대한 영향력을 계속 유지하려 했던 러시아 간의 세력 갈등에 따라 발칸유럽은 전쟁의 위기감이 증폭되어가고 있었다. 이어 1908년 오스트리아의 보스니아병합 발표는 세르비아의 민족주의를 강력히 자극하였고, 결과적으로 1914년 제1차 세계대전의 직접적인 한 원인을 제공하게 되었다. 이후 제1차 세계대전의 종결에 따라 크로아티아는 세르비아, 슬로베니아와 함께 자신들이 19세기 당시 그려왔던 남슬라브족 통합국가라는 바람을 실현하게 된다. 하지만 이러한 바람은 양차 대전 기간 동안 남슬라브 왕국 내에서 이미 문화적 민족주의로 팽창해 버린 극단적 세르비아 민족주의와 크로아티아 민족주의 간의 갈등으로 인해 그 의미를 퇴색해 버리게 되었다. 그러나 그 의미의 퇴색에도 불구하고 19세기 당시 민족주의 시대 동안 크로아티아에서 보여준 민족주의에 대한 열정과 의미는 그 어느 지역의 민족주의보다도 높다고 말할 수 있을 것이다. 19세기 당시 크로아티아에서 발전하였던 유고슬라비아주의는 20세기 동안 다양한 문화와 민족으로 구성되어 있던 구(舊)유고슬라비아 지역 내 민족들을 하나로 묶는데 중요한 이론적 토대를 제공하였고, 이러한 점이 바로 19세기 민족주의 시대의 크로아티아를 살펴보고자 했던 본 절의 의미라 할 수 있을 것이다.

-19세기 오스만 터키 문화권 하의 발칸유럽

제3절 보스니아-헤르체고비나

-동·서양의 종교와 문화의 모자이크 지대 형성

19세기 민족주의 시대, 보스니아를 읽는 역사 키워드

19세기 민족주의 시대, 보스니아는 오스만 터키제국 그리고 이후에는 오스트리아 제국 등 외세의 지배를 벗어나지 못한 채 민족주의의 실질적인 피해자로 전락해야 하는 아픔을 겪어야 했다. 특히, 과거 다양한 역사적 배경과 외세의 지배 그리고 지정학적 위치에 따라, 종교와 문화의 모자이크 성향이 보다 뚜렷하였던 보스니아는 19세기 민족주의가 도입된 이후로 종교에 기초해 서로의 민족성을 구분 짓는 '문화적 민족주의(Cultural Nationalism)' 성향이 다른 발칸유럽 지역들에 비해 보다 강하게 대두되게 된다. 이를 기초로 보스니아 내에는 이슬람을 믿는 보스니아 무슬림, 세르비아 정교 신자인 세르비아인 그리고 가톨릭을 믿는 크로아티아인들로 서로 나뉘어 민족 간 대립과 반목이 지속되어 왔으며, 이러한 현상은 20세기말 유럽 내 최대의 인종 참극으로 불렸던 보스니아 내전으로까지 이어지게 되었다.

본 내용에서는 이러한 연구 배경을 바탕으로, 19세기 민족주의 시대를 중심으로 당시 보스니아 내로 파급되기 시작한 민족주의가 오스만 터키제국의 지배 하에 있던 보스니아 내 각 민족들에게 어떤 의미로 다가왔는지를 분석하고자 한다. 이와 함께 1867년 오-헝 이중 제국 수립과 1878년 러-터 전쟁 이후 수립된 베를린과 산스테파노 조약 이후 보스니아 전역이 오스트리아 제국 지배 하로 넘어감에 따라 보스니아 내 세르비아 민족주의의 급진적 성향이 대두되었고, 이러한 민족주의 증대가 보스니아 민족들에게 어떠한 의미로 다가오게 되었는지에 대해 설명하고자 한다. 그리고 19세기 이후 수립된 민족주의가 보스니아 민족들에게 오늘날까지 어떻게 영향을 미치고 다가오고 있는 지에 대해 살펴보고자 한다.

I. 생각하기

민족주의가 인류역사에 영향을 미치기 시작한 시기는 18세기 말부터이며, 미국의 독립전쟁(1775-1781)과 프랑스 혁명(1789)이 그 사상적 토대를 제공하였다고 볼 수 있다. 19세기 이래로 민족주의는 나폴레옹 전쟁에 따라 유럽 전역으로 급속히 확산되었고, 이어 19세기 중엽 이후에는 보스니아를 포함한 발칸유럽 전역에 그 영향력을 발휘하게 된다. 하지만 발칸유럽으로 전파된 민족주의는 서유럽의 민족주의와는 다소 상이한 모습과 이상으로 변질되게 되는데, 그러한 배경에는 당시 서유럽과 발칸유럽 지역이 처한 시대적 상황과 민족주의 도입 시기 그리고 이에 따른 기초요소의 차이점에 따른 결과라 볼 수 있다. 민족주의가 발칸유럽으로 전파될 무렵 이 지역은 다른 제국들(오스만 터키 혹은 합스부르크)의 지배 하에서 피지배 민족 상태로 전락해 있었다. 더불어 민족주의 도입당시 서유럽이 사회, 정치적 발전과 병행하며 자신들의 중앙집권적 '민족-국가' 수립을 병행해 나갔던 데 반해, 식민지 상태에 처해 있던 발칸유럽 내 민족들은 이러한 사회, 정치적 발전이 이루어지기 훨씬 이전에 민족주의를 경험해야 했으며, 그 결과 서유럽식의 중앙집권적 '민족-국가' 수립이 어렵게 된다.

발칸유럽 지역 가운데 특히 보스니아 지역은 가장 오랫동안 외세 지배의 영향력을 벗어나지 못한 채 오히려 여러 제국과 주변국 간의 세력 각축장으로 전락해 있었으며, 19세기 이후 세계적 이념으로 정착한 민족주의의 실질적인 피해자로 전락해야만 했다. 19세기 당시 보스니아는, 1878년 독립 이후 '세르비아주의'를 기초로 보스니아로의 영토적 야심을 드러내고 있던 세르비아의 압력 속에, 독립을 이루지 못한 채 그 지배권이 이슬람 국가인 오스만 터키에서 가톨릭 국가인 오스트리아로 넘어가는 상황에 처해있었다. 19세기 민족주의가 도입된 이후 보스니아는 발칸유럽 내 민족주의 성향이 그러하듯 민족주의 특징 또한 종교등 문화적 요소를 바탕으로 한 '문화적 민족주의' 성향이 무척 강하였다. 이를 기초로 보스니아 내에는 이슬람을 믿는 보스니아 무슬림, 세르비아 정교 신자인 세르비아인 그리고 가톨릭을 믿는 크로아티아인들로 서로 나뉘어 민족 간 대립과 반목이 지속되어 왔으며, 이러한 현상은 20세기말 유럽 내 최대의 인종 참극으로 불렸던 보스니아 내전으로까지 이어지게 되었다.

본 글에서는 이러한 연구 배경을 바탕으로 19세기 민족주의 시대를 중심으로 당시 보스니아 내에 파급된 민족주의가 각 민족들에게 어떻게 다가왔으며 어떠한 영향을 미치게 되었는지에 대해 살펴보게 될 것이다.

본 글의 구성을 보면 우선 제2장에서는 19세기 민족주의가 도입될 당시 오스만 터키 지배 하에 있었던 보스니아의 사회, 경제적 특징을 살펴보고, 당시 취해졌던 여러 정책들이 보스니아 내 각 민족들의 민족주의 형성에 어떠한 영향을 미쳤는지를 연구하게 될 것이다. 제3장에서는 1878년 이후 보스니아에 대한 실질적 영향력을 장악한 오스트리아하의 보스니아 사회, 문화적 특징을 살펴보고, 이 당시 식민 정책이 보스니아 내 민족주의에 어떠한 영향을 미치게 되었는지를 알아보게 될 것이다. 또한 이 장에서는 1908년 보스니아가 오스트리아로 완전히 병합된 이후 보스니아 내 민족주의가 어떠한 방식으로 발전, 변화하게 되었는지에 대해서도 연구하게 될 것이다. 마지막으로 제4장에서는 19세기 민족주의 파급이 보스니아로 하여금 '동양과 서양 문화의 접합 점'이자 '종교와 문화의 모자이크 지역'으로 불리게 한 주요 요소임을 다시 한 번 언급해주고, 민족주의가 보스니아에 끼친 그 의미에 대해 설명함으로써 본 절을 정리하고자 한다.

II. 19세기 오스만 터키 하의 보스니아와 민족주의

1. 오스만 터키 하의 보스니아 사회, 경제적 특징

중세 유럽과 비교해 보았을 때 17세기 중엽까지의 오스만 터키제국은 각 지배 지역의 지방 자치권을 가장 잘 보장해주었던 국가이자, 유럽 내에서 가장 강력한 제국 중 하나로 평가받았었다. 하지만 제2차 비엔나 전투 실패에 따라 합스부르크 제국과 맺은 1699년 스렘스키 카를로브찌 조약 수립 이후 오스만 터키는 더 이상 유럽으로 영토를 확장하지 못했고, 19세기에 들어와서는 오히려 유럽의 제국들 중 가장 낙후된 국가로 전락하는 과정을 겪어야만 했다. 당시 맺어진 스렘스키 카를로브찌 조약에 따라 오스트리아의 합스부르크 제국과 오스만 터키 간에는 '전선'을 의미하는 일련의 국경선이, 오늘날 크로아티아와 보스니아 그리고 세르비아의 보이보디나와 세르비아 본토에 걸친 행정경계선을 따라, 수립되었는데 이들 국경지역엔 오스만 터키의 침략을 피해 합스부르크 제국 내로 도망쳐 온 세르비아인들이 대거 거주하게 됨으로써 그들만의 정착촌이 건설되게 된다. 합스부르크 제국은 이들에게 오스만 터키군의 침략에 저항하는 역할을 맡기는 대신에 종교(세르비아 정교)적 자유와 토지 그리고 행정 자율권을 부여해주었다.[155] 훗날 강력한 세르비아 민족주의로 무장한 이들 그라니차르들은 20세기 이후로 발칸유럽의 주요 분쟁의 최대 핵심 세력으로 등장하였고, 더불어 20세기 말 발생하였던 크로아티아 내전과 보스니아 내전의 주역을 담당하게 된다.

산업혁명과 르네상스시기를 거치며 19세기 민족주의 시대로 들어온 이후 서유럽은 그동안 축적된 자본과 기술력을 바탕으로 본격적인 세계 패권

155) Ivan Božić, Sima Ćirković, Milorad Ekmečić and Vladimir Dedijer, *op. cit.,* pp. 183-184.

장악 움직임을 전개하고 있었다. 반면, 서유럽 국가들의 도전이 계속되는 가운데, 19세기 민족주의 시대가 올 때까지도, 보스니아를 비롯하여 발칸 유럽의 대부분을 장악하고 있었던 오스만 터키제국은 잦은 전쟁과 내부의 부패 그리고 권력다툼으로 인해 그 세력이 현저히 약화되어 있었다. 14세기 중엽부터 17세기 초까지 정복 전쟁에 힘을 쏟았던, 오스만 터키의 경제적 특징은 상대 지역을 점령하면서 부를 축적해 나가는 약탈경제의 특징을 지니고 있었다. 따라서 16세기 이후로 지속적인 사회, 경제적 발전을 이루고 있던 서유럽 국가들과는 달리 오스만 터키는 14세기 이후로 19세기 민족주의 시대가 올 때까지의 대부분의 시간을 이웃 기독교 국가들에 대한 전쟁준비나 전쟁으로 일관하였고, 전쟁의 상처를 복구하는데 국력과 시간을 소비하고 있었다. 오스만 터키는 또한 서유럽 국가들과는 달리 제국의 경제발전을 위한 체계적인 계획 수립에도 소홀하였다. 보스니아를 비롯해 제국이 점령하고 있었던 발칸유럽의 상당 지역에는 풍부한 산림자원과 광산자원이 존재하였으나, 오스만 터키는 한 동안 목축과 농업 분야 외에는 별 다른 관심을 보이지 않았었다. 결과적으로 산업혁명과 중상주의를 중시하였던 서유럽과의 경제적 격차가 계속 확대되어 갔고, 이러한 경제적 격차는 결국 서유럽과의 군사력 격차로 이어지게 되면서 제국의 붕괴를 가져오게 하였다.

토지제도의 변화 그리고 이에 따른 농민들의 사회민란 급증도 또한 오스만 터키의 붕괴를 가속화시켜 갔다. 17세기 중엽 이후로 더 이상의 영토 확대가 어려워 진 오스만 터키는 17세기, 18세기에 들어와 대규모 개인 경작지가 급속하게 증가하였는데, 따라서 오랫동안 공적 토지 개념을 지닌 티마르(Timar) 제도에 기초해 안정을 이루었던 제국의 토지체계도 점차 무너져갔다. 원칙적으로 오스만 터키는 사적 개념의 토지를 인정하지 않았다. 하지만 티마르 제도에 의해 전쟁에서 공을 세우거나 제국의 확대에 중요한 역할을 한 영주나 지주는 술탄으로부터 봉토를 수여 받을 수 있었고, 이후 자신이 사망했을 때 이 토지를 다시 술탄에 돌려주어야 했다. 다만 첫째 아들에 한해서 1치프트(çift), 즉 4에서 35 에이커에 해당하는 봉토를 상속시킬 수는 있었다.[156] 시대가 흐르면서 이렇게 상속되는 토지가 점차 증대되자, 술탄은 부족한 영토를 계속된 영토 확장을 통해 충당해 나갔다.

그러나 16세기 중엽 이후 제국의 영토팽창이 중단되면서 토지 문제는 심각한 사회문제로 대두되게 된다. 제국의 영토팽창이 중단되자 기병부대였던 스파히들을 중심으로 한 무슬림 지주들은 자신들의 경제적 부를 계속 유지하기 위해 기독교 농민들에게 부담을 가중시켰다. 이후 세력이 증대된 야니차르들이 제국의 여러 지역에 정착하게 되면서, 토지분배와 경제적 이권을 둘러싼 스파히와 야니챠르 간의 갈등이 본격적으로 시작되게 되었다. 기존의 스파히들은 속주 총독의 비호 아래 속주 내 봉건기사계급으로써 기독교 농민들을 지배하였다. 하지만 술탄의 직속부대였던 야니챠르들은 그들의 권력을 이용, 때때로 지방 총독의 권위를 무시하고, 스파히들의 봉토를 탈취함으로써 새로운 지배 계층으로 등장하게 된다. 야니챠르들은 이후 기존의 '공적 토지소유제도'인 '티마르 제도'가 '사적 토지소유제도'인 '치프틀리크(çiftlik) 제도'로 대체되고, 토지의 세습화가 인정되게 되자, 자신의 토지를 경작하는 기독교 농민들에게 더욱 더 가중한 부담을 안겨주었다. 실제 이들은 노예와 다름없는 새로운 토지계약조건을 농민들에게 강요하였고, 이에 따라 오랫동안 서유럽의 농노들에 비해 더 나은 자유와 경제적 부를 누려왔던 오스만 터키 하의 농민들은 점차 이주의 자유마저 없어진 봉건적 농노로 전락하게 되었다.[157] 결국 이러한 야니

156) Robert J. Donia and John V. A. Fine, *Bosnia and Hercegovina: A Tradition Betrayed*, (New York: Columbia University Press, 1994), p. 53 참조.

157) Ferdinand Schevill, *op. cit.,* pp. 226-230.

챠르들의 횡포와 수탈을 견디지 못한 많은 기독교 농민들이 농촌을 떠나 산 속으로 피신해 들어갔고, 이들은 무슬림 지주에 저항하는 산적인 하이두크(Hajduk)가 되거나 해적인 우스코크(Uskok)가 되게 된다.

사적 경작지 확대로 인한 오스만 터키제국 내 기독교 농민들의 황폐화는 19세기에 일어난 여러 농민봉기의 주된 요인이 되었다. 여러 차례 일어난 농민 봉기는 중앙정부의 개입을 불러왔으나, 곧 이어 다시 세력을 결집한 야니차르들이 무력을 통해 지방 권력을 장악하고, 자신들에게 저항하였던 농민들에 대한 대규모 색출과 처형이 반복되는 사태가 일어났다. 이러한 야니차르들의 세력 확대와 지방 분권화 움직임은 제국의 중앙정부에 대한 일반 기독교 농노들의 신뢰도를 급격히 저하시켰고, 19세기 민족주의 시대가 오면서 각 지역별로 좀 더 격렬한 저항과 독립 움직임을 불러오게 하는 배경이 되었다.

18세기 말 이후로 19세기에 걸쳐 오스만 터키는 제국을 유지하고, 날로 증대되어 가던 유럽의 위협에서 제국을 지키기 위해 여러 개혁조치들을 시행하고자 했다. 술탄은 당시 유럽과의 경쟁에서 이기기 위한 우선 정책으로 전근대적이고 개별적으로 흩어져 있는 군을 유럽식에 맞추어 현대화, 조직화한다는 시행령을 발표하였다. 또한 유럽식 효율 체계에 맞추어 방만한 행정조직의 개편을 시도하고자 했다. 하지만 이러한 개혁의 시도들은 피상적으로 시행되었던 까닭에 실패할 수밖에 없었다. 즉, 유럽을 이기기 위해선 전통적인 농업 사회를 모든 면에서 변화하여 정치, 경제, 사회, 종교, 정신적 그리고 지적 구조를 매우 신속하게 재창조했어야 했는데, 유럽도 300년이라는 시간이 걸려 성취한 발전을 하루아침에 이루어내기란 사실상 불가능한 일이었다.[158]

---

158) 카렌 암스트롱(저), 장병옥(역), 『이슬람』, (을유문화사, 2003), pp. 164-165.

2. 19세기 오스만 터키 하의 보스니아

19세기 당시 서유럽의 합스부르크 제국과 경계를 이루고 있었던 보스니아 지역은 19세기 초까지만 해도 오스만 터키의 여러 행정구역 가운데 가장 많은 자치권을 지닌 지역이었던데 반해 가장 개발이 미흡하고 전근대적인 행정 체계가 지속되고 있던 곳이었다. 보스니아 지역은 16세기 오스만 터키에게 점령당한 이후 세르비아와 보스니아의 대부분 지역을 관할하였던 '루멜리 베글레르베글리크(Rumeli beglerbeglik)' 행정 구역 내 3개의 산쟈크(Sandžak) 구역으로 나눠지게 된다.[159)]

오스만 터키 시절, 보스니아에선 도시화가 크게 진전되지 못하였다. 보스니아의 유일한 대도시로는 오스만 터키제국의 통치 말기 직전 30,000명 가까운 주민이 거주한 것으로 알려진 사라예보가 그나마 큰 도시였다. 특히 19세기에 들어와 사라예보는 오스만 터키의 지배 하에서 크게 성장하였는데, 당시 사라예보는 인근지역을 포함해 약 100여 개의 이슬람 사원과 7개의 이슬람 신학교가 존재하는 보스니아는 물론 발칸유럽 내에서도 대표적인 이슬람 도시로 발전을 이루게 된다. 또한 이 당시 사라예보는 상업적으로도 보스니아의 다른 도시들에 비해 비약적인 성장을 이루게 되는데, 사라예보 내에는 상인들을 위한 약 30여 개의 대형 숙소(한 Han)가 마련되었고, 1600여 개가 넘는 상점, 약 40여 개의 방앗간과 빵집 그리고 60여 개 가까운 터키식 커피숍이 자리하고 있었다. 사라예보의 뒤를 잇는 도시들로는 헤르체고비나 지방의 모스타르(Mostar)와 오늘날 세르비아계가 주도하고 있는 스르프스카(Srpska) 공화국의 수도인 반야 루카(Banja Luka)를 들 수 있다. 19세기 당시 이들 도시들의 인구는 대략 각각 15,000여 명에 해당했으며, 이들 도시 역시 사라예보처럼 이슬람 양식과

---

159) Robert J. Donia and John V. A. Fine, *op. cit.*, pp. 48-50; 3개의 산자크는 '보스니아(Bosnia) 산쟈크', '즈보르니크(Zvornik) 산쟈크' 그리고 '헤르체고비나(Hercegovina) 산쟈크' 등이다.

도시 계획에 기초한 도시 건설이 이루어지게 된다.[160]

오스만 터키의 지배를 받아야 했던 보스니아 내 남슬라브 민족들의 사회제도, 행정과 경제제도는 제국의 이해에 따라 새롭게 재편되어야만 했다. 오스만 터키 하에서 보스니아 인구는 종교적 선택에 의해 그 의무와 역할이 나뉘어졌다. 20세기 말 보스니아 내전이 당시 종교적 집단을 중심으로 내전이 더욱 격화되었던 배경에는 이러한 오스만 터키의 종교에 따른 민족 분류라는 역사적 배경도 중요한 요인 중 하나로 자리 잡고 있다.

오스만 터키의 지배 하에 있던 보스니아인들에게 중요한 영향을 끼친 사회제도로는 종교조직이자 사회조직의 기초를 이룬 '밀레트(Millet) 제도'를 들 수 있다. 이 제도는 오스만 터키에 편입된 다양한 이질적 민족을 종교, 문화적 자치성과 고유성을 보장해 주는 대신에 술탄을 정점으로 결집시킬 수 있었던 오스만 터키의 대표적인 사회 안정제도로, 밀레트 내에선 무슬림과 관련된 송사 외에는 중앙정부의 간섭 없이 결혼, 이혼, 출생, 사망, 교육, 언어, 전통 등 사회, 문화적인 관습에서 독자적인 자치권과 결정권을 지니는 등 자신들의 종교 집단에 의한 관습법과 제도가 통용될 수 있었다. 밀레트의 최고 지도자는 전체 구성원에 대한 책임과 함께 조세, 치안유지의 의무가 있었지만, 술탄만이 이들에 대한 지배권을 가지고 있었고, 그 권위가 유지되었다. 즉 밀레트 제도는 오스만 터키의 500년 역사를 통해 제국의 이질적이고 다양한 민족적 요소를 통합하는 원동력으로 작용하면서 제국의 안정에 커다란 기여를 하였다고 볼 수 있다.

밀레트 제도에 따라 보스니아 인들은 '이슬람교도(Islam)', '정교도(럼, Rum)' 그리고 '가톨릭교도(라틴, Latin)' 등으로 분류되었다. 이슬람교도들은 전쟁에 나가 싸움에 임하는 대가로 토지 분배와 신분상승의 기회를

160) Justin Mccarthy, "Ottoman Bosnia 1800 to 1878", Mark Pinson(ed.), *The Muslims of Bosnia-Hercegovina,* (Cambridge: Harvard University Press, 1994), pp. 60-61.

얻을 수 있었다. 반면 정교도와 가톨릭교도 등 기독교인들은 종교적 자유와 징집면제의 대가로 사회질서 유지를 위한 각종 세금과 중앙정부에 대한 조세, 공공사업으로의 강제 동원 그리고 군수물자 충당이라는 의무를 수행해야만 했다. 비록 오스만 터키의 지배 하에 있던 기독교인들은 종교 간 차이로 여러 가지 피해를 감내해야 했으나, 적어도 17세기 말까진 이러한 제도 하에서 자신들의 종교를 지킬 수 있었으며, 경제적으로도 서유럽의 농노들보다 좀 더 나은 조건 속에서 생활할 수 있었다. 하지만 18세기 이후 특히 19세기 들어와 오스만 터키의 국력이 쇠퇴하고 중앙정부의 영향력이 감소되자 지방 무슬림 지주들과 행정 관료들의 부패와 약탈이 증대되었고, 결국 이들 기독교 농노들은 대규모 농민봉기의 주역으로 등장하게 되었다. 이러한 농민봉기는 19세기 민족주의 시대 당시 보스니아를 비롯해 발칸유럽에 밀려들어온 민족주의 이상과 연결되면서 점차 민족의식 회복과 독립 운동으로 확대 발전되게 된다.

실제, 19세기 민족주의 시대에 들어와 보스니아 무슬림들은 자신들이 이전까지 경험하지 못했던 커다란 변화를 겪게 된다. 보스니아 무슬림의 사회, 경제적인 변화는 무엇보다도 오스만 터키 중앙정부의 개혁에서부터 비롯되었다. 오스만 터키의 술탄은 당시 서유럽과의 경쟁에서 이기기 위해 우선 전근대적이고 개별적으로 흩어져 있는 군의 현대화와 조직화를 서둘렀다. 그리고 방만한 행정조직의 대대적인 개편을 통해 서유럽 식의 강력한 중앙정부와 술탄의 권력 확대를 추구하고자 했다. 이에 따라 기존의 행정, 군사체계에 대한 개혁이 단행되게 된다. 하지만 이러한 조치는 이전까지 고도의 자치권을 누려왔던 보스니아 무슬림들의 강한 불만을 낳아야 했다. 술탄의 개혁은 곧 세금을 원천징수하고 자신의 사적 군사들을 중앙 정부의 공적 군대로 내보내주어야 하는 것으로, 보스니아 무슬림들에게 있어 이것은 그들의 권력과 자치권 종말을 의미하였다. 따라서 그 누구보다도 보스니아 무슬림들은 술탄의 개혁조치에 반대하였고, 이에 대한 협조를 거절하였다. 술탄의 개혁 조치에 한 동안 산발적으로 이루어져 오던 보스니아 무슬림들의 저항은 1830년대 이후에 들어오면서부터 좀 더 조직화되고 집단화되어 갔다. 술탄이 서유럽 방식을 기초로 모병제 개념에 따른 군대징발을 보스니아에서도 시행하려하자, 보스니아에선 행정 관료 집단인 카페탄(Kapetan)들을 중심으로 반란이 발생하게 된다. 당시 반란은 보스니아 내 대다수 무슬림들의 동참에도 불구하고, 중앙정부의 강력한 개입 속에 1835년 진압되었고, 이후 수차례 저항이 있었으나 결국 실패함으로써 보스니아 무슬림들의 자치는 그 끝을 맺게 되었다.

이러한 오스만 터키 개혁 단행과 이에 대한 저항, 그리고 뒤이은 중앙정부의 무력 진압과 강제된 중앙 집중적 행정 개편은 오랜 동안 누려왔던 보스니아 무슬림들의 자치권 소멸과 사회, 경제적 지위 하락을 불러오게 된다. 또한 이러한 지위 하락은 보스니아 무슬림들의 의식에도 중요한 변화를 낳게 하였다. 무엇보다도 보스니아 무슬림들이 누려 왔던 기존의 기득권과 권력을 축소시키려는 오스만 중앙정부의 시도는 이들의 제국에 대한 충성심 약화를 불러오게 하였다. 반면 오스만 터키의 쇠락, 지방 무슬림 관료와 지주들의 착취 그리고 이에 대한 중앙정부의 미온적 대처는 또한 주로 농노 집단에 속했던 보스니아 내 기독교인들의 조직적인 저항을 불러오게 된다.

18세기 말 서유럽에서부터 시작된 민족주의는 19세기 중엽 이후 당시 제국들의 식민지상태로 처해있던 중부와 발칸유럽 지역으로까지 확대되어 갔다. 당시 보스니아인들에게 있어 민족주의는 '종교적 정체성에 따른 민족구분을 의미'하였으며, 이는 훗날 종교에 기초한 민족들 간의 갈등과 미움을 낳게 하는 요인이 되었다. 실제, 19세기 중반 이후 보스니아에는 무슬림 지주들과 기독교 농노들 사이의 갈등이 첨예화되었고, 종교를 중심으로 한 정치조직들이 형성되기 시작하였다. 보스니아에서 종교를 바탕으로 형성된 정치조직화 움직임은 이후 오스트리아 지배 하에서 개인적 신념으로서 종교가 민족단결의 구심체 역할로 변질되게 되는 결과를 낳게 함으로써 보스니아 내 민족 간 분쟁과 갈등의 시발을 제공하게 된다.

'종교(Religion)와 민족주의(Nationalism)의 상관관계'에 대해 라메트(Pedro Ramet)는 "종교는 민족정체성 형성과 민족의식의 매개체가 된다"라고 언급하고 있다. 그의 주장에 따르자면, 우선 종교는 여러 문화 요소들 중 가장 핵심적이며, 이를 매개로 민족은 정치의식을 가지게 된다. 둘째, 종교는 자신과 같거나 혹은 다른 집단이라고 느끼는, 다시 말해서 '우리'와 '그들'을 구분 짓는 집단정체성의 매개체가 된다. 세 번째, 민족적 종교집단들은 언제나 인쇄매체를 통하여 민족의 토착 언어로 문화를 유포하고 민족 언어, 민족문화의 발전에 앞장서 왔다. 네 번째, 성직자들은 보다 많은 교육을 받았고, 많은 존경을 받았다. 이들은 또한 역사적으로 민족지도자 역할을 해왔으며, 오늘날까지도 그 비중은 여전하다. 마지막으로, 다른 종교를 믿는 이민족과 접할 때 종교집단은 자신들의 종교만을 특유한 것으로 생각하며, 심지어 민족의 생존에 필수적인 것으로 여긴다는 점이다.[161)] 그의 주장을 기초로 볼 때, 종교가 민족주의와 관련을 맺게 될 경우 종교는 해당 민족들의 현재와 미래를 결정지을 수 있는 중요한 역할을 수행하게 된다고 볼 수 있다. 문화적 민족주의에 근거한 그의 이러한 주장은 한스 콘이 주장하였던 것처럼 동유럽 특히 발칸유럽 지역에서 더 적절한 유용성을 지니고 있으며, 실제 발칸유럽 지역에는 19세기 이후 민족주의의 도래와 더불어 이들 지역에 있어 종교에 바탕을 둔 문화적 민족주의 경향이 주요 지배 이데올로기로 등장하게 된다.

19세기 민족주의 시대 이후 보스니아에선 민족주의자들이 자신들이 속한 민족들에게 '민족 정체성(National identity)'을 강요하였고, 종교지도자들 또한 민족주의가 도래하기 이전부터 자신들이 속한 종교집단들에게

---

161) Pedro Ramet, *op. cit.*, p. 299.

‘종교적 정체성(Religious identity)’을 인식시키려고 노력하여 왔었다. 보스니아에서 종교지도자들에 의한 종교적 정체성 인식 확대노력은 19세기 이후 민족주의의 도입과 더불어 민족정체성 확대 노력으로 발전되게 된다. 19세기 이후에 들어와 오스만 터키의 급격한 몰락과 기득권 축소를 봐라보아야 했던 보스니아 무슬림에게도 또한 종교는 자신들의 무슬림 민족정체성 형성에 매우 중요한 의미를 지니고 있었다고 할 수 있다.

19세기 중반 이후 오스만 터키의 쇠락 속에서 무슬림 지주들의 폭정과 중앙정부의 미비한 대처에 대한 불만에서 비롯된 보스니아 내 기독교 농노들의 대규모 농민 봉기가 자신들의 민족 정체성을 일깨우려는 민족주의와 결부되면서 더욱 더 복잡한 양상으로 전개되게 된다. 특히 1875년 보스니아의 남부 헤르체고비나 지역에서, 무슬림 지주들과 정부 관리들의 지나친 세금포탈로 인해 발생한 세르비아 정교도인들의 농민 봉기는 보스니아 내 농민 봉기가 민족주의와 밀접하게 연결되어 이후 반(反)터키 저항 운동으로 연결되는 주요 사건이 되게 된다. 헤르체고비나에서 발생한 세르비아 농노들의 봉기는 오스만 터키 중앙 정부의 계속된 경고에도 불구하고 계속해서 확대되어 갔고, 점차 이웃하고 있던 세르비아 본토와 연결되면서 세르비아 독립 운동으로까지 확대되게 된다. 이후 이들 조직에 세르비아 민족주의가 가세하게 됨에 따라, 처음 사회 민란에 가까웠던 농민 봉기는 이제는 세르비아주의의 확대와 세르비아 민족-국가 수립 운동으로 발전되게 되었다. 세르비아 봉기군들의 무슬림 마을과 관청에 대한 습격이 계속해서 이어지고, 세르비아 본토 전체로 이 문제가 확대되려 하자, 오스만 터키는 정규군을 동원해 잔인한 군사 보복을 단행하게 되었다. 하지만 이러한 진압 노력에도 불구하고 1875년에 일어난 이 대규모 세르비아 농민 봉기는 계속해서 민족 간, 종교 간 분쟁의 성격을 띤 채 보스니아 전체로 퍼져나가 광범위한 게릴라전 양상으로 발전하게 되었고, 보스니아를 비롯하여 발칸유럽에 그 영향력을 확대하고자 했던 오스트리아의 강력한 지원 속에 더욱 더 확대되게 된다.

보스니아 전역으로 반(反)터키 봉기가 계속 확대되자 발칸유럽 진출에 관심을 갖고 있던 삼제동맹국인 오스트리아, 독일, 러시아는 1875년 12월 오스만 터키에게 보스니아 내 기독교 농노들에 대한 세금감면과 폭동주동자들에 대한 사면을 요구하였고, 이를 받아들이지 않을 경우 보스니아 사태에 개입하겠다는 성명을 전달하였다. 이러한 압력에 굴복해 오스만 터키는 삼제동맹의 요구를 받아들이겠다는 내용을 담은 선언을 공포하게 된다. 하지만, 보스니아에서의 봉기는 수그러들지 않고 오히려 1876년에 들어와서는 불가리아와 세르비아로 계속 확대되어 갔다. 불가리아와 세르비아에서 일어난 폭동은 곧 이어 민족주의 성격을 띤 채 그들의 민족 지도자에 따른 독립된 민족-국가 건설이라는 요구로 이어졌다. 따라서 제국내 식민지 지역에서의 연이은 봉기와 독립 움직임에 대해 오스만 터키는 무력을 동원한 강력한 진압을 결정하게 되었다.

하지만 기독교 농노들에 대한 오스만 터키의 대대적이고도 잔인한 진압방식은 곧 바로 서구 열강들의 여론을 자극하였고, 뒤이어 이들 국가들의 개입을 초래하게 된다. 19세기 중엽 이후 당시 보스니아를 비롯해 발칸유럽은 오스만 터키의 쇠락 속에 제국의 영토를 차지하려는 서구 국가들 간의 식민지 각축장이 되어 있었다. 1866년 프로이센과의 싸움에서 패한 이후 식민지 획득을 위한 '동진(東進)정책'을 계속해서 추진하여 왔던 오스트리아는 발칸유럽 장악을 위한 주요 교두보로 보스니아 지역을 탐내고 있었다. 러시아도 또한 부동항(不凍港) 획득과 주요 전략적 요충지인 흑해 연안일대를 장악하기 위해 발칸유럽으로의 '남진(南進)정책'을 추진하고 있었다. 1877년 4월 러시아는 "같은 슬라브족으로서 그리고 충실한 기독교 국가로써 남슬라브족과 기독교인들에 대한 무슬림들의 탄압과 오스만 터키의 잔인한 진압을 묵과할 수 없다"는 이유를 들어 오스만 터키에 대한 전쟁을 선포하게 된다. 하지만 러시아의 승리가 쉽지 않으리라는 서구의 예상과는 달리 이후 오스만 터키는 계속된 패배로 수도였던 이스탄불까지 포위되는 상황에 처하게 되었고, 1878년 마침내 러시아에 무조건적인 항복을 선언하게 된다.[162]

1878년은 보스니아를 비롯해 오스만 터키 지배 하에 있던 발칸유럽 내 민족들에게 있어 매우 중요한 해였다. 1878년 3월 러시아와 오스만 터키 간에는 '산스테파노 조약'이 맺어졌고, 이 조약에 따라 세르비아와 불가리아를 비롯한 발칸유럽 내 여러 민족들의 독립이 확정되게 된다. 그러나 유럽 내 '세력 균형(Balance of Power)' 정책을 통해 제국의 영광을 계속 유지하고자 했던 영국과 발칸유럽으로 '동진 정책'을 추진하고 있었던 오스트리아는 이 조약 이후 이들 지역 내에 러시아의 영향력이 확대될 것을 우려하였고, 마침내 비스마르크의 중재로 러시아와 서구 열강들이 서로 모여 이 문제에 관한 해결을 논의하게 된다. 그 결과 기존 조약 내용에 일부 내용이 수정되거나 첨가되었는데, 주 내용은 불가리아에서 루멜리아(Rumelia) 지역을 분리해 다시 오스만 터키에게 넘겨주자는 것이었다. 이것은 산스테파노 조약을 통해 불가리아가 얻었던 영토의 40%에 해당하는 방대한 지역이었다. 반면 회담의 대가로 영국은 키프로스(Cyprus) 섬을, 러시아는 루마니아의 베사라비아(Bessarabia) 지역을 그리고 오스트리아는 보스니아의 행정권과 세르비아와 몬테네그로 지방의 연결통로인 노비 파자르(Novi Pazar) 지역을 오스만 터키로부터 넘겨받을 수 있게 되었다. 1878년 6월 이러한 내용을 담은 '베를린 조약'은 중세 보스니아 왕국이 멸망한 이후로 오랜 세기 동안 오스만 터키 하에서 이슬람의 지배를 받아야 했던 보스니아의 운명을 다시 한 번 바꾸어 놓았고,

162) 당시 보스니아를 비롯한 발칸유럽의 지리적인 중요성과 이 지역에 대한 주변 열강들의 영향력 확보 정책들에 대해선 Ранко Петковић, *XX век на Балкану: Берсај, Јалта, Дејтон*, (Београд: Новинско - издавачка установа службени лист СРЈ, 1996), pp. 49-51 참조.

이후 세계사에 있어서 제1차 세계대전의 단초를 제공하게 되었다.[163] 이후 오스트리아 점령에 대항하는 보스니아 무슬림들의 산발적인 저항이 몇 차례 전개되지만, 1879년 4월 오스만 터키는 보스니아를 오스트리아의 보호국으로 인정한다는 공식 성명을 발표하게 된다. 이에 따라 보스니아는 400여 년 간의 오스만 터키의 지배를 벗어난 직후, 자신들의 독립국가를 수립하지 못한 채, 새로운 지배 제국으로써 오스트리아 영향력 하로 편입돼야만 했었다.

III. 오스트리아의 보스니아 지배(1878-1914)와 민족주의

1. 오스트리아 지배 하의 보스니아 사회, 문화적 특징

19세기 당시 보스니아는 지리적인 면은 물론 중앙 정부의 통제에 있어서도 오스만 터키로부터 너무 멀리 떨어져 있었다. 지리적으로 보았을 때 오스만 터키의 수도인 이스탄불로부터 보스니아의 중심 도시인 사라예보까지의 거리는, 사라예보로부터 오스트리아 수도인 비엔나까지 거리의 거의 2배에 달하였다. 오스트리아 접경에 위치해 있던 상당수 보스니아 도시들은 이보다 훨씬 더 멀리 오스만 터키의 중앙정부로터 떨어져 있었다. 게다가 보스니아는 발칸유럽 지역 가운데서도 험준한 산악지대를 지니고 있었고, 오랫동안 제국의 변방에 위치해 있던 이유로 오스만 터키로

---

163) 1878년 3월 맺은 산스테파노 조약과 동년 6월 맺은 베를린 조약의 조약 원문과 내용 그리고 조약이 발칸유럽 민족들에게 미친 파장에 대해선 Momir Stojković, *op. cit.* 와 Ferdinand Schevill, *op. cit.*, pp. 393-406 참조; 이 조약에 따라 세르비아는 세르비아주의에 따른 '대(大)세르비아 국가 건설'의 1차 목표였던 보스니아 지역과 몬테네그로를 통한 아드리아 해로의 해상통로 확보를 오스트리아의 방해로 실패하게 된다.

부터 폭 넓은 자치권과 자유를 누리고 있었다. 만약 오스만 터키가 강력한 군사력과 더불어 이를 운송하고 이스탄불로부터의 행정력을 보다 확고히 할 수 있는 현대적 운송 체계 그리고 통신 수단을 지니고 있었더라면, 보스니아에 대한 영향력을 조금이라도 더 유지할 수 있었겠지만, 19세기 당시 국력이 기울여져만 가던 오스만 터키는 이러한 요소들을 모두 지니지 못하고 있었다. 따라서 19세기에 들어선 이후로 보스니아는 비록 오스만 터키의 행정구역으로 남아있었음에도 불구하고, 중앙정부의 행정력 부재 속에 더 이상 제국의 영향력이 미치지 못하고 있었다. 반면 오스만 터키가 가지고 있지 못했던 위의 세 가지 요소, 즉 강력한 군사력 그리고 현재적 운송 체계와 통신 수단 모두를 지니고 있었던 오스트리아는 보스니아에 대한 영향력을 점차 확대해가고 있었다.

19세기 중반 이후 계속되던 국제질서의 혼란과 400여 년 동안 보스니아의 사회와 문화를 지배하여 왔던 오스만 터키의 퇴각은 보스니아 무슬림들에게 있어선 커다란 충격이었다. 이러한 충격의 여파는 곧 이어 보스니아 사회와 문화에 일대 변화를 가져왔으며, 그러한 변화는 보스니아 무슬림의 감소와 종교가 민족주의의 중요 요소가 되어 민족을 형성시키는 상황을 초래하게 된다. 실제로 19세기 동안 계속해서 일어난 오스만 터키의 전쟁과 혼란, 특히 1875년을 전후로 확대된 세르비아 정교도들의 무슬림들에 대한 공격은 보스니아 무슬림들의 수적 감소와 터키 본토로의 이동을 초래하였다. 그리고 이에 대한 오스만 터키의 잔혹하고도 대대적인 보복 진압은, 이후 1990년대 사회주의 유고슬라비아 연방이 붕괴되고 발생한 보스니아 내전 당시 보스니아 무슬림들을 희생양으로 삼고자 했던 극단적 세르비아 민족주의자들의 정당성을 뒷받침해주게 된다.

다음 <표 2>를 통해 확인할 수 있듯이, 보스니아에서 19세기 동안 일어난 여러 정치, 사회적 혼란은 보스니아 내 종교에 따른 인구 비율상 일련의 변화를 초래하게 하였다. 무슬림과 정교도들 간의 치열한 종교 전쟁으로 인해 양측의 인구수가 일련의 감소를 나타낸 반면, 가톨릭교도들은 상대적 수적 증가를 얻은 것으로 나타나 있다. 더불어 19세기에 빈번하게 발생하였던 기독교 농민 봉기는 이후 민족주의의 가세로 인해 더욱 더 첨예한 대립 양상으로 발전되어 갔으며, 민족주의 도래 이후 보스니아 내에는 종교에 근거해 '우리'와 '그들'을 구별하는 집단 형성과 종교에 따른 세 개의 민족 형성이 이루어지게 된다.

〈표 2〉 1800-1878년 사이의 보스니아 지역 인구분포[164)]

	1870년	1879년
보스니아 무슬림	694,000명	449,000명
보스니아 정교도	534,000명	496,485명
보스니아 가톨릭교도	208,000명	209,000명

1878년에 맺어진 양대 조약(3월의 산스테파노, 6월의 베를린 조약)은 보스니아와 이웃한 세르비아와 몬테네그로가 근대왕국으로 독립하게 되는 계기를 마련해 줌과 동시에 세르비아 민족주의 즉 '세르비아주의'의 확대를 불러 왔다. 중세 세르비아 왕국과 당시 최대 전성기였던 스테판 두샨 왕 시절의 영토와 문화적 확대에 기초한 역사적 당위성을 그 기원으로 하고 있는 '세르비아주의'의 이론적 기틀은 1844년 일리야 가라샤닌(Ilija Garašanin)에 의해 처음으로 구체화되게 된다. 그는 두샨 왕 당시 영토를 기초로 한 '대(大)세르비아(Velika Srbija)'를 세르비아 근대국가의 모델로 설정하였고, 이를 위해 이웃한 몬테네그로와 보이보디나, 크로아티아 그리고 특히 보스니아와 헤르체고비나 지역의 통합을 강력히 주장하였었다. 그의 이러한 주장은 보스니아와 세르비아 등 발칸유럽의 여러 지역에 흩어져 거주하고 있던 세르비아 민족들 사이에 커다란 호응을

164) Justin McCarthy, *op. cit.*, p. 81.

얻었고, 1878년 이후 근대 민족국가 수립 이후로는 세르비아 민족주의 표출의 한 형태로써 발전되게 된다. 이에 영향을 받았던 보스니아 내 상당수 세르비아 민족주의자들은 정교도 세르비아인이 거주하고 있는 모든 발칸지역, 그중에서도 보스니아와 헤르체고비나 지역을 세르비아 왕국 하로 편입시킬 것을 주장하면서, 공개적인 반(反)이슬람, 반(反)터키 정책을 추진해 나가게 된다. 이러한 현실의 도래는 보스니아 무슬림들 사이에 그동안 보호막 역할을 해주었던 오스만 터키의 퇴각과 더불어 오랜 기간 자신들이 멸시하고 학대해 왔던 기독교인들로부터 역 보복을 당할 수 있다는 공포와 두려움의 확산을 낳았다.

반면 슬로베니아와 크로아티아에서는 지식인들을 중심으로 오-헝 이중제국의 게르만화와 마자르화에 저항하려는 움직임의 일환으로 언어 통합 운동에 기초한 '일리리아주의'로 점차 확산되고 있었다. '일리리아주의'는 이후 점차 남슬라브족 통합 운동을 의미하는 '유고슬라비아주의'로 발전되게 된다. 르네상스 시대 이후 '일리리아'[165]라는 명칭은 고대 및 로마-비잔틴 시대의 일리리아 지역(현재의 발칸반도에 위치한 유고 지역과 알바니아의 일부 해안지역)에 살았던 주민들의 전체나 일부를 가리키는 이름으로 사용되어 왔었다. 이 명칭은 사용자에 따라서 크로아티아인, 세르비아인 또는 슬로베니아인을 의미할 수 있었고 아니면 남슬라브인 전체를 의미할 수도 있었던 이름이었기 때문에 다른 종족명보다 전통적이면서도 중립적인 이름이었다.[166] 이후 이 명칭은 19세기 초 슬로베니아와 달마티아 북부지역에 대한 나폴레옹의 짧은 점령 기간 속주인 '일리리안 지방(Iliriske pokrajne)'이란 명칭으로 잠시 사용되었고, 이후로 이 지역 문학

165) 이 명칭에 대한 사용은 이미 19세기 이전부터 발칸유럽 지역에서 널리 사용되어 오고 있었는데, 특히 중세 시대에 지식인 계층을 대변하고 있던 여러 가톨릭 성직자들이 가톨릭의 확산을 통해 이 이념을 자주 활용하게 되면서 알려지게 된다.

166) 김성환, *op. cit.*, 2001, p. 116.

작품 속에서 남슬라브족의 민족 통합 개념으로 자주 인용되게 된다. 즉, 로마가 발칸 지역을 정복하기 이전 이 지역을 넓게 장악하고 있었던 고대 일리리안 부족의 명칭에서 유래한 '일리리아'란 개념은, 19세기 민족주의 시대 이후 '일리리아주의'의 확산을 낳았고, 뒤이어 남슬라브인들 사이에 자신들이 발칸지역의 선주민이었던 고대 일리리아인들의 후손이라는 생각과 남슬라브족 통합의식(유고슬라비아주의)을 확산시키는 데 기여했다고 볼 수 있다. 결과적으로 유고 지역 내에서 이러한 의식의 확산은 제1차 세계대전 이후 최초의 남슬라브족 통합 국가인 '세르비아-크로아티아-슬로베니아 왕국'의 도래를 낳게 하였다.

19세기 보스니아는 이처럼 급격히 팽창해가던 '세르비아주의'와 '유고슬라비아주의'라는 민족주의 열기의 한 가운데에 위치하고 있었다. 1878년 베를린 조약 이후 보스니아의 무슬림들은 이전까지 자신들의 적이자 지배대상이었던 기독교인들의 지배를 받아들어야만 했다. 19세기 발칸유럽에 들어온 민족주의로 인해 보스니아인들은 그동안 종교에 의해 사회적 신분과 지위를 결정하던 집단구분(이슬람 혹은 비(非)이슬람)에 '민족'이라는 요소를 첨가해야만 했고, 이것은 곧 '종교에 따른 민족 집단의 구분'을 낳게 하였다. 따라서 이후 보스니아 내에서 이슬람을 믿는 이들은 '보스니아 무슬림'으로, 정교를 믿는 이들은 '세르비아인'으로 그리고 가톨릭을 믿는 이들은 '크로아티아인'으로 규정되게 되었다.

실제, 1878년 오스트리아의 보스니아 지배와 더불어 서유럽의 민족주의 기운이 더욱 더 이 지역으로 확대되는 가운데, 보스니아 내 남슬라브인들 사이에 이러한 '종교'와 '민족주의'의 결합은 더욱 더 굳어지게 된다. 1878년 이후 오스트리아 지배 하에서 이들을 통해 들어온 민족주의 사상은 보스니아 내 남슬라브인들 사이로 급속히 퍼져갔다. 이에 따라 과거 보스니아의 문화특성은 단순히 집단차원에서 종교에 기반을 둔 전통과 행위로 서로를 구별하는 것에 불과했지만, 19세기 이후 이들은 종교에 근거한 민족구분의 필요성에 직면해야 했으며, 따라서 종교단체들은 점차 민족을 대표하는 중요 집단으로 인식되게 된다.

당시 오스트리아는 세르비아 민족주의나 남슬라브족 통합 움직임의 확산이 보스니아의 분열과 오스트리아 지배권 약화를 가져올 것이라는 점을 인식하고 있었다. 오스트리아는 다(多) 민족으로 구성되어 있는 보스니아에서의 지배권을 확립하기 위해, 우선적으로 세르비아 민족주의의 보스니아로의 확대를 막아야만 했다. 또한 오스트리아는 당시 지배지역이었던 달마티아와 크로아티아 지식인들의 남슬라브족 통합 움직임의 일환인 '일리리아주의 운동' 또한 저지해야만 했었다. 이런 현실적 어려움에 직면한 가운데 오스트리아는 보스니아 지배 이후 보스니아 사회의 안정이 무엇보다도 필요하다고 판단하였다. 따라서 오스트리아는 점령 이후에도 보스니아 내 기독교인들의 바람과는 달리 보스니아 내 다수민족이자 지배계층을 형성하고 있었던 보스니아 무슬림의 권리를 일시에 축소시키기 어려웠다.

당시 오스트리아의 보스니아 정책은 다음과 같은 3단계와 그 과정을 거치며 전개되었다. 첫 번째는 1878년 점령부터 1903년까지의 시기로, 이 당시 오스트리아는 보스니아 내에서 종교교육의 성장과 성직제도의 부활을 장려하였다. 동시에 오스트리아는 보스니아인들에게 이웃 민족들과의 차별성과 보스니아 사회의 독자성을 강조함으로써, 세르비아 민족주의 확산과 남슬라브족 통합 운동의 영향으로부터 보스니아를 차단시키려 노력하였다. 이를 위해 오스트리아는 보스니아의 독특한 역사와 문화, 전통을 주입시키려 노력하였다. 하지만 이런 노력은 세르비아 등 이웃 국가들의 방해와 이미 굳어져 버린 종교에 기초한 민족 정체성의 차이를 극복해내진 못하였다. 두 번째는 1903년부터 1908년까지의 시기로, 종교 집단에 기초한 민족주의 기운 확산과 민족정체성 확대는 자유로운 종교 활동과 정당수립 그리고 신문 출판을 요구하게 하였으며, 그 결과 오스트리아는 이에 대한 자유화 방침을 선포해야만 했다. 따라서 각 민족 집단들의 종교 활동이 늘어났고, 정당 활동과 신문출판이 허락되었으며, 문화, 종교적 자율권이 확대되게 된다. 세 번째는 1908년부터 제1차 세계대전이 발발한 1914년까지의 시기로, 1908년 보스니아의 합병을 공식 선언한 오스트리아는 1910년 종교에 기초한 각 정당대표들을 포함한 보스니아 의회를 소집하는데 성공하게 된다. 이후, 오스트리아는 발칸유럽으로의 식민지 확대정책을 더욱 강력히 추진해 가기 시작했다. 하지만 오스트리아의 이러한 의도는 보스니아와 국경을 맞대고 있으면서 역시 영토 확장에 주력하고 있던 세르비아 그리고 발칸유럽 내 영향력 확대를 위해 여러 노력을 기울이고 있던 러시아를 극복해야만 하는 현실적 어려움에 부딪혀 별다른 실효를 거두지 못하게 된다.

첫 번째 시기 동안 오스트리아는 주변 남슬라브족들의 민족주의가 보스니아로 확대되는 것을 막기 위한 노력과 동시에, 보스니아 내 남슬라브족들이 이웃 남슬라브 민족들과 차별성을 지니고 있다는 점을 강조하고자 했다. 이러한 오스트리아의 노력은 이후 학자들에 의해 '보스니아주의(Bosnianism/ bošnjaštvo)'로 묘사되게 된다. 당시 이러한 오스트리아의 정책에 대해 이보 바나쯔(Ivo Banac)는 보스니아의 여러 책임자 중 특히 칼라이(Benjamin von Kállay) 지배 기간(1882-1903)에 초점을 맞추고 있는 데, 그의 주장에 따르자면 "칼라이 장관은 이 기간 동안 계속해서 증대되어 가던 세르비아 민족주의와 남슬라브족 통합 움직임 속에서 보스니아를 사수하고자 '보스니아 민족성' 창출에 주력하였다. 그의 이러한 정책은 주로 보스니아 무슬림을 중심으로 이루어졌는데, 이는 당시 보스니아 내 무슬림 세력과 수적 감소가 곧 세르비아 민족주의의 확대로 이어질 것이라는 우려에서 비롯된 것이었다"고 분석하고 있다.[167] 결과적으로 보았을

167) Ivo Banac, *op. cit.*, p. 360.

때 오스트리아의 이러한 정책들은 19세기 민족주의 도래와 오스만 터키의 쇠퇴 속에 다른 발칸유럽 지역 내 대다수의 무슬림들이 자신의 정체성을 상실하거나, 기독교 세력의 압력을 피해 본토인 오스만 터키로 피신하였던 것과는 달리, 계속해서 보스니아 내에 다수의 무슬림들이 존립하게 된 중요 요인이 되었다.

이러한 오스트리아 정부의 지원 외에도 보스니아 무슬림들이 종교에 기초한 문화적 민족주의에 강한 집착을 드러내게 한 또 다른 계기들은 오스트리아 지배 하에서 일어났던 일련의 종교 개종 사건들과 이에 따른 보스니아 무슬림들의 위기감에서 비롯되게 된다. 1890년대에 들어와 보스니아 내에는 기독교인들이 무슬림들에게 기독교로 종교을 개종할 것을 요구하는 여러 사례들이 발생하게 되는 데, 특히 헤르체고비나 모스타르 인근 마을의 파타 오마노비치(Fata Omanović)란 무슬림 소녀가 이러한 압력과 회유에 굴복해 가톨릭으로 개종한 사건은 기존 보스니아 무슬림 사회에 커다란 동요를 일으키게 하였다.[168] 따라서 두 번째 시기인 1903년 이후 오스트리아 정부는 보스니아 사회 안정을 위해 보스니아 무슬림의 문화·종교적 자율권 확대를 인정한다는 성명을 발표해야만 했고, 그 결과 오스트리아 지배초기 어떠한 정치공동체도 형성하지 못하고 있던 보스니아 무슬림은 오스트리아의 지원 속에 1906년 마침내 정치 단체의 성격을 띤 '무슬림 민족협회(MNO: Muslimanska narodna organzacija)'를 창설하게 된다. 이후 '무슬림 민족협회'는 제1차 세계대전 후 형성된 '세르비아-크로아티아-슬로베니아 왕국' 하에서 '유고슬라비아 무슬림 협회(JMO: Jugoslovenska muslimana organizacija)'로 개칭되었고, 이후 계속해서 보스니아 무슬림의 정치적 권위와 세력 유지에 힘을 쏟게 된다.[169] 이러한 보스니아 무슬림과 오스트리아 간의 밀월관계 성립에 대한

168) 19세기 이후 무슬림을 자극했던 일련의 사건들에 관한 내용은 Mark Pinson, *op. cit.*, pp. 98-111에 나타난 내용들을 참조.

분석에서 어딘 바브나(Aydin Babuna)는 "대다수의 보스니아 무슬림들이 여전히 오스트리아를 지배 국가로써 인정하지 않고 있었음에도 불구하고, 이처럼 정치권력을 획득하고자 노력했던 이유는 경제(특히 농업), 종교, 교육 등에 있어 누려왔던 기존의 특권을 보스니아 무슬림들이 계속 유지하기 위한 방편이었다"라고 분석하고 있다.[170] 오스트리아의 보스니아 무슬림의 정치적 민족 집단화 움직임에 대한 지원이 계속되는 가운 데, 1908년 오스트리아는 보스니아에 대한 지배권을 더욱 확실히 하기 위한 마지막 조치로 보스니아 합병을 선언하게 되었고, 이러한 선언은 이웃한 세르비아 근대 독립국가로의 편입을 바라고 있던 보스니아 내 세르비아인들의 강력한 반발을 불러오게 하였다.

2. 오스트리아의 보스니아 합병(1908)과 그 영향

1908년 보스니아를 완전히 합병한 오스트리아는 이 지역에 대한 통치권을 확고히 하기 위해 베를린과 현재 크로아티아의 수도인 자그레브 사이에 건설하고자 했던 철로를 사라예보까지 연장시킨다는 계획을 수립하게 된다. 또한 오스트리아는 발칸유럽으로의 새로운 식민지개척과 군사수송로를 위해 아드리아 해안을 따라 새로운 철로를 건설하기 시작하였다. 보스니아 식민지 개척과 유지를 위한 현대적 수송로 계획을 수립한

---

169) 보스니아 무슬림들의 정치적 정당설립노력과 함께, 보스니아 내 기독교 민족들도 또한 교회와 교육시설의 확대, 자치권 획득노력을 계속하였다. 이에 따라 세르비아인들은 '세르비아 민족협회(SNO: Srpska nacionalna organizacija)'를, 크로아티아인들은 '크로아티아 민족연합(HNU: Hrvatska nacionalna unija)'과 '크로아티아 가톨릭연맹(HKU: Hrvatsko katoličko udruženje)'을 결성하게 된다. Robert J. Donia and John V.A. Fine, *op. cit.*, pp. 97-100.

170) Aydin Babuna, "The Emergence of the First Muslim Party in Bosnia-Hercegovina", *East European Quarterly,* Vol. 30, No. 2, (1996), p. 149.

오스트리아는 이어 1910년에는 보스니아 의회선거를 실시해 보스니아에 대한 지배권을 더욱 더 확실히 하고자 하였다. 당시 오스트리아는 여러 민족으로 구성되어 있는 자신의 제국을 유지하기 위한 방안으로 지역 내 대표로 뽑힌 피지배 민족 의원들에게 국정운영의 일정부분 참여를 허용해 준다는 내용을 발표하였다. 오스트리아의 주도 속에 1910년 치러진 선거에서 보스니아 내 세르비아 정당인 '세르비아 민족협회(SNO)'는 전체 의석 중 31석을, '무슬림 민족협회(MNO)'는 24석을 그리고 '크로아티아 민족연합(HNU)'은 12석, '크로아티아 가톨릭연맹(HKU)'은 4석을 차지하였다는 선거 결과가 발표되었다.[171] 이러한 결과는 보스니아 병합 이후 보스니아를 대표하는 세 개의 민족 계파를 오스트리아 행정 지배 영역하로 끌어들여 주변의 민족주의 침투를 차단시키겠다는 전략에는 성공하였으나, 기대보다 낮은 보스니아 무슬림들의 투표 참여로 보스니아 무슬림을 중심으로 보스니아의 정국을 유지하고자 했던 오스트리아의 의도에는 일련의 차질을 빚게 된다.

반면, 오스트리아는 1908년 보스니아를 완전히 병합한 이후 보다 더 확대된 크로아티아와 세르비아 민족주의 움직임에 따라 점차 어려움에 봉착해 있었다. 우선 보스니아 내 크로아티아인들 사이엔 이웃 크로아티아와 달마티아 지역에서 확대되고 있던 남슬라브 통합 운동이 보스니아 내로 확대되는 것에 동조하고, 더 나아가 보스니아를 크로아티아 민족-국가 건설 운동의 연장선상에서 보아야 한다는 주장이 설득력을 얻어가고 있었다. 이러한 주장은 주로 보스니아 내 가톨릭 신봉자들과 함께 이웃한 크로아티아 본토로부터 보스니아로 이주해 온 크로아티아인 혹은 크로아티아에서 교육받은 지식인들을 중심으로 제기되었다. 다른 어떤 이들보다도 크로아티아 민족 정체성이 강하였던 이들은, 크로아티아가 독립국가를

171) Obren Blagojević, *Ekonomska misao u Bosni i Hercegovini,* (Beograd: Srpska akademija nauka i umetnosti, 1993), p. 59.

건설한 이후에 보스니아를 크로아티아로 편입시켜야 하며, 이를 위한 작업의 일환으로 보스니아 내 가톨릭 사제들이 보스니아의 가톨릭화에 앞장서야 한다고 주장하였다.[172] 이러한 의식은 훗날 제2차 세계대전 당시 독일의 지원을 받아 크로아티아와 보스니아 지역을 장악하게 된 크로아티아 극우 민족주의 정부인 우스타샤 정부에게 영토 내 비(非)가톨릭 교도들에 대한 가톨릭 강제 개종 작업의 정신적 기초가 되었으며, 가톨릭 사제들의 적극적인 동조와 지원을 얻는 주요 동기를 제공하게 된다.

반면, 세르비아 민족주의에 심취해 있던 보스니아 내 세르비아인들은 1890년대 이후 계속해서 자신들만의 교육기관, 정교 교회 그리고 '스르프스카 리예치(Srpska Riječ)' 등 신문 편찬 사업에 주력하면서, 세르비아인들의 단결과 민족의식 확대를 추진하여 갔다. 보스니아 내 세르비아인들은 비록 오스트리아의 지배 하에 있었음에도 불구하고, 1878년 독립한 이후 새로운 근대국가로 성장하고 있던 이웃 세르비아 왕국으로의 편입에 더 많은 관심을 보이고 있었다. 보스니아 내 세르비아인들의 세르비아 본국에 대한 이러한 심정적 동조는 1905년 12월 오스트리아의 반대와 압력에도 불구하고 보스니아 내 세르비아 정교 교회 확대와 세르비아인 학교 자치 선포의 주요 배경을 제공하기도 했다.

1912년과 1913년의 두 차례 발칸전쟁을 겪으면서 세르비아의 영토와 인구는 전쟁 전보다 2배로 늘어났고 국가체제도 훨씬 더 견고해졌다. 하지만 발칸유럽 내에서 세르비아의 세력 확대는 보스니아를 둘러싼 오스트리아와의 치열한 갈등을 불러 일으켰고, 더불어 제1차 세계대전의 빌미를 제공하게 된다. 제1, 2차 발칸전쟁은 1912년 3월과 5월에 걸친 두 차례의 협상을 통해 세르비아, 몬테네그로, 불가리아 그리고 그리스로 구성된 '발칸동맹'의 탄생에서부터 비롯되었다. 오스만 터키를 대신해 발칸유럽에

172) Robert J. Donia and John V. A. Fine, *op. cit.*, p. 65.

영향력을 행사하고자 했던 러시아는 발칸동맹을 오스트리아의 ‘동진정책’ 견제와 러시아의 영향력 확대라는 전략 차원에서 적극적으로 지지하였고, 이후 러시아의 지원 속에 발칸 동맹국들과 오스만 터키 간에 ‘제1차 발칸 전쟁(Prvi balkanski rat: 1912. 10~1913. 5.)’이 시작되게 된다.

제1차 발칸 전쟁은 1912년 10월 몬테네그로의 오스만 터키에 대한 공격을 시작으로 발칸연맹을 구성하고 있던 불가리아, 세르비아 그리고 그리스가 전쟁에 참여함으로써 시작되었다. 쉽게 동맹군을 제압하리라는 서유럽의 예상과는 달리 전쟁초기부터 터키군은 모든 진영에서 후퇴해야 했으며, 특히 세르비아는 아드리아 해안을 따라 현(現) 알바니아 지역을 장악함으로써 국가적 숙원이었던 해양과 보스니아로의 진출을 모색하게 되었다. 하지만 서구 열강들 특히 보스니아를 거쳐 발칸유럽으로의 계속된 진출을 꾀하고 있었던 오스트리아는 세르비아의 세력 확대를 견제하기 위해 현재의 알바니아 지역에 알바니아 독립국가를 수립해 주었으며, 이것은 훗날 발칸유럽의 대표적인 분쟁들 중 하나인 세르비아인들과 알바니아인들 사이 민족갈등의 단초를 제공하게 된다. 이와 함께 오스트리아는 보스니아 남부 지역에 군대를 증파하여 세르비아가 보스니아로의 진출에 중요한 전략적 요충지인 아드리아 해안 지역을 포기하도록 압력을 가하였다. 이후 1913년 5월 서구 열강들의 개입으로 런던회의를 통해 제1차 발칸전쟁이 종결되게 된다.

그러나 조약 한 달 후에 불가리아는 잃어버린 마케도니아 지역을 다시 회복하겠다는 선언과 함께 러시아의 지원 속에 세르비아와 그리스를 공격함으로써 ‘제2차 발칸전쟁(Drugi balkanski rat: 1913. 6.~1913. 8.)’이 시작되었다. 중세 제1, 2 불가리아 제국의 영토회복과 당시 영광을 되찾겠다는 의도 속에 시작된 제2차 발칸전쟁은 세르비아, 몬테네그로, 그리스, 루마니아, 터키의 연합저항과 불가리아의 완패를 불러오게 된다. 뒤이어 1913년 8월 맺어진 부카레스트 조약에 따라 불가리아는 루마니아에 도부르자(Dobrudja)와 실리스트리아(Silistria) 지역을, 세르비아에는 상당한 영토의 중부 마케도니아 지역을, 터키에게는 아드리아노플 지역을 그리고 그리스에게는 에게 해 연안일대를 양보해야만 했다. 결국 세르비아는 제1, 2차 발칸 전쟁을 통해 북부와 중부 마케도니아 지역의 대부분을 장악해 이전 마케도니아 지방의 38.4%를 차지하게 됨으로써, 발칸유럽에 대(大) 세르비아 국가 건설을 통한 세르비아 민족주의 실현의 첫 걸음을 내딛게 되었다.[173)]

20세기 초에 일어난 제1, 2차 발칸전쟁을 통해 오스만 터키는 발칸 지역에 대한 지배권을 완전히 상실하게 된 반면, 발칸지역의 민족들은 오스만 터키의 영향력으로부터 완전 독립과 독자적 민족국가로의 성장 가능성을 인정받게 되었다. 더불어, 제1, 2차 발칸전쟁의 놀라운 승리와 대규모 영토 확장에 따라 세르비아 민족주의자들 사이에선 보스니아 지역을 비롯해 전체 발칸지역의 세르비아인을 하나로 묶어 강력한 세르비아 국가를 건설하고자하는 의지가 한층 더 고취되게 된다. 이러한 의식은 곧바로 보스니아를 비롯하여 발칸유럽의 세르비아인들에게 빠르게 확대되어 갔다. 1908년 오스트리아의 보스니아 합병은 발칸유럽의 새로운 불씨로 떠오른 세르비아 민족주의의 뇌관을 건드리는 것을 의미했다. 합병 발표 이후 보스니아 내에는 세르비아 민족주의를 신봉하는 다수의 민족주의 비밀 단체들이 결성되게 되는데, 이 중 '젊은 보스니아(Mlada bosna)', '흑수단(黑手團/ Crna ruka)' 그리고 '민족 수호 단(Narodna odbrana)' 등의 단체들은 많은 수의 조직원과 세르비아 민중의 압도적인 지지를 바탕으로 보스니아 전역지역에서 활발한 활동을 전개하여 갔다. 그중 헤르체고비나 지방을 중심으로 활동하였던 '젊은 보스니아'은 이상주의적인

173) Demetrius Andreas Floudas, "A Name for a Conflict or a conflict for a Name: an Analysis of Greece's Dispute with FYROM", *Journal of Political Military Sociology,* Vol. 24, No. 2, (1996), p. 88.

범슬라브 민족주의 운동과 사회주의 운동을 그 목표로 하는 가장 열정적인 단체였다. 이 단체는 특히 고등교육을 받은 세르비아 청년들로부터 가장 많은 지지를 얻고 있었는데, 훗날 사라예보에서 오스트리아 황태자 부처를 암살한 가브릴로 쁘린찌쁘(Gavrilo Princip)도 이 단체의 헤르체고비나 지부소속 조직원으로 밝혀졌다.

보스니아 합병을 계기로 발칸유럽으로의 진출을 더욱 더 가속화하려 했던 오스트리아, 반면 이러한 오스트리아의 의도를 막고 발칸유럽 내 영향력을 견고히 하려 했던 러시아, 그리고 발칸전쟁에서의 승리를 계기로 보스니아를 비롯해 발칸유럽의 상당 지역을 차지한 후 '대(大) 세르비아 민족국가' 건설과 발칸의 맹주 국가로 부상하려 했던 세르비아 간의 갈등은 제1차 세계대전의 뇌관을 형성하고 있었다. 오스트리아의 페르디단드(Ferdinand) 황태자 부처가 보스니아의 사라예보를 방문한 1914년 6월 28일, 세르비아 민족주의에 불타 있었던 가브릴로 쁘린찌쁘는 마침내 그 뇌관을 당겼고, 곧 이어 길고도 지루했던 제1차 세계대전의 서막이 시작되게 된다. 이후 1918년 세계대전의 종결에 따라 보스니아는 최초의 남슬라브족 통합 국가로 탄생한 '세르비아-크로아티아-슬로베니아 왕국' 그리고 제2차 세계대전 이후에는 티토가 이끄는 '사회주의 유고슬라비아 연방' 하로 편입되게 된다. 이때 이후 보스니아는 19세기 민족주의 시대 이후 자신의 운명을 바꾸어 놓았던 민족주의의 열풍을 내재한 채 20세기를 지내오다, 20세기 말인 1992년에 들어와 마침내 기나긴 내전을 통해 민족주의의 부활을 다시 알리게 되었다.

IV. 정리하기

19세기 민족주의 시대, 민족주의는 발칸유럽을 포함 전 유럽의 사상과

정신적 세계를 지배하고 유럽 내 민족들에게 절대적인 영향력을 발휘하게 된다. 특히 19세기 민족주의가 유럽을 지배하던 당시 동양과 서양의 지배를 함께 경험해야 했으며, 다양한 종교 집단으로 구성되어 있던 보스니아에서의 민족주의 여파는 다른 어느 지역에서보다도 더 커다란 파장을 불러일으켰다.

19세기 민족주의가 보스니아에 미친 영향은 무엇보다도 그동안 단순한 종교집단(이슬람, 정교, 가톨릭)에 불과하였던 보스니아 내 각 구성체들을 각각의 민족 집단(보스니아 무슬림, 세르비아인, 크로아티아인)으로 발전시키는데 일조하였다는 점을 들 수 있다. 19세기 당시 발칸유럽에 전파된 민족주의의 영향으로 지역 내 각 민족들은 외세 지배를 벗어나 자신들의 민족-국가 수립에 대한 이상을 추진할 수 있었고, 마침내 1878년 산스테파노와 베를린 조약에 의해 그들의 꿈을 어느 정도 실현하는 데 성공하게 된다. 반면 19세기 당시 보스니아는 이 지역으로의 진출과 영향력 확대에 관심을 지니고 있던 동·서 제국(오스트리아, 오스만 터키, 러시아...)과 주변 민족들(세르비아, 크로아티아)의 갈등선상에 위치해 있었고, 이러한 배경으로 어느 강대국이나 주변 민족도 자신들의 종교에 바탕 한 민족정체성을 보스니아 내 각 민족들에게 일방적으로 강요하기가 힘들었었다. 또한 1878년 이래로 오스만 터키의 지배를 벗어난 주변 남슬라브족 국가들이 독립된 민족-국가로 발전해가면서 오스만 터키적 요소와 무슬림 세력을 배격하고 자민족 중심의 민족주의를 확대 발전시킬 수 있었던데 반해, 1878년 이전 오스만 터키에서 그리고 이후에는 오스트리아의 지배로 넘어가게 된 보스니아는 주변 국가들과는 달리 자신들의 민족-국가로 발전해 나갈 수 있는 시기를 놓치게 된다. 더불어 당시 제국의 안정을 위협하는 주변 민족들의 민족주의 열풍을 잠재우고 보스니아 내 새로운 지배권을 확고히 하고자 했던 오스트리아의 식민지 정책 결과 보스니아 내 각 민족들은 자신들의 고유한 문화적 전통과 종교를 바탕으로 한 민족 집단과 민족 정체성을 구축해 나갈 수 있게 되었다.

19세기 당시 민족주의는 보스니아의 시대적 상황과 현실에 따라 보스니아 내 각 민족들에게 받아들여졌고, '우리'와 '그들'을 구분하는 데 있어 절대적인 기준으로 자신들이 그토록 지키고자 노력하여왔던 '종교적 구분'에 의해 '민족 정체성의 구분'이 이루어지게 되는 배경을 형성케 해 주었다. 더불어 이러한 역사적 배경이 이후 20세기 말 '인종 청소(Ethnic Cleaning)'라는 용어를 등장시키며 주요 국제 분쟁 중 하나로 자리 잡게 된 보스니아 분쟁의 한 원인을 제공하였다는 점에서 그리고 오늘날 다양한 종교와 문화의 모자이크 지역으로서 그리고 동양과 서양 문화의 접합접으로써 보스니아가 문명 간, 문화 간의 조화로움을 다시 구축할 수 있을 것인가?에 대한 흥미와 연구를 불러일으킨다는 점에 있어서 19세기 민족주의 시대의 보스니아를 살펴보고자 했던 본 절의 의미가 있다 하겠다.

제4절, 세르비아

- 문화적 민족주의, 세르비아주의의 형성과 발전

19세기 민족주의 시대, 세르비아를 읽는 역사 키워드
발칸유럽의 대표적 민족 특징인 '문화적 민족주의'중 오늘날까지 이 지역 민족 분쟁의 주요 요인으로 대두되고 있는 세르비아 민족주의, 즉 '세르비아주의'는 중세 세르비아 왕국의 영토적 경계와 당시 최대 전성기였던 스테판 두샨 왕 시절의 역사적 당위성에 그 기원을 두고 있다. 세르비아주의의 특징은 과거 찬란했던 자신들의 역사와 그 이상을 현재적 영토 확대와 미래의 세르비아 민족국가 건설이라는 이상을 실현하려는 세르비아인들의 민족주의 의식의 발로로 표현될 수 있을 것이다. 더불어, 19세기 민족주의 시대에 정립된 세르비아주의는 오스만 터키 하에서 피지배 상태로 전락해 있던 세르비아인들에게 있어, 외세의 지배에서 벗어나 자신들만의 순수한 독립 민족국가를 수립하고, 발전해 나가고자 하는 의지에 중요한 정신적 기초를 제공하였다고 볼 수 있다. 본 절에선 세르비아주의의 역사적 형성 배경에 대한 이해를 바탕으로, 19세기 세르비아 근대 왕국의 수립과 발전에 세르비아주의가 어떠한 영향을 미쳤고, 그에 따른 결과는 어떠했는지를 살펴보고자 한다. 본 글에선, 우선 19세기 세르비아가 근대 독립왕국으로 가기 위한 중요한 과정이었던 제1, 2차 세르비아 혁명의 시대적 배경과 전개과정 그리고 제1, 2차 발칸전쟁(1912-1913)에서의 승리 등이 세르비아와 세르비아 민중들에게 미친 영향과 그 의미를 살펴보고자 한다. 그리고 이런 역사적 과정 속에서 세르비아주의가 세르비아 근대 왕국의 수립과 발전에 어떠한 역할과 영향을 미쳤는지를 알아보고자 한다. 이와 더불어 19세기 민족주의 시대에 세르비아주의가 대표적인 세르비아 문화적 민족주의 이념으로 구축되어 가는 과정 속에서, 세르비아주의가 일반 민중들에겐 어떻게 다가왔는지 또한 소개하고자 한다.

I. 생각하기

18세기 이후 서유럽은 산업혁명을 통한 사회·경제적인 발전과 더불어 민족주의 이념의 도입으로 대대적인 사회 변혁기를 맞이하고 있었다. 이러한 변화와 더불어 서유럽의 여러 국가들은 단일 민족으로 구성된 독립 국가 혹은 거대한 식민지를 바탕으로 형성된 제국 등의 다양한 방식으로 자신들의 민족-국가(Nation-State)를 수립하려는 노력을 기울이고 있었다. 반면 세르비아를 포함한 발칸유럽의 대부분 지역은 19세기 중엽까지도 여전히 오-헝 이중 제국 혹은 오스만 터키제국의 지배 하에서 피지배 식민지 상태로 놓여있었다.

이러한 동·서유럽 간 시대적 상황과 현실의 차이점은 19세기 이후 세계사적으로 중요한 이데올로기로 등장한 민족주의가 동·서유럽 사이에 분명한 차이점을 보이며 발전하게 되는 계기를 마련하게 된다. 본 책의 제1장에서 언급하고 있듯이 한스 콘 교수는 동·서 유럽 간 민족주의 정의와 그것의 차이점 배경을 설명하는데 있어 "서유럽에서의 민족주의 도입이 변화하는 사회적·경제적 그리고 정치적 실체들과 함께 하고 있었던데 반해, 중·동유럽의 민족주의는 이러한 변화가 있기 전에 유입됨으로서 서유럽과는 전혀 다른 모습으로 발전하게 되었다"고 주장하고 있다. 이와 더불어 그는 "서유럽의 민족주의가 과거에 대한 감정적 집착보다는 현재의 모습과 정치적 실체를 더 중요시하며 민족-국가를 건설하려는 의지를 보인데 반해, 동유럽에서 보이는 민족주의 특징은 민족주의 도입 당시 피지배적인 시대 상황에 따른 정치 현실로 인해 독립된 조국(fatherland)에 대한 이상을 추구하게 되었고, 여기에 과거의 신화(myth)들과 미래 조국에 대한 꿈(dream)들을 담아, 이것이 정치적 실체로 이루어지기를 원하였다"고 분석하고 있다.

이러한 이론적 논리를 근거로 서유럽에서의 민족주의는 민족과 국가를 동일시하고 민족보다는 국가에 더 충성을 요구하는 특징을 보이며, 민족주의 기초요소로서 사회계약, 일반의지(general will) 그리고 법과 국가적 실체 등 정치적 요소를 중요시 여긴다는 특징을 들어 '정치적 민족주의'라 정의 내릴 수 있을 것이다. 이에 반해 세르비아를 포함한 동유럽에서의 민족주의는 민족과 국가를 별개의 존재로 인정하고 국가보다는 민족에 대한 충성을 더 강조하며, 민족주의 기초요소로서 선민의식, 신화, 독립 그리고 미래와 꿈 등 문화적 요소를 더 중요시 여긴다는 점에 있어 '문화적 민족주의'로 정의 내리고자 한다.[174)]

발칸유럽의 이러한 대표적 '문화적 민족주의' 중 하나였던 세르비아주의는 중세 세르비아 왕국과 당시 최대 전성기였던 스테판 두샨 왕 시절의 영토, 문화적 확대에 기초한 역사적 당위성을 그 기원으로 하고 있다. 과거 역사에 대한 이상과 미래의 조국을 결부시키려는 세르비아주의는 19세기까지도 피지배 상태로 어려움을 겪고 있던 세르비아인들에게 오스만 제국의 지배에서 벗어나 자신들의 민족국가를 수립하고, 발전해 나가고자 하는 의지에 중요한 정신적 기초를 제공하게 된다. 특히 제1, 2차 세르비아 혁명(Prvi, Drugi srpski ustanak: 1804-1813, 1815-1830) 이후 세르비아가 자치국가에서 독립국가로 발전해 가는 과정에 있어 세르비아주의는 세르비아 민족들 사이에 하나의 중요 이데올로기로 정착하게 되었다. 이와 함께 러-터 전쟁의 결과로 맺어진 1878년 산스테파노 조약과 베를린 조약에 따라 세르비아가 독립국가로 등장한 이후 세르비아주의는 세르비아 민족주의 표출의 한 형태로써 체계적이고 본격적인 발전을 이루게 된다.

174) 자세한 내용에 대해서는 본 책 제1장을 참조할 것.

II. 제1, 2차 세르비아 혁명의 전개과정과 그 의미

1. 제1차 세르비아 혁명의 배경과 전개과정

19세기 초 당시까지도 세르비아 지역을 비롯한 발칸유럽의 패권 국가였던 오스만 제국은 르네상스와 산업혁명 이후 새로운 식민지 개척과 계속적인 산업 발전을 통해 강대국으로 성장하고 있던 서유럽의 국가들과는 달리 예전의 관습에 기초한 정치·경제·사회 정책을 고수하면서 유럽의 후진 지역으로 전락해 가고 있었다. 이와 함께 17세기 제2차 비엔나 전투(1683)에서의 패배 이후 보스니아와 세르비아 등 지방에 대한 중앙정부의 세력이 크게 약화된 반면 지방 귀족들과 토호들의 세력이 중앙정부보다 더 큰 영향력을 행사하게 됨으로써 지방 관료들의 부패와 무슬림 지주들의 기독교 농노에 대한 착취가 가중되게 된다.[175)]

실제 오스만 제국의 제2차 비엔나 공략 실패 이후 1699년 합스부르크와 오스만 제국 간에 체결한 스렘스키 카를로브찌 조약은 전체 유럽의 세력균형에 중대한 변화를 불러왔을 뿐만 아니라 이 양대 세력의 지배를 받고 있던 남슬라브민족들에게도 큰 영향을 미치게 된다. 이 조약에 따라 과거 오스만제국 지배지역이었던 헝가리, 트란실바니아와 슬라보니아 그리고 크로아티아 지역에 대한 합스부르크의 영향력이 증대되었고, 발칸지역에서 많은 영도를 상실한 오스만제국은 서서히 이 지역에 대한 지배력을 상실하여간다.[176)]

---

175) Obren Blagojević, *op. cit.*, pp. 21-22.

176) 1718년 포자레바츠(Požarevac)조약을 통해 오스만제국은 합스부르크 제국에게 베오그라드를 포함하여 일부 세르비아 지역을 더 양보해야만 했다. 비록 1739년 '베오그라드 조약'에 의해 베오그라드를 포함해 사바-두나브 강의 남부지방에 속해있던 지역이 다시 오스만제국에게 양도되긴 하였으나 합스부르크는 계속해서 보이보디나와 크로아티아-슬라보니아

현재 세르비아의 자치주인 보이보디나로부터의 오스만제국의 후퇴는 세르비아인들에게 자신들의 정체성을 다시 회복할 수 있는 중요한 기회를 제공하여 주게 된다. 과거 중세 세르비아 왕국의 몰락 이후 오스만제국의 압제를 피해 이 지역으로 이동해온 세르비아의 후손들은 고유한 세르비아 문화를 이곳에서 다시 발전시킬 수 있었다. 특히 세르비아와 국경에 위치한 프루쉬카 고라(Fruška Gora) 지역의 정교회 사원들은 19세기 초 일어난 세르비아 혁명의 시발점이자 근대 세르비아 르네상스의 발원지였고 결과적으로 근대 세르비아 독립국가 수립에 중대한 영향을 미치게 된다. 또한 1791년 카를로브찌에 최초의 세르비아 중등학교가 수립된 후 도시테이 오브라도비치(Dositej Obradović), 이반 유고비치(Ivan Jugović) 그리고 보조 그루요비치(Božo Grujović) 등 여기서 배출된 다수의 세르비아 지식인들은 훗날 세르비아 혁명 성공과 근대 세르비아 국가 건설에 중요한 역할을 담당하게 된다.177)

세르비아가 근대국가로 독립해 나가고자 하는 의지를 강하게 표출하였던 세르비아 혁명은 우선 오스만제국의 식민지 정책 실패와 이로 인한 제국의 약화에서 그 배경을 찾을 수 있다. 18세기로 들어오면서 오스만 지방 관료들의 부패와 이에 저항하는 피지배 민족들의 반발로 인해 오스만제국의 국력은 날로 약화되어 갔으며 이를 방지하고자 시행한 술탄의 여러 근대적 개혁정책들은 당시 기득권 세력이었던 야니챠르(Janičar)들의 강력한 저항으로 인해 큰 효과를 보지 못하였다.

마흐므드 1세(Mahmud I: 1730-1754)는 전근대적인 군사조직을 폐지

지역을 장악할 수 있었고 이후 오스만제국은 다시는 사바-두나브 강을 넘어 북쪽으로 세력을 확장하지 못하였다. 18세기 세르비아에 대한 영향력 확보를 둘러싼 오스만제국과 합스부르크 제국 사이의 충돌과정과 그 의미에 관해선 Michael Boro Petrovich, *op. cit.*, pp. 19-23 참조.

177) *Ibid.*, p. 43.

하고 서구와 같은 근대식군대를 창설하고자 하였다. 하지만 17세기말 이후 데브쉬르메(Devşirme) 제도[178]의 폐지에 따라 수적인 팽창이 멈추었던 야니차르들은 술탄의 이러한 개혁조치가 자신들의 기득권을 앗아갈 거라 우려하였고, 이를 지키기 위해 자신들의 사병을 이용, 술탄의 개혁에 대한 조직적인 저항 운동을 시작하게 된다. 이에 따라 세르비아와 보스니아를 비롯한 오스만제국의 변경지역에 대한 중앙정부의 통제력이 더욱 더 상실되어 갔다. 결국 마흐므드 1세는 이들의 저항에 굴복하게 되었고, 술탄의 개혁 노력을 저지시킨 야니차르들은 이전보다도 더 혹독한 방법으로 기독교 농민들을 수탈하거나, 토지를 몰수해 나갔다.

오스만제국의 개혁조치들은 셀림 3세 시기에 들어와 다시 본격적으로 추진되게 된다. 셀림 3세는 우선 당시 외교적인 친밀 관계를 유지하고 있던 프랑스로부터 도움을 받아 사회 전반에 걸친 개혁을 추진해 나가기 시작한다. 특히 근대적인 군사학교의 설립과 외국어 교육의 확대로 오스만제국의 관료들은 서유럽의 문화와 발달된 지식을 좀더 가까이 접할 수 있었다. 셀림 3세가 집권할 당시 오스만제국은 러시아와 크림전쟁(Crimean War: 1788-1791)을 치르면서, 동시에 베오그라드 지역을 포함한

178) 데브쉬르메 제도는 제국 지배 지역 내 8-12세의 기독교 아이들을 강제로 데려다 이슬람교로 전향시켜 능력에 따라 제국 내 공무원과 술탄의 직속 부대로 편입시킨 제도이다. 이 제도는 이전 오스만 제국이 소아시아를 거쳐 세력을 확장하고 있을 시점에 전투 후 주어신 총독 진리품의 1 / 5중 우수한 인적자원을 선발하여 술탄(Sultan)을 위한 부대(야니차르)를 창설한데서 비롯되었다 오스만 터키제국 하 발칸유럽의 사회 제도와 문화적 특징들에 관해선 김철민, *op. cit.,* 1999 참조; 이 제도는 1453년 이후 특히 활발하였으며, 면접에 통과한 이들은 소아시아의 '아나톨리아(Anatolia)' 지역에 보내져 7년 동안 이슬람언어와 문화 그리고 양식을 습득한 후 짜리그라드(Carigrad, 오늘날 이스탄불)로 보내져 군사훈련을 습득하고 의무적으로 이슬람교로 개종하였다. 김성진, 『발칸 분쟁사: 유고슬라비아 내전의 역사』, (우리 문학사, 1997), pp. 32-33.

북부 세르비아지역을 획득하고자 했던 오스트리아와의 힘겨운 싸움을 해야만 했다. 그는 이러한 전쟁들을 수행하기 위해 근대식 군사교육을 받은 정규군을 대거 양성하고자 했고, 이를 기반으로 자신의 개혁정책을 추진하고자 하였다. 하지만 셀림 3세의 이러한 급속한 개혁정책은 기존의 기득권 세력들의 강한 반발을 불러일으켰고, 마침내 1806년 수도인 이스탄불에서 이슬람 신학자들(Ulema)과 야니챠르들을 중심으로 한 반란이 일어나게 된다. 셀림 3세의 개혁정책에 반대하는 반란은 순식간에 제국의 전 지역으로 확대되었고, 이어 제국 내 여러 지역의 야니챠르들이 이에 가세함으로서 술탄의 개혁은 큰 위기를 맞이하게 되었다. 결국 반란을 진압하고자 파견된 술탄의 근대식 군대가 야니챠르들에게 대패함으로서, 셀림 3세는 술탄의 자리에서 축출되게 되었다. 이로 인해 기울어져 가는 오스만제국을 다시 정비하고자 했던 술탄들의 여러 개혁조치들이 실질적으로 실패하거나 좌절됨으로서 중앙정부의 지방 관료들에 대한 통제력은 더욱 더 악화되었고, 이에 따른 제국 내 피지배 민족들의 고통과 어려움은 더욱 더 확대되어 갔다.

당시 오스만제국의 지배 하에 있던 세르비아인들 대다수는 농업과 목축업에 의존하고 있었고, 마흐므드 1세의 개혁정책의 실패 그리고 뒤이은 야니챠르들의 계속된 폭정과 수탈로 세르비아 농민들은 매우 어려운 상황에 처해있었다. 이에 따라 세르비아 농민들은 1804년 2월 오라샤쯔(Orašac)에 모여 36세의 카라조르제 뻬트로비치(Karađorđe Petrović)를 지도자로 뽑아 술탄에게 자신들의 처지를 호소하고자 하였다.[179] 서유럽

179) 18세기 말 이후 사적 소유지의 증대와 오스만제국의 세력 약화 그리고 지방에 대한 중앙정부의 통제권 약화는 야니차르들을 중심으로 한 지방 지주들의 세력 확대를 불러왔으며, 기독교 농노들과 소지주들에 대한 착취를 가져오게 된다. 당시 이러한 착취와 억압에 저항하기 위해 세르비아의 여러 지방들에서 봉기가 일어나게 된다. 하지만 봉기 초기 특징을 살펴

강대국들과의 계속된 긴장 관계 속에서 제국 내 피지배 민족들에 대한 지배권을 확고히 하고자 했던 오스만제국은 세르비아의 민원을 받아들여, 이 지역에 보스니아(Bosnia)의 베지르(Vezir, 오스만 제국의 지방 행정관료)인 베키르 파샤(Bekir Paša)를 파견하여, 이 지역에서 세르비아 농민들에 대한 지나친 수탈과 악행을 저지르고 있던 야니차르들을 처단하는 등 세르비아인들에게 정치적, 경제적 상황의 개선을 약속하게 된다.

그러나 카라조르제를 비롯한 봉기 지도자들은 이에 만족하지 않고, 오스만제국과 전략적 대립관계에 놓여 있던 오스트리아, 러시아에게 혁명을 지원해줄 것을 요청하게 된다. 이후 이들 국가들로부터 무기와 자금 지원을 약속 받은 카라조르제는 봉기군을 이끌고 완전한 독립을 위한 제1차 세르비아 혁명을 일으키게 된다. 혁명 초기 세르비아는 1805년에서 1806년 사이 벌어진 오스만제국과의 전투에서 연이어 승리함에 따라 베오그라드를 포함한 상당 지역을 확보하는데 성공하게 된다. 당시 오스만 제국은 셀림 3세의 개혁에 대한 야니챠르들의 반란으로 혼란한 시기였고, 이로 인해 세르비아의 독립의지를 효과적으로 진압할 수 없었다. 그러나 오스만 제국의 이러한 혼란은 1808년 마흐므드 2세(Mahmud II: 1808-1839)가 술탄에 오르면서 정리되었고, 마흐므드 2세는 오스만 제국의 정치적 안정을

보자면 세르비아 농민들과 소지주들의 저항은 단순히 산발적으로 야니차르 등 무슬림 지방 호족들의 억압과 착취에 대한 반발에서 일어난 것이 대부분이었다. 따라서 18세기 말까지만 해도 세르비아에서의 민중봉기는 어떠한 대규모의 집단화를 이루기가 어려웠으며, 개별적으로 지방적 목적을 이루기 위해 일어나는 게 대부분이었다. 하지만 19세기 초 세르비아 슈마디야(Šumadija) 지방의 토폴라(Topola) 출신이었던 카라조르제는 특히 다른 세르비아 지도자들보다 더 많은 자금력과 무기 그리고 전쟁 경험을 지니고, 이전까지 중간 관료에 대한 불만에서 비롯된 단순 민간 봉기를 조직하여 오스만 터키제국에 대한 투쟁으로 확대시키는데 성공하게 된다. Michael Boro Petrovich, *op. cit.*, pp. 30-34.

위해 우선적으로 세르비아 반란을 강력하게 진압하기 시작하였다.[180)]

당시 세르비아는 발칸유럽의 중앙에 위치하고 있었고, 이에 따라 이 지역은 러시아와 오스트리아 그리고 프랑스 등의 열강들에게 전략적, 지리적인 중요한 이해지역으로 인식되고 있었다. 이러한 열강들의 관심을 파악하고 있었던 카라조르제는 오스만제국의 진압에 대항하기 위해 이러한 열강들과 여러 외교적 접촉을 시도하게 된다. 우선 1809년 달마티아 연안에 일리리아 속주를 세우고 발칸유럽에 관심을 보이고 있던 나폴레옹에게 도움을 요청하게 되지만 나폴레옹은 당시 프랑스와 오스만제국 간의 동맹관계를 고려하여 세르비아의 요청을 거절하였다. 프랑스의 도움을 얻어내지 못한 세르비아는 다시 영국에 대해 혁명 지원을 요청하였으나 당시 영국의 기본 외교정책은 자국의 이익에 부합하는 유럽 내 세력균형을 유지하는 것이었으며, 이에 따라 유럽의 다른 열강들을 견제하는 한 축이었던 오스만제국의 급격한 약화를 바라지 않고 있었다. 당시 오스만 터키의 강력한 견제 세력 중 하나였던 오스트리아도 프랑스 나폴레옹 군대와의 전쟁으로 인해 어려움을 겪고 있어 세르비아를 도와줄 수 없는 처지였다. 결국 세르비아는 주변 열강 중 같은 슬라브 민족인 러시아에 도움을 요청하게 되었고, 발칸유럽의 지배권에 대해 보다 많은 관심을 보이고 있었던 러시아는 세르비아에 대한 강력한 지원을 약속하게 된다.

19세기 초 당시 러시아의 짜르였던 알렉산더 1세는 프랑스 나폴레옹의 팽창에 위협을 느끼고 있었다. 따라서 남부 전선의 안정을 위해서라도 오스만제국과의 우호관계 수립에 적극적이었다. 하지만 프랑스와의 외교적 우호관계를 더 고려한 오스만제국은 러시아의 이런 요청을 거절하였고, 이러한 거절에 따라 러시아는 오스만제국으로부터 독립하려는 세르비아를 적극적으로 지원하기로 결정하게 된다. 이에 카라조르제는 혁명 초기

---

180) Ivan Božić, Sima Ćirković, Milorad Ekmečić and Vladimir Dedijer, *op. cit.,* pp. 213-214.

가졌던 오스만제국으로부터의 자치권 획득을 넘어서 러시아의 도움을 이용, 완전한 독립을 이루려는 목표를 수립하게 된다. 이후 러시아의 도움을 바탕으로 세르비아는 1811년 베오그라드에 세르비아 근대 의회를 설립하게 되었고, 카라조르제는 세르비아의회 의장으로 선출되어 이후 세르비아의 합법적 왕위 계승자로 인정받게 된다.[181)]

러시아의 지원에 힘을 얻은 세르비아는 오스만제국과의 전쟁에서 계속된 승리를 거둬 세르비아 중부의 주요 도시인 니쉬(Niš)를 획득하게 되었고, 이어 바로 전략적 중요 이해지역이자 세르비아인이 다수 거주하고 있었던 보스니아로 진격해 들어가게 된다. 하지만 나폴레옹의 러시아 침공 그리고 달마티아와 이태리에 주둔하고 있던 프랑스군이 러시아에 대한 지지를 표방한 세르비아로 진격할 움직임을 보이면서 세르비아는 자신들의 독립왕국 쟁취와 세르비아인에 의한 민족-국가 건설이라는 희망을 좌절하게 된다. 결국 세르비아를 지원하기 위해 파견되어 왔던 러시아 지원군이 나폴레옹의 침략을 막기 위해 1812년 러시아로 후퇴하게 된다. 이때 오스만제국과 부카레스트(Bucharest) 조약을 체결하게 되는데, 이 조약에서 러시아는 세르비아 지역에 대한 오스만제국의 통치권을 인정하고 세르비아에 대한 지원을 포기하는 대가로 세르비아 혁명군에 대한 정치적 사면을 요청하였다. 하지만 세르비아는 오스만 제국 하로 다시 들어가야 한다는 조약 내용에 대해 강력히 저항하였고, 이어 자신들의 힘만을 가지고 독립을 하기 위한 전투준비를 박차를 가하게 된다. 하지만 나폴레옹

181) 왕으로 선출된 직후 카라조르제는 근대 세르비아 왕국의 기초로서 인정되는 6부로 이루어진 내각을 구성하게 되는데, 국방부 장관에는 믈라덴 밀로바노비치(Mladen Milovanović), 외무부 장관에는 밀렌코 스토이코비치(Milenko Stojković), 교육부 장관에는 도시테이 오브라도비치, 내무부 장관에는 야코브 네나도비치(Jakov Nenadović), 사법부 장관에는 페타르 도브르냐쯔(Petar Dobrnjac) 그리고 재정부 장관에는 시마 마르코비치(Sima Marković)를 임명하게 된다. Michael Boro Petrovich, *op. cit.*, pp. 73.

군이 모스크바를 점령하였다는 소식과 더불어 치른 오스만제국군과의 드리나 강 전투에서 세르비아 혁명군은 대패하게 된다. 이 패배 이후 세르비아는 결국 부카레스트 조약을 인정해야만 했으며, 이에 따라 세르비아는 다시 오스만제국의 지배 하로 들어가게 되었다.

오스만 터키의 재점령이 확인되자 혁명 기간 세르비아인들에게 핍박받아 왔던 세르비아 내 무슬림들은 세르비아인에 대한 잔인한 보복을 행하였다. 무슬림들은 세르비아 혁명군을 완전히 무력화시키기 위해 자신들 지역에 거주하던 15세 이상의 모든 세르비아 남자들을 잔인하게 살해하였고 여자와 어린아이들은 자신들의 노예로 삼았으며, 세르비아 지도자들에 대한 검거와 처형이 계속되었다. 이러한 잔인한 보복은 이때 학살된 세르비아인의 두개골로 벽을 만든 '첼레쿨라(Čelekula)'와 같은 암울한 유적을 만들어냈으며, 이후 이 유적은 이 당시 학살을 묘사하는 다양한 장르의 문학작품 그리고 그림들과 함께 무슬림에 대한 세르비아인의 적개심을 상징하는 문화물이 되었다. 세르비아인에 대한 무슬림의 잔인한 보복은 1813년 10월 이스탄불로부터 새로 부임한 베지르인 후르시드 파샤(Hursid Paša)가 도착하여, 보복행위 중지와 세르비아 혁명지도자들에 대한 사면을 공포함으로써 중단되었다. 그리고 당시 혁명군을 이끌었던 카라조르제를 비롯한 상당수의 세르비아인은 합스부르크가 지배하고 있던 베오그라드 인근의 제문(Zemun)이나 프루쉬카 고라지역으로 피신하여 훗날을 기약하게 된다.

2. 제2차 세르비아 혁명의 전개과정과 그 의미

1815년 엘바 섬을 탈출해 다시 재기하려 했던 나폴레옹의 꿈이 100일 천하로 끝나게 되자, 러시아는 세르비아 지역을 포함한 발칸유럽에 대한 관심을 다시 가질 수 있게 되었다. 이에 따라 오스만제국은 세르비아의 독립욕구와 러시아의 압력을 무마하고자 세르비아에 대한 일정정도의 자치권을 허용하여 주는 정책을 시행하였고, 약간의 경비 병력만을 베오그라드 칼레메그단(Kalemegdan)에 상주시키게 된다.

그러나 1815년 세르비아는 우쥐쩨(Užice) 출신의 밀로쉬 오브레비치(Miloš Obrenović)를 중심으로 세르비아 독립을 위한 제2차 세르비아 혁명을 일으키게 된다. 지방 지주 출신인 밀로쉬는 카라조르제가 주도했던 제1차 세르비아혁명에서도 중요한 역할을 담당하였으나, 혁명 실패 이후 처형되거나 추방된 다른 세르비아 지도자와는 다르게 자신의 재력과 뛰어난 언변을 수단으로 처형을 면하고 오스만제국에 의해 정치적 사면을 받을 수 있었다. 또한 카라조르제를 비롯해 살아남은 다른 동지들이 오스만제국의 영향력이 미치지 않는 지역으로 도망가거나 해외로 망명하였으나, 그는 오스만제국에 대한 충성과 지지를 약속하면서 세르비아에 남아있을 수 있게 된다. 제1차 세르비아 혁명 이후 당시 발칸유럽에 대한 통제력이 급격하게 약화된 오스만제국의 입장에서도 세르비아에서 대다수를 차지하는 세르비아 농민들에 대한 원활한 통제와 지배를 위해서라도 밀로쉬 등 친 오스만 제국 성향의 세르비아인들을 이용할 필요성을 느끼고 있었다. 그 결과 그는 제국의 세르비아에 대한 지배 전략을 바탕으로 제1차 세르비아 혁명이 실패로 끝난 직후인 1813년 소코(Soko), 우쥐쩨, 포줴가(Požega) 그리고 루드리크(Rudnik) 등 세르비아 전체 남서부 지역을 총괄하는 지도자로서의 특권을 누리게 된다. 당시 세르비아의 수송체계는 매우 열악한 상태였으며 재력이 풍부한 밀로쉬는 다양한 종류의 운송기구들을 소유함으로써 세르비아 내 모든 운송수단을 장악할 수 있었다. 이러한 밀로쉬의 재력과 운송수닥 장악은 이 지역의 경제를 주도하고 있던 무슬림과 세르비아 지주들의 지지를 얻을 수 있었고 그는 이들의 지지를 바탕으로 무력이 아닌 새로운 형태의 혁명을 계획하여 갔다. 그러나 밀로쉬가 자신의 계획을 실천에 옮기기 이전인 1814년 9월 카라조르제를 추종하는 세력들을 중심으로 새로운 혁명봉기를 위한 모임이 결성되었고, 이들 봉기세력들은 이전의 동지였던 밀로쉬에게 혁명 자금지원을 요청하게 된다. 그러나 밀로쉬는 이들에 대한 자금지원 대신 오스만제국에 이들의 봉기 사실을 알려줌으로써 오스만제국이 사전에 이를 진압하도록 협조하게 된다. 이 사건 이후 세르비아 혁명군은 카라조르제를 따르는 해외파와 밀로쉬를 따르는 국내파로 나눠지게 되었다.

새로운 혁명을 준비하고 있던 밀로쉬는 마침내 1815년 세르비아 중부 루드리크의 한 정교회 사원에서 제2차 혁명군의 지도자로 추대되게 된다. 1815년 당시 국제정세는 나폴레옹군의 패배로, 러시아가 다시 발칸유럽의 정세에 개입할 수 있었던 시기였으며, 밀로쉬는 이러한 외교적 호기를 놓치지 않았다. 이후 세르비아 각 지역에서는 밀로쉬의 지시에 따라 오스만제국의 지배에 저항하는 세르비아 혁명과 봉기가 조직적으로 일어났고, 이에 힘입은 밀로쉬는 자신의 지지 세력들을 이끌고 베오그라드에 입성하게 된다. 하지만 이러한 혁명의 와중에서도 외교적 판단력이 뛰어났던 그는 오스만제국과의 직접적인 무장 충돌을 피하고자 노력하였고, 또 오스만제국과의 협상에서도 오스만제국을 자극시킬 수 있는 세르비아의 완전 독립에 대한 직접적인 요구를 하지 않았다.

제2차 세르비아 혁명이 일어났음을 확인한 오스만제국은 오히려 밀로쉬가 제1차 세르비아 혁명에서처럼 러시아 등과 연합하여 제국을 공격할 것을 염려하게 된다. 이에 따라 오스만제국은 먼저 밀로쉬가 차지한 세르비아 지역에 대해 면세권과 군대 주둔권을 제외한 완전한 자치를 허용하겠다는 약속을 하게 된다.[182] 그리고 마침내 1815년 11월 세르비아 민족의회에서 밀로쉬는 세르비아 민족의 최고지도자(Narodni starešina)를 의미하는 '크네즈(Knez)'로 추대되었다. 이후 밀로쉬는 점차적으로

---

182) *Ibid.*, pp. 98-99.

오스만제국의 행정관을 대신해서 세르비아 지역 내에서 자신의 영향력을 확대시켜갔다. 그는 자신의 재력과 지배 지역 내 세르비아인들의 세금을 모아 계속해서 오스만제국으로부터 땅을 사들였고, 새로 사들인 지역에 자신의 측근들을 중심으로 세르비아인들을 대거 이주시킴으로써 자신의 지배지역을 넓혀 나갔다.

그러나 오스만제국과의 타협을 통한 자치 국가를 이룩한 밀로쉬와 그 추종 세력들이 모든 세르비아인들로부터 세르비아인의 대표로 인정받았던 것은 아니었다. 특히 제1차 세르비아 혁명의 주도 세력이었던 카라조르제의 추종세력들은 밀로쉬에 대해 깊은 배신감을 지니고 있었고 이들은 완전한 독립이 아닌 오스만제국과의 타협을 통해 얻은 자치국가 형태에 만족하는 밀로쉬의 정책을 강하게 비판하여 갔다. 시간이 갈수록 두 세력 간의 갈등은 점점 깊어갔다. 그리고 마침내 1817년 7월 카라조르제가 오스만제국으로부터 독립을 추진하고 있던 그리스 혁명 지도자들과 연합하여 새로운 독립 혁명을 계획하기 위해 자신의 지배지역을 지나간다는 사실을 알게 된 밀로쉬는 암살자를 보내 카라조르제를 살해하게 한다. 이어 카라조르제의 머리를 술탄에게 선물로 바침으로써, 밀로쉬는 자신의 최대 정적을 제거함과 동시에 오스만제국과의 연대를 과시함으로서 술탄의 환심을 살 수 있게 되었다.

1821년에 들어와 루마니아의 몰다비아와 왈라키아 그리고 그리스에서 오스만제국으로부터의 독립을 위한 전쟁이 시작되었다. 이를 빌미로 러시아는 오스만제국의 국경에 대규모 병력을 배치하고 이들 지역과 세르비아에 완전한 자치권을 인정해줄 것을 요구하게 된다. 오스만제국은 이러한 러시아의 요구를 단호히 거절하면서, 세르비아를 비롯한 이들 지역에 대한 지배력을 한층 강화하려는 움직임을 보였다. 하지만 1828년 러시아가 오스만제국에 대해 선전포고를 한 후, 1829년 8월 러시아군이 아드니아노플(Adrianople)을 점령하고 불가리아로 바로 진격해 들어오자 오스만제국은 결국 러시아의 요구를 적극적으로 수용해야만 했다. 이에 따라 1829년 9월 14일 아드리아노플 조약이 수립되었고, 이 조약으로 인해 세르비아는 종교와 출판의 자유, 세르비아 교육기관 설립, 1차 세르비아혁명 실패 후 1813년 오스만제국에 돌려주었던 영토의 회복, 세르비아 주요 도시에 새로운 무슬림 정착촌 건설금지 그리고 세르비아 자치정부의 권한증대라는 결실을 얻어낼 수 있었다. 또한 러시아군은 이전 제1차 세르비아 혁명 당시 오스만 제국과 맺은 부카레스트 조약이 지켜지지 않았다는 이유를 들어, 아드리아노플의 조약 내용이 제대로 이행하는지를 지켜본다는 명목을 가지고 오스만 지역에 러시아군을 상주시킬 수 있게 되었다. 이러한 국제 상황을 바탕으로 1830년 2월 6일 밀로쉬는 드디어 세르비아 중부도시인 쿠라구예바쯔(Kragujevac)에서 세르비아의 자치가 공식적으로 인정되었음을 천명하게 된다. 이어 밀로쉬는 오스만제국의 묵인 하에 그 추종세력들에 의해서 공식적인 세르비아 자치국의 왕위 계승자로 승인 받게 되었고, 이어 국내외적으로도 자치국가의 통치자로 공식적으로 인정받게 되었다.[183)]

1389년 제1차 코소보 전투에서의 패배와 1459년 세르비아 중세 왕국의 마지막 요새였던 스메데레보가 오스만 터키에 의해 함락된 이후 수세기 동안 오스만제국의 지배를 받아왔던 세르비아는 19세기에 들어와서야 비로소 근대국가로 독립하고자하는 의지를 강하게 표출하였고, 그러한 결실로 나타난 게 바로 제1, 2차 세르비아 혁명이라 할 수가 있다. 실제로 제1, 2차 세르비아 혁명은 오스만제국의 개혁 실패와 제국의 약화를 그 배경으로 하고 있다. 하지만 지배 제국의 착취와 억압에 대한 단순한 사회적 저항에서 출발하였던 세르비아 민중 운동이 혁명으로 이어지면서 근대 유럽 국가들과 같은 민족-국가의 구축으로 이어질 수 있었던 이념적 배경

183) Ivan Božić, Sima Ćirković, Milorad Ekmečić and Vladimir Dedijer, *op. cit.,* pp. 223-224.

에는 무엇보다도 19세기 이후 발칸유럽에 불어오기 시작한 민족주의의 열풍이 주요한 요인으로 작용하였다고 볼 수 있다. 또한 이러한 민족주의 열풍은 세르비아가 자치국에서 근대 왕국으로 발전해가면서 세르비아인들에겐 자신들의 문화와 혈통을 중심으로 과거 잃어버린 중세 왕국의 영광을 재현하고 당시의 영토를 회복하려는 움직임 즉 동유럽의 민족주의 특징이라 할 수 있는 '문화적 민족주의'의 한 형태인 '세르비아주의'의 구축과 발전을 낳게 하였다.

Ⅲ. 세르비아 근대 왕국의 수립과 세르비아주의의 구축 과정

1. 세르비아 근대왕국의 수립과정과 세르비아주의의 역할

세르비아가 오스만제국의 지배에 대항해 제1, 2차 세르비아 혁명을 거치면서 자치국에서 근대독립국가로 가는 과정은 세르비아 일반 민중들에게 세르비아주의가 주요 지배 이데올로기로 정착하게 되는 과정으로 볼 수 있으며, 사건과 사안별로 크게 3시기로 구분 지어 설명할 수 있다. 우선 제2차 세르비아 혁명을 이끌었던 밀로쉬 오브레노비치가 혁명 성공 이후 독선적 정국 운영과 권력암투를 벌이면서 나타났던 '혼란기(1830-1860)', 섭정정치 마감 후 미하일로 오브레노비치(Mihailo Obrenović)에 의한 확고한 왕권 수립과 세르비아 근대 왕국의 구체적 지배 이데올로기로서 세르비아주의가 기틀을 마련했던 '성숙기(1860-1882)' 그리고 1877년 러-터 전쟁 이후 맺은 1878년 3월의 산스테파노 조약과 동년 6월의 베를린 조약 그리고 뒤이어 1882년 세르비아가 완전한 독립을 쟁취하고 제1차 세계대전까지 세르비아 근대 왕국이 중세 세르비아 왕국의 영광과 영토 확장에 기초한 세르비아주의를 바탕으로 발칸지역에서 세력을 확장하였던 '독립기

(1882-1918)'로 나누어 볼 수 있다.

우선 '혼란기' 동안 세르비아는 제1, 2차 세르비아 혁명을 거치면서 1829년 러시아와 터키 간의 아드리아노플 조약 이후 오스만 터키의 직접 통치에서 벗어날 수 있었다. 또한 1830년에는 제2차 세르비아 혁명을 주도했던 밀로쉬 오브레노비치를 자치국의 수장 즉 크네즈로 하는 자치국의 형태를 갖추게 된다. 하지만, 곧 이어 밀로쉬의 지나친 독선적 정국 운영과 측근 권력계층의 부패심화로 일반 세르비아 민중들의 반발이 확대되어 갔다. 당시 세르비아는 오랜 기간 동안 각 지방마다 고유한 자치권이 인정되어 왔으며, 따라서 강력한 중앙집권적 정부를 추진하려는 밀로쉬의 정책에 대한 반발을 일으키고 있었다. 혼란한 사회분위기 속에서 1834년 카라조르제와 밀로쉬 하에서 군 지휘관으로서 중요한 역할을 수행하였던 밀레타 라도위코비치(Mileta Radojković) 반란 등 잦은 군사, 사회반란이 발생하였으며, 이것은 세르비아 민중들에 대한 밀로쉬의 통치력 약화를 가져오게 하였다. 또한 제1차 세르비아 혁명을 주도했던 카라조르제파를 중심으로 밀로쉬를 제거하고자 하는 정적들이 점차 증가하는 가운데, 당시 세르비아 경제의 근간을 이루고 있던 농업정책의 잇따른 실패는 밀로쉬 정권을 더욱 어렵게 만들었다. 결국 계속된 실정과 독선적 정국 운영에 불만을 품은 귀족들과 오스만제국의 압력에 밀려 밀로쉬는 1839년 6월 현 루마니아의 왈라키아 지방으로 추방되었고, 그의 자리는 당시 19세기였던 아들 밀란 오브레노비치(Milan Obrenović: 재임 기간 1839)가 승계하게 된다. 하지만, 밀란이 즉위한 지 26일 만에 병으로 사망하게 됨으로서 세르비아는 왕권을 둘러싼 엄청난 혼란을 겪게 된다. 결국 9개월 동안의 혼란을 거듭한 끝에 1840년 3월 밀란의 동생인 16세의 미하일로 오브레노비치가 왕위를 잇게 되었고 어린 왕을 보좌하기 위해 토마 부취치(Toma Vučić-Perišić)를 중심으로 한 섭정단이 구성되게 된다.

하지만 1842년 9월 부취치는 쿠라구예바쯔에서 자신을 지지하는 군부와 귀족 세력들을 이끌고 쿠데타를 일으켜 오브레노비치 일가와 이를 지지하는 자들을 모두 처형하거나 해외로 추방시켜 버렸다. 쿠데타에 성공한 부취치는 새로운 왕을 선출하기 위한 의회를 소집하였고, 세르비아 의회는 제1차 세르비아 혁명을 이끌었던 카라조르제의 아들이었던 알렉산다르 카라조르제비치(Aleksansar Karađorđević: 재임 기간 1842-1858)를 새로운 왕으로 추대하게 된다. 하지만 새로운 왕으로 추대된 알렉산다르 카라조르제비치는 비록 16년 동안 재임하였으나 부취치를 중심으로 한 17인 귀족위원회의 꼭두각시 역할에 만족해야만 했다.[184)]

앞서 설명했던 바와 같이, 당시 사회계약과 일반의지 그리고 '민족'과 '국가'를 동일시하며 '민족-국가'에 대한 충성심을 기초로 하였던 서유럽의 '정치적 민족주의'는 19세기 이후 발칸유럽으로 유입되면서 새로운 형태로 변화하게 된다. 즉 당시 세르비아를 비롯한 발칸유럽의 대부분 민족들은 오랜 세월 오스만제국 혹은 합스부르크 제국의 지배 하에 놓여 있었고, 이러한 시대적·정치적 상황에 따라 이들 발칸유럽의 민족들은 당시 자신들을 지배하고 있던 '제국'이라는 국가에 대한 충성보다는 비슷한 신화와 문화적인 요소를 지닌 자신들 민족과 민족 지도자에 대해 충성하려는 경향을 보이게 되었다. 또한 오랜 동안 제국에 의한 피지배 경험은 이들 민족들에게 당시의 정치, 사회 그리고 경제적 억압 상태를 벗어나 새로운 독립국가를 수립하려는 움직임을 낳게 하는 원동력이 되었다. 이들 민족들은 자신들의 새로운 독립국가의 모델을 주로 과거에 존재했던 역사속의 영광이나 혹은 민중들 사이에 전해 내려오는 신화 속에서 그

---

184) 세르비아 근대 왕국의 왕위는 크게 제1차 세르비아 혁명을 이끌었던 카라조르제 가문과 제2차 세르비아 혁명을 성공하였던 오브레노비치 가문이 서로 번갈아가며 왕위를 계승하게 된다. 즉 세르비아 근대 왕국의 수립과정과 이후 발전 과정에 있어서 기초는 제1, 2차 세르비아 혁명을 근간으로 한 카라조르제 가문과 오브레노비치 가문을 지지하는 양대 세력이 공존하면서 세르비아 근대 왕국을 이끌어나갔다고 할 수 있다.

형태를 찾으려 했으며, 이를 위해 정치 지도자들은 일반 민중들을 규합시킬 새로운 민족 이데올로기 구축에 열중하게 되었다. 즉 발칸유럽의 여러 민족 지도자들은 기존 서유럽의 민족주의 형태를 변화시켜 자신들의 상황과 기호에 맞는 변질된 형태의 민족주의 즉 문화적 민족주의의 요소(역사, 신화, 언어 그리고 종교 등)에 기초한 자 민족의 민족 이데올로기를 구축하기에 힘썼고, 세르비아도 또한 이러한 작업에 매우 적극적이었다.

이러한 의도에 따라 세르비아에선 알렉산다르 카라조르제비치 재임 기간 중 중요 요직들을 차지하였던 일리야 가라샤닌을 중심으로 세르비아주의의 이론 구축 작업이 본격적으로 전개되게 된다. 그는 1844년 이후 자신의 비망록을 통해 향후 세르비아 독립국가 건설의 비전을 설계하는 가운데, 북으로는 보스니아부터 남으로는 그리스 북부까지 발칸유럽의 대부분 지역을 차지하였던 중세 세르비아 왕국의 두샨 왕 때와 같은 '대(大)세르비아 국가 건설'을 국가 목표로 제시하였다. 그는 이를 위한 전략으로 우선 세르비아를 중심으로 같은 남슬라브족이자 세르비아인이 다수 거주하고 있는 크로아티아, 보스니아 그리고 몬테네그로 지역과의 연합을 추진할 것과, 두 번째로 당시 합스부르크의 영토로 편입되어 있지만 세르비아인들이 다수 거주하고 있던 베오그라드 북부에 위치한 보이보디나 지역에 대한 세르비아의 영토권을 회복해야 한다고 주장하였다.[185] 구체적 실천 목표가 결여된 채 제1, 2차 세르비아 혁명을 거치면서 단순히 모호한 형태로 세르비아 민중들과 민족 지도자들에게 퍼져 왔던 세르비아주의는 19세기 중엽 가라샤닌을 통해 세르비아주의의 완성을 위한 목표 설립 즉 중세 세르비아 전성기 때의 실질적 영토 회복과 세르비아인이 거주하는 모든 지역을 세르비아 근대 왕국의 영토로 편입시킨다는 구체적인 목표를 수립하게 된다.

---

185) Fred Singleton, *op. cit., 1985.* pp. 93-94; Michael Boro Petrovich, *op. cit.*, pp. 230-235 참조

남슬라브인들의 통합을 통한 대 세르비아 국가 건설이라는 목표를 지닌 세르비아주의에 대한 이상은 곧이어 일반 세르비아 민중들과 민족 지도자들 사이에 급속하게 확산되어 갔고, 이어 세르비아 의회와 정부의 공식적인 외교 전략으로 인정되게 된다. 이러한 사실은 1848년 프랑스 2월혁명의 여파에 따른 크로아티아 독립 문제시 세르비아 정부와 의회가 보인 외교적 자세에서도 확연히 드러나게 된다. 즉 당시 프랑스 2월혁명은 유럽 내 여러 제국들에게까지 영향을 미쳤는데, 2월혁명을 계기로 합스부르크 제국 내 가장 큰 소수 민족이었던 헝가리인들은 제국의 지배에서 벗어나 독립국가를 수립하려는 대규모의 움직임을 전개하게 된다. 합스부르크 제국은 독립국가 수립을 조건으로 크로아티아인들을 부추겨 헝가리의 독립 움직임을 저지하고자 했으며, 이에 대해 세르비아 정부와 의회는 세르비아와의 연대를 조건으로 한 크로아티아의 독립을 지지하게 된다. 또한 당시 헝가리의 독립 움직임으로 인한 합스부르크 제국의 혼란한 정국은 보이보디나 지역에 대한 제국의 영향력 감소를 낳았다.[186] 이러한 정국을 이용해 세르비아는 보이보디나 지역 내 세르비아인들에게 종교와 언어(세르비아 정교와 세르비아어) 등 문화적 요소에 기초한 세르비아주의 확대에 주력하였고, 실제 오랫동안 합스부르크의 지배 하에 있었던 보이보디나의 세르비아인들은 이러한 중세 세르비아 왕국을 모델로 한 '대 세르비아 제국' 건설과 세르비아주의에 강한 지지를 표시하게 된다.[187] 하지만 세르비아주의의 확대를 통해 대 세르비아 건설을 위한

---

186) Ivan Božić, Sima Ćirković, Milorad Ekmečić and Vladimir Dedijer, *op. cit.,* pp. 247-250.

187) 세르비아 자치 공국이 자리를 잡아가기 이전인 19세기 초까지만 해도 보이보디나의 노비사드나 스렘스키 카를로브찌 지역 등이 세르비아 문화의 중심지 역할을 하였으나, 세르비아 공국이 하나의 국가로서 자리를 잡아가기 시작한 19세기 중엽 이후부터는 점차 그 문화적 중요성이 세르비아의 수도인 베오그라드나 보스니아의 사라예보로 넘어가게 된다.

기초를 수립하고자 했던 세르비아의 이러한 의지는 러시아군이 합스부르크가를 지원해 헝가리의 독립 운동을 저지함으로서 뜻을 이루지 못하게 된다. 그럼에도 불구하고 이때 이후 발칸유럽의 여러 지역에 흩어져 있던 세르비아인들의 가슴속에는 세르비아의 지도력 하에 남슬라브족의 통일과 발전이 가능하리라는 생각들이 확대되어갔다.

부취치를 중심으로 17인으로 이루어진 귀족위원회의 지나친 정치 간섭은 알렉산다르 카라조르제비치와의 갈등을 불러왔다. 이와 함께 러시아를 지지하는 일반 세르비아 민중들의 정서와는 달리, 러시아와 터키 간의 크림 전쟁 당시 보여준 알렉산다르 정부의 중립외교 정책은 민중들에게 알렉산다르에 대한 강한 저항을 낳게 하였다. 자신을 지지하였던 귀족들과의 정치적 갈등 그리고 일반 민중들과 동떨어진 정책의 수립은 결국 1858년 12월 가라샤닌을 비롯한 귀족들의 압력에 의해 알렉산다르가 크네즈에서 물러나게 되는 결과를 낳았다. 이어 1859년 1월 새로운 크네즈로 오브레노비치 가문을 지지하는 귀족 세력에 의해 밀로쉬 오브레노비치가 다시 추대되게 된다. 그는 이전 자신을 권좌에서 축출한 부취치 등 그의 정적들을 처형해 권력정리를 끝낸 후 1860년 이들에 의해 유럽으로 쫓겨났던 그의 아들 미하일로 오브레노비츠에게 다시 자리를 내주게 된다.

미하일로 오브레노비치는 크네즈에 오른 후 1844년에 가라샤닌이 제시하였던 남슬라브민족 통합에 기초한 '대(大) 세르비아 국가건설'과 세르비아의 근대화에 관심을 집중하였다. 그는 이를 위해 우선 강력한 군사력 증대와 외교적 역량증대를 통한 오스만제국으로부터의 완전한 독립을 추진하게 된다. 또한 1861년에는 행정부를 유럽식에 맞추어 새로 개편하고, 왕권 강화를 목표로 한 새로운 헌법을 발표하였다. 이와 함께 1866년 프러시아와의 싸움에서 합스부르크 제국이 패하고 뒤이어 헝가리 민족의 독립 운동이 일어나면서, 합스부르크 제국이 '오-헝 이중 제국'으로 약화되자, 그는 이전 대 세르비아 건설을 위해 가라샤닌이 제시한 1차 전략을 기초로 이중 제국 내 남슬라브인들 특히 제국 내 세르비아인들에게 세르비아주의의 확산을 주도하였다. 즉 이중 제국 내 남슬라브인들에게 이중 제국으로부터의 독립 운동을 지원하겠다는 약속과 이후 세르비아를 중심으로 한 남슬라브족 통합국가에 대한 비전을 제시하고자 노력하였다. 이와 함께 미하일로는 대내적으로도 세르비아의 모든 체계를 서유럽에 기초한 근대식 체계로 발전시키고자 노력하였다. 그 결과 10만여 명에 달하는 근대식 정규군을 양성할 수 있었고, 정당 인정과 더불어 정기의회가 설립되게 된다. 또한 그는 당시 농업국가의 형태를 취하고 있던 세르비아 산업의 근대화를 위해 국내 제조업 활성화에 주력하였다. 이와 더불어 그는 근대식 사법질서를 최초로 수립하였으며, 서유럽의 체계에 기초한 수많은 중등과 고등교육과정을 새로이 설립하는 등 짧은 재임 기간 동안 여러 업적을 남기었다. 결국 그는 이러한 개혁과 군사력 증강을 기초로 그의 영토 내에서 오스만제국의 영향력을 제거하는데 성공하게 된다.[188)]

하지만 강력한 개혁 정책을 통해 세르비아주의에 기초한 '대(大) 세르비아 국가건설'을 추진하였던 미하일로가 1868년 암살되게 되자, 이후 크네즈는 미하일로의 사촌인 14세의 밀란 오브레노비치(Milan Obrenović: 재임 기간 1868-1889)에게로 이어지게 된다. 밀란 시기 동안에도 세르비아는 세르비아주의의 확대와 이데올로기 기초 수립을 위한 여러 업적을 거두게 되는데, 가장 큰 업적으로는 1878년 3월 산스테파노 조약에 의해 세르비아가 독립국가로 인정받게 된 것이다.[189)] 당시 이 조약은 1875년

188) Fred Singleton, *Twentieth-Century Yugoslavia,* (New York: Columbia University Press, 1976), pp. 47-48.

189) 1878년 3월 러시아와 오스만 제국 간의 전쟁 이후 오스만의 패배에 의해 맺어진 산스테파노 조약의 주 내용은 현 루마니아 지역의 몰다비아와 왈라키아 그리고 그리스, 세르비아 등 발칸유럽 제 민족들의 독립을 인정하고 남부 루멜리아(Rumelia) 지방을 포함한 대 불가리아를 형성시켜준다는 것을 골자로 하고 있었다. 그러나 발칸유럽으로 '동진정책'을 추진하고

보스니아와 불가리아에서 일어난 농민봉기가 시초가 되었는데, 보스니아에서 오스만제국에 대항한 봉기가 일어난 직후 세르비아는 세르비아주의의 확대라는 민족 이데올로기에 힘입어 이에 가담하게 된다. 결국 발칸유럽에 대한 영향력 확보를 추진하고 있던 러시아가 1877년부터 이 전쟁에 개입하게 되었고, 뒤이어 터키가 패배를 인정함으로서 1878년 러시아와 터키 간에 세르비아를 비롯한 발칸유럽의 민족들에 대한 독립을 정식으로 인정하는 합의안이 조인되게 된다. 하지만 발칸유럽으로의 러시아 영향력 확대를 우려한 이중 제국 등 서유럽 국가들의 간섭은 다시 동년 6월 베를린 조약을 낳았다. 이 조약에 따라 세르비아는 세르비아주의에 따른 '대(大) 세르비아 국가 건설'의 1차 목표였던 보스니아 지역과 몬테네그로를 통한 아드리아 해로의 해상통로 확보를 오스트리아의 방해로 실패하게 된다.

1866년 프로이센과의 전쟁에서 패배한 이후 합스부르크 제국은 헝가리와의 협상을 통해 이중 제국으로 탄생되게 된다. 식민지 쟁탈시기였던 당시 서유럽으로의 진출이 좌절된 이중 제국은 발칸유럽으로 향하는 '동진(東進)정책'을 추진할 수밖에 없었다. 이에 따라 발칸유럽에 대한 영향력과 식민지 확보가 주요한 국가적 목표가 된 이중 제국은 이를 위해선

있었던 오스트리아는 이 조약 이후 이들 지역 내에 러시아의 영향력이 확대될 것을 우려하였고, 비스마르크의 중재로 러시아와 서구 열강들이 서로 모여 이 지역에 관한 해결을 논의하게 된다. 그 결과 기존 조약의 내용에 일부 내용을 수정하거나 첨가하였는데, 그 내용은 불가리아에서 루멜리아 지역을 분리해 다시 오스만에 넘겨주고 그 대가로 영국은 키프로스(Cyprus) 섬을, 러시아는 루마니아의 벳사라비아(Bessarabia) 지역을 그리고 오스트리아는 보스니아의 행정권과 세르비아와 몬테네그로 지방의 연결통로인 노비 파자르 지역을 장악하게 된 것이다. 이 조약이 바로 1878년 6월 맺어진 베를린 조약이다; 당시 세르비아를 비롯한 발칸유럽의 지리적인 중요성과 이 지역에 대한 주변 열강들의 영향력 확보를 위한 노력에 관해선 Ранко Петковић, *op. cit.*, pp. 49-51 참조.

무엇보다도 문화적 민족주의에 따른 세르비아주의의 확대를 막을 필요성을 느끼고 있었다. 따라서 이중 제국은 제국 내와 식민지 확대를 위해 관심을 두어왔던 보스니아 등에 '대(大) 세르비아 국가' 건설을 기치로 세르비아주의를 확대하려는 세르비아에 대한 강력한 견제가 필요함을 느끼게 된다. 오-헝 제국은 보스니아와 몬테네그로 지역으로의 세르비아주의 확대를 저지하려 하였고, 이를 계기로 대두되기 시작한 세르비아와 오-헝 제국 간의 갈등(1903, 1906, 1908)은 20세기에 들어와 더욱 첨예한 양상을 보이게 된다. 결국 1914년 보스니아를 둘러싼 세르비아와 이중 제국 간의 세력 확대가 서로 부딪히면서 제1차 세계대전(1914-1918)의 도화선을 제공하게 되었다.[190)]

밀란이 집권하고 있을 당시 세르비아의 국내 정치 세력은 크게 오스트리아를 지지하는 세력과 러시아를 지지하는 세력으로 나뉘어 있었다. 친(親) 오스트리아 세력은 세르비아의 민족적 이익을 위해 이웃하고 있는 오스트리아와 긴밀한 관계를 유지해야 한다고 주장하고 있었다. 반면, 친(親) 러시아파는 러시아를 슬라브 민족의 지도자로서 독일인이나 터키에 대항해 세르비아를 지켜줄 수 있는 유일한 강대국이라 주장하였으며, 실제 이러한 생각은 대다수 세르비아 민중들의 지지를 받고 있었다. 하지만 1878년 베를린 조약 이후 오스트리아의 힘을 확인한 밀란은 내각을 친(親) 오스트리아파로 재조직하고 오스트리아와의 관세 협정 등 여러 경제 협약을 추진하게 된다. 하지만 오스트리아와의 이러한 관세협정과 여러 경제 협약은 곧 바로 세르비아의 경제를 오스트리아의 경제 하로 예속시키는 결과를 낳았다.[191)] 또한 제3국과 외교관계를 설정하고자 할 때에도

190) Љубодраг Димић, *Срби и Југославија: Простор, друштво, политика,* (Београд: Стубови културе, 1998), p. 25.

191) 1884년에서 1892년 동안 세르비아 수출고의 87%, 수입고의 66%는 오스트리아를 상대로 한 것이었다.

세르비아는 오스트리아의 허락을 받아야만 했었다. 따라서 세르비아 민중들 사이엔 반(反) 오스트리아적인 감정이 확산되기 시작하였고, 밀란 정권과의 괴리감 또한 확산되어 갔다.

1885년 실추된 인기를 만회하고자 했던 밀란은 오스트리아의 지원을 바탕으로 러시아가 지원하고 있던 불가리아와 전쟁을 치르게 된다. 하지만 불가리아와의 전쟁에서 세르비아군은 치욕적인 대패를 하게 되었고, 결국 1889년 밀란은 크네즈에서 물러나야만 했다.[192] 이어 그의 아들인 13세의 알렉산다르 오브레노비치(Aleksandar Obrenović: 재임 기간 1889-1903)가 왕위를 대신하게 된다. 그러나 알렉산다르와 그를 따르던 관료들은 세르비아 민중들의 정서와는 달리 대내외 정책을 추진하는데 있어 계속해서 오스트리아에 지나친 의존을 하였다. 또한 이전의 자유주의 헌법을 폐지하고 출판과 집회의 자유를 제한하는 법률을 통과시킴으로서 대중들의 불만을 낳았다. 이러한 세르비아 일반 민중들의 불만은 곧 이어 1901년 치러진 의회 선거에서 카라조르제 왕조를 지지하던 친(親) 러시아파가 다수 석을 차지하게 되는 결과를 낳게 된다. 밀란 정부는 선거무효와 재선거 실시를 시도하였으나, 결국 1903년 6월 일단의 젊은 장교들로 이루어진 쿠데타군에 의해 밀란 왕을 비롯한 다수의 오브레노비치 왕족들 그리고 추종세력들이 살해되거나 감금되게 되는 결과를 낳았다. 이어 군부를 중심으로 한 임시정부와 의회가 수립되었고, 여기서 알렉산다르 카라조르제비치의 셋째 아들인 페테르 카라조르제비치(Peter I Karađorđević: 재임 기간 1903-1918)가 새로운 왕으로 추대되게 된다.

---

192) 대(大)세르비아 건설을 기치로 들고 불가리아로 진격해 들어간 세르비아군은 1885년 11월 슬리브니짜(Slivnica) 전투에서 대패하였고 이후 세르비아 본토까지 위협을 받게 되었다. 1886년 3월 오스트리아의 중재로 양국은 부카레스트 조약을 맺었고, 이 조약 이후 오스트리아의 내정간섭 확대와 더불어 밀란의 인기는 크게 추락하게 된다.

페테르는 오브레비치 가의 견제로 45년 간을 프랑스 등에서 망명생활을 하였고 이에 따라 매우 서구적이고 근대적인 시각을 지니고 있었다. 오스트리아는 자국과 외교적 관계가 두터웠던 오브레노비치 가에 대한 쿠데타 소식에 항의하면서, 새로 추대된 카라조르제 가문의 페테르 취임을 강력히 반대하였다. 그러나 이러한 외교적 압력에도 불구하고 페테르는 자신의 임기동안 세르비아주의에 기초한 강력한 세르비아 근대왕국을 건설함으로써 '세르비아의 르네상스기'를 이루게 된다. 실제 페테르의 집권 이후 국내적으론 시민적 자유와 민주화가 공고해졌고 이를 기초로 한 최초의 입헌정부가 수립되었으며, 일반 민중들과의 관계도 크게 호전되게 된다. 또한 국제적으론 오스트리아의 견제 속에서도 제1, 2차 발칸전쟁들을 통해 대규모 영토 확장을 이루어 냄으로써 세르비아주의의 확대와 대(大)세르비아 국가 건설을 실천해 나가게 된다.

2. 발칸전쟁과 세르비아주의

세르비아는 페테르의 통치 하에서 지속적인 경제발전을 이루어낼 수 있었으며 국제적인 위상 또한 높이는데 주력하게 된다. 동시에 페테르 왕은 세르비아주의의 구현을 위해 일반 민중들에게 세르비아주의에 대한 이상과 신념을 확산시키는 작업을 추진하여 갔다. 하지만, 이러한 세르비아주의의 확대 노력은 발칸유럽 내에서 이해관계가 상충하고 있었던 오스트리아와의 갈등을 불러오게 된다. 이러한 양국 간의 갈등이 본격적으로 대두되게 된 것은 소위 '돼지 전쟁(pig war)'을 통해서였다. 1906년 오스트리아는 당시 세르비아의 주요 수출 품목인 돼지에 대해 질병이 들었다는 핑계를 들어 수입을 금지하였고, 1911년까지 지속된 이러한 오스트리아의 경제 봉쇄 조치는 한 동안 세르비아의 경제를 어려움에 처하게 만들었다.[193] 특히 세르비아주의 구현의 첫째 전략 목표였던 보스니아 지역이 1908년 오스트리아에 의해 강제 합병되자, 세르비아 군부와 일반 민중들의 오스트리아에 대한 적대감은 크게 확대되게 된다. 실제 보스니아 지역은 세르비아인들이 다수 거주하고 있었고 이에 따라 세르비아는 터키의 세력 약화 이후 별다른 저항 없이 이 지역으로의 영토 확대가 가능하리라 예상하였기 때문에 세르비아에게 오스트리아의 보스니아합병은 충격적인 사건이었다.

세르비아주의 확대에 어려움을 처하게 된 세르비아는 오스트리아로 강제 합병된 보스니아에 대한 영토 확장 대신에 오스트리아의 관심이 상대적으로 적었던 세르비아 남쪽의 마케도니아와 몬테네그로 지역으로의 진출을 우선 추진하게 된다. 당시 몬테네그로의 주민들은 오스트리아의 보스니아 합병에 대한 세르비아의 강력한 비난에 동조하는 선언을 계속해서 발표하고 있었다. 또한 오스만 제국의 세력 약화 이후 주인 없는 지역이 되어버린 마케도니아를 둘러싸고 세르비아와 불가리아 간에는 터키와의 전쟁을 통해서라도 마케도니아 지역을 분할해 나누어 가지자는 논의가 활발히 이루어지고 있었다. 이후 전통적으로 마케도니아 지역에 대한 기득권을 주장하던 그리스도 이 논의에 가담하였고 이들 국가들은 서로 연합하여 오스만제국으로부터의 영토회복과 오스트리아의 발칸지역 진출을 공동으로 견제한다는 것에 합의하게 된다.

1912년 3월에 세르비아와 불가리아는 동맹을 체결하게 되었고, 이어 동년 5월에는 불가리아와 그리스 간에 동맹이 이루어졌으며, 후에 세르비아와 몬테네그로가 가담함으로서 4개국 간 동맹에 기초한 '발칸 동맹'이

---

193) 당시 오스트리아의 이러한 일방적인 금수조치는 세르비아 경제를 커다란 위기감으로 몰고 갔으나, 곧 이어 세르비아는 발칸유럽 국가들과의 경제 협정과 유럽으로의 수출 노선 다 변화를 통해 위기를 해결해 나가기 시작한다; 세르비아에 대한 직접적인 압력과 더불어 오-헝 제국은 제국 내 세르비아인들에게 급속히 확대되고 있던 세르비아주의의 확대를 저지시키기 위한 여러 노력과 더불어 제국 내에서 일어나고 있는 남슬라브족 통합을 목표로 한 일리리아주의 운동에 대한 경계를 더욱 더 강화해 나갔다.

탄생하게 된다. 오스만 제국을 대신해 발칸유럽에 영향력을 행사하고자 했던 러시아는 이러한 발칸동맹을 오-헝 이중 제국의 '동진 정책'을 견제한다는 차원에서 환영하였다.[194] 이후 1912년 10월 터키령의 알바니아에서 알바니아의 자치권 문제를 둘러싸고 터키에 대항하는 봉기가 일어나자 알바니아 지역에 대한 이해관계로 얽혀 있던 몬테네그로가 이에 가담하여 터키에 선전포고를 하였다. 곧 이어 몬테네그로의 터키에 대한 공격을 시작으로 발칸연맹을 구성하고 있던 불가리아, 세르비아 그리고 그리스가 전쟁에 참여함으로써 발칸동맹국과 터키 간에 '제1차 발칸전쟁'이 시작되게 된다.

쉽게 동맹군을 제압하리라는 서유럽의 예상과는 달리 전쟁초기부터 터키군은 모든 진영에서 고전해야 했으며, 특히 세르비아는 아드리아 해안을 따라 현(現) 알바니아 지역을 장악함으로써 국가적 숙원이었던 해양으로의 진출을 모색하게 되었다. 하지만 서구 열강들 특히 보스니아를 거쳐 발칸유럽으로의 계속된 진출을 꾀하고 있었던 오스트리아는 세르비아의 세력 확대를 견제하기 위해 현재의 지역에 알바니아 독립국가를 수립하여 주었으며, 이것은 훗날 발칸유럽의 대표적인 분쟁들 중 하나인 세르비아인들과 알바니아인들 사이 민족갈등의 원초를 제공하게 된다. 이와 함께 오스트리아는 보스니아 지역에 군대를 증파하여 세르비아가 해안 지역을 포기하도록 압력을 가하였다.

결국 1912년 12월 4일 서구 열강들(영국과 독일)의 개입으로 양측 간의 휴전조약이 성립되고, 12월 16일부터 런던에서 강화 회담이 시작되었다. 이후 1913년 5월 30일 마침내 터키가 굴복하여 알바니아는 터키의 지배를 벗어나 독립국가를 구성하게 됨으로서 제1차 발칸전쟁이 종결되게 된다. 제1차 발칸전쟁의 결과, 세르비아와 그리스는 상대적인 이득을 얻었

---

194) Ivan Božić, Sima Ćirković, Milorad Ekmečić and Vladimir Dedijer, *op. cit.*, pp. 341-342.

던데 반해, 불가리아는 러시아의 영향력을 견제하고자 했던 오스트리아를 중심으로 한 서유럽의 의도로 인해 영토적으로 별 실익을 얻지 못하였다. 당시 세르비아는 오스트리아의 압력에 굴복해 알바니아를 비롯한 아드리아 해안 지역에 대한 점령지를 포기해야만 했으나, 북부 마케도니아의 영토를 확보하는 데는 성공하게 된다. 결국 제1차 발칸전쟁을 종결지었던 런던회의는 발칸지역 국가 중 세르비아를 비롯해 어느 한 국가가 비대해지는 것을 막음으로써 발칸의 세력균형을 유지해 자국의 영향력을 확대하고자 했던 오스트리아의 의도가 대부분 수용되었으며, 이 과정에서 발칸 동맹국들은 알바니아의 국경선을 최소한으로 축소시키는 선에서 알바니아의 독립에 동의하게 된다.

그러나 한 달이 채 못 되어 다시 마케도니아의 영유권 문제를 둘러싸고 발칸 동맹국 간의 갈등이 일어나게 된다. 1913년 6월 29일 불가리아는 잃어버린 마케도니아 지역을 다시 회복하기 위해 러시아의 지원을 바탕으로 세르비아와 그리스를 공격하였고, 이에 따라 '제2차 발칸전쟁'이 시작되게 된다. 당시 불가리아는 민족주의 열풍에 따라 근대 이후 세르비아와 발칸의 국가들이 그랬던 것처럼, 중세 불가리아 제국의 영토회복에 기초한 '문화적 민족주의'를 강조하여 왔으며, 그 우선 목표로 마케도니아 지역에 대한 영토 회복을 추진하여 왔다. 불가리아의 선제공격으로 시작된 이 전쟁에선 세르비아, 몬테네그로, 그리스, 그리고 루마니아와 터키가 연합하여 불가리아에 대항하였다. 결국 불가리아는 이 전쟁에서 완패하여, 1913년 7월 30일에 부카레스트에서 강화담판이 시작된 이후, 8월 10일에 강화조약이 조인되게 된다. 부카레스트 조약에 의해 불가리아는 루마니아에 도부르쟈와 실리스트리아 지역을 양도해야만 했고, 세르비아에는 상당 지역의 마케도니아 지역을, 제1차 발칸전쟁에서 터키에게서 빼앗은 아드리아노플 지역은 다시 터키에게 그리고 에게 해 연안일대는 그리스에게 양보해야만 했다. 결국 세르비아는 제1, 2차 발칸 전쟁을 통해 북부와 중부 마케도니아 지역의 대부분을 장악해 이전 마케도니아 지방의 38.4%를 차지하게 된다.[195] 또한 세르비아는 차지한 이 지역을 남부 세르비아라는 이름 아래 세르비아 왕국으로 편입시키면서 발칸유럽에 대(大) 세르비아 국가 건설을 통한 세르비아주의 실현의 첫 걸음을 디디게 되었다.

1912년의 제1차 발칸전쟁과 그 다음해의 제2차 발칸전쟁을 통해 오스만 제국은 발칸 지역에 대한 지배권을 완전히 상실하게 된 반면, 발칸지역의 민족들 특히 세르비아는 이 전쟁을 통해 오스만 터키 영향력으로부터의 완전한 독립과 독자적인 민족-국가로의 성장 가능성을 인정받게 되었다. 비록 1878년 산스테파노 조약과 베를린 조약을 통해 세르비아가 독립을 인정받았다. 하지만 여전히 터키의 영향력 하에서 그 지배권이 인정되던 시기였기 때문에 두 차례에 걸쳐 치러진 발칸전쟁에서 일구어 낸 승리가 갖는 의미는 실로 컸다고 말할 수 있다.

하지만 발칸전쟁들을 통해 세르비아에 확대된 과거의 영광과 선민의식 그리고 영토 회복을 기치로 한 문화적 민족주의 경향 즉 세르비아주의 확대에 대한 열정과 열광은 이후 발칸유럽에 대한 열강의 개입과 맞물려 더욱 더 복잡한 양상으로 전개되게 된다. 즉 발칸 전쟁으로 영토와 민족구성 그리고 문화와 역사가 서로 복잡하게 얽혀있는 발칸지역의 민족갈등이 본격적으로 표면화되기 시작하였고, 이러한 갈등은 열강들의 이해관계 그리고 각 민족들의 문화적 민족주의 경향이 서로 복합적으로 연관되면서, 마침내 1914년 6월 보스니아 사라예보 총격사건을 계기로 제1차 세계대전을 불러일으키는 배경이 되었다.

---

195) Demetrius Andreas Floudas, *op. cit.*, p. 288.

Ⅳ. 정리하기

19세기 초에 일어난 제1, 2차 세르비아 혁명 이후 세르비아가 근대 독립국가로 가는 과정은 세르비아주의의 이론적 토대를 구축해 가는 과정이라 요약할 수 있다. 또한 세르비아 근대왕국 시기, 즉 1878년 산스테파노와 베를린 조약 이후부터 1914년 제1차 세계대전이 일어나기 전까지의 시기는 영토적 확장에 기초한 세르비아주의의 확대 시기라 말할 수 있을 것이다. 실제 19세기 민족주의가 발칸유럽에 영향을 미치기 시작한 이후 세르비아는 종교와 혈통 그리고 신화와 미래 조국에 대한 꿈 등 문화적 민족주의 요소에 기초한 세르비아주의를 통해 발칸유럽에 흩어져 있던 세르비아인들의 단결을 이끌어 낼 수 있었다.

무슬림 지주와 관료의 압제 그리고 착취에 대한 세르비아 농민들의 저항에서 비롯된 제1, 2차 세르비아 혁명은 카라조르제와 밀로쉬 등 혁명 지도자들에 의해 점차 조직화되어 갔다. 또한 당시 나폴레옹에 의해 발칸유럽으로 퍼지기 시작했던 민족주의는 단순한 사회적 저항에 머물렀던 세르비아인들의 봉기를 혁명으로 이끌어내는데 주요한 역할을 하게 된다. 특히 이러한 혁명들을 통해 세르비아인들은 민족의 정체성을 찾는데 기본 요소인 '우리'와 '그들'을 구별하는 중요한 기준점을 새로이 인식하기 시작하게 된다. 즉 이전 제국의 황제들과 관료들에 대한 충성에서 벗어나 자신과 같은 언어, 종교 그리고 역사와 풍습을 공유하고 있는 민족지도자들에 대한 충성으로 충성의 대상이 변하게 된 것이다. 이러한 인식의 전환을 구체적으로 확립시켜주게 된 것이 바로 과거 중세 두샨 왕 시대의 영광과 꿈을 재현할 것을 목표로 삼은 세르비아주의의 이론 구축이라 할 수 있을 것이다.

이러한 민족의식의 전환과 세르비아주의 이데올로기를 바탕으로 형성된 세르비아 근대왕국은 오스만 제국의 영향력 하에서 벗어나기 위한 노력과 더불어, 주변 제국들(주로 합스부르크 제국)에 오랫동안 흩어져 살아왔던 세르비아인들을 비롯한 남슬라브인들에게 세르비아 왕국을 중심으로 새로운 남슬라브 왕국을 수립할 수 있다는 이상을 점차 확산시켜 나가게 된다. 특히 이러한 노력의 가능성과 그 성과는 20세기 초에 일어난 제1, 2차 발칸전쟁들의 전과를 통해서 확인되게 된다. 즉 세르비아는 발칸 전쟁들을 통해 세르비아주의의 주요 목표 지역 중 하나였던 마케도니아를 비롯해 발칸유럽의 상당 영토를 자신의 지배 영역 하로 편입시킬 수 있었으며, 이러한 영토 확대를 통한 자신감은 곧 이어 보스니아를 비롯한 발칸 유럽의 세르비아인들과 제국의 지배 하에 있던 여타 남슬라브인들에게 세르비아 근대 왕국 중심의 남슬라브족 통합 국가에 대한 확신을 불어 넣어주게 되었다.

세르비아 근대 왕국 하에 들어와 민족 이데올로기로서 확대되기 시작한 세르비아주의는, 21세기인 현재까지도 세르비아 민족들에게 주요 이데올로기로서 작용하고 있다. 영토 확장과 과거의 영광에 기초한 세르비아주의는 1980년대 이후 티토의 사망과 더불어 더욱 더 확대되었고, 이 점은 비(非)세르비아인들의 강력한 저항을 불러 왔다. 또한 이러한 저항은 사회주의 유고슬라비아 연방 붕괴의 한 원인을 제공하게 되었으며, 이어 20세기 유럽 내에서 일어난 마지막 전쟁들이라 할 수 있는 유고내전(1991-1995)과 보스니아 내전(1992-1995) 그리고 코소보 전쟁(1999)에까지 그 영향을 미치게 되었던 것이다.

〈참고문헌〉

1. 국내문헌

권혁재, "부크 카라지치(Vuk Karadžić)와 세르비아의 언어적 민족주의 연구", 『동유럽 발칸학』, Vol. 4, No. 1, 한국동유럽 발칸학회, 2002. 33-56.

______, "보스니아 민족 형성과정에 관한 연구: 줄리카르파쉬치의 보스니즘을 중심으로", 『동유럽 연구』, Vol. 19. 한국외대 국제지역연구센터 동유럽·발칸연구소, 2007, 199-216.

김성진, 『발칸 분쟁사: 유고슬라비아 내전의 역사』, 우리 문학사, 1997.

김성환, "보스니아 무슬림의 종족 기원연구," 『동유럽 연구』, Vol. 7. 한국외대 외국학종합연구센터 동유럽·발칸연구소, 1998, 53-72.

______, "구유고지역의 언어상황과 민족주의", 『동유럽 발칸학』, 창간호, 한국동유럽 발칸학회, 1999. 5-28.

______, "유고슬라비아주의와 언어문제", 『동유럽 연구』, Vol. 10, No. 1, 서울: 한국외대 외국학종합연구센터 동유럽·발칸연구소, 2001. 105-124.

김철민, "티토의 민족정책: 유고슬라비아주의(Yugoslavism/ Jugoslavizam)의 적용과 실패", 『동유럽 연구』, Vol. 6, 한국외대 외국학종합연구센터 동유럽·발칸연구소, 1997. 157-179.

______, "보스니아 무슬림의 형성배경과 민족 정체성 확립에 관한 연구", 『국제지역연구』, Vol. 3, No. 4, 한국외대 외국학종합연구센터, 1999. 115-143.

______, 『보스니아 역사: 무슬림을 중심으로』, 한국외국어대학교 출판부, 2005.

______, 『동유럽의 민족분쟁: 코소보, 보스니아, 마케도니아』, 살림출판사, 2007.

______, 『또 하나의 유럽, 발칸유럽을 읽는 키워드』, 한국외국어대학교 출판부, 2009a.

______, "오스트리아-헝가리 이중 제국 수립과 크로아티아 민족주의: 1867-1878", 『동유럽 발칸학』, Vol. 11, No. 1, 한국동유럽발칸학회, 2009b, 263-291.

______, "합스부르크 제국과 크로아티아 민족의 문화 정체성 형성", 『동유럽 연구』, Vol. 21, 특별호, 한국외대 국제지역연구센터 동유럽·발칸연구소,

2009c. 187-214.

______, 『발칸유럽 사회와 문화』, 한국외국어대학교 출판부, 2010.

베네딕트 앤더슨 저, 윤형숙 역, 『민족주의의 기원과 전파』, 나남, 1993.

서울대학교 국제문제연구소 편, 『동유럽의 정치와 경제를 아는 사전』, 한길사, 1994.

안성호, 『동유럽 민족문제 연구』, 개신, 2002.

암스트롱, 카렌 저, 장병옥 역, 『이슬람』, 을유 문화사, 2003.

이정희, 『동유럽사』, 대한교과서 주식회사, 2005.

임영상, 황영삼 공편, 『소련과 동유럽의 종교와 민족주의』, 한국외국어대학교 출판부, 1996.

정병권 외, 『동유럽·발칸, 민주화와 문화 갈등』, 한국외국어대학교 출판부, 2005.

프레데리크 들루슈 편, 윤승준 역, 『새 유럽의 역사』, 까치, 1995.

2. 외국문헌 A. - 현지어 문헌

Blagojević, Obren, *Ekonomska misao u Bosni i Hercegovini*, Beograd: Srpska akademija nauka i umetnosti, 1993.

Blagojević, Miloš, "On the National Identity of the Serbs in the Middle Ages", Radovan Samardžić and Milan Duškov eds., *Serbs in European Civilization*, Beograd: Nova; Serbian Academy of Sciences and Arts; Institute for Balkan Studies, 1993, 20-31.

Božić, Ivan, Sima Ćirković, Milorad Ekmečić and Vladimir Dedijer, *Istorija Jugoslavije*, Beograd: Prosveta, 1973.

Budak, Neven, *Prva stoljeća Hrvatske*, Zagreb: Hrvatska sveučilišna naklada, 1994.

Ćirković, Sima, *Istorija srednjovekovne bosanske države*, Beograd, 1964.

Ćirković, Sima and Ivan Božić, "O Jednom shvatanju i jednoj kritici istorije Crne Gore", *Jugoslovenski istorijski časopis I-II*, 1977, 107-128.

Dabinović, Antun et al., *Hrvatska Povijest*, Split: Naklada Bošković, 2002.
Davidović, Marina ur., *Balkanski ugovorni odnosi 1876-1996 Vol. I.*, Beograd: JP službeni list SRJ, 1999.
Enciklopedija Jugoslavije, Zagreb: Jugoslovenski leksikografski zavod Miroslav krleža, 1990.
Ferjančić, B. ed., *Vizantijski izvori za istoriju naroda Jugoslavije II*, Beograd, 1959.
Granda, Stane and Barbar Satej eds., *Slovenija 1848-1998*, Ljubljana: Zveza Zgodovinskih Društev Slovenije, 1998.
Jovanić, Jelka, *Kratka Istorija Srba*, Beogard: Mladinska knjiga, 2008.
Katičić, Radislav, *Uz početke hrvtskih početaka*, Split: književni krug, 1993.
Kos, Janko et al., *Zbornik Brižinski sponeniki*, Ljubljana: Inštitut za Slovensko Literaturo in Literarne Vedi-SAZU, 1996.
Macan, Trpimir (a), *Povijest Hrvatskog naroda*, Zagreb: Nakladni zavod Matice Hrvatske/ Školska knjiga, 1992.
___________ (b), *Povijest Hrvatskog naroda*, Zagreb: Školska knjiga, 1999.
Mihaljčić, Rade, *Istorija Jugoslavije*, Beograd: Zavod za udžbenike i nastavna sredstva, 1993.
Novaković, Stojan, *Kosovo: srpske narodne pesme o boju na Kosovu*, Beograd: Vukova Zadužbina, 1995.
Pregled istorije jugoslovenskih naroda I deo (od 1849. godine do 1959. godine), Beograd: Zavod za Izdavanje Udžbenika Socijalističke Republike Srbije, 1960.
Roberts, J. M., *Povijest Europe*, Zagreb: AGM, 2002.
Stančić, Nikša, *Hrvatska nacija i nacionalizam u 19. i 20. stoljeću*, Zagreb: Barbat, 2002.
Šanjek, Franjo, *Crkva i Kršćanstvo u Hrvata, srednji vijek*, Zagreb: Kršćanska sadašnjost, 1993.

__________, *Povijest Hrvata: srednji vijek*. Zagreb: Školska knjiga, 2003.

Steindorff, Ludwig, *Povijest Hrvatske, od srednjeg vijeka do danas*, Zagreb: Naklada Jesenski i Turk/ Institut društvenih znanosti Ivo Pilar, 2006.

Stojković, Momir ed., *Balkanski ugovorni odnosi, 1876-1996, I*, Beograd: JP Službeni list SRJ, 1999.

Tomašević, Nebojša, *Tito, ilustrovana biografija*, Beograd: Jugoslovenska revija, 1980.

Valentić, Mirko and Lovorka Čoralić eds., *Povijest Hrvata: od kraja 15. stoljeća do kraja Prvog svjetskog rata*, Zagreb: Školska knjiga, 2003.

Vojvodić, Mihailo, *Srbija i Balkansko pitanje (1875-1914)*, Novi Sad: Matica Srpska, 2000.

Vučić, Petar, *Politička sudbina Hrvatske: Geopolitičke i geostrateške karakteristike Hrvatske*, Zagreb: Mladost, 1995.

Zgodovina Slovencev, ljubljana: Cankarjeva založba, 1979.

Димић, Љубодраг, *Срби и Југославија: Простор, друштво, политика*, Београд: Стубови културе, 1998.

Петковић, Ранко, *XX век на Балкану: Берсај, Јалта, Дејтон*, Београд: Новинско-издавачка установа слижбени лист СРЈ, 1996.

Ранке, Леополд., *СРПСКА РЕВОЛУЦИЈА*, Београд: српска књижевна задруга, 1991.

Станојевић, Станојс, *ИСТОРИЈА СРПСКОГА НАРОДА*, Београд: издавачка књижарница напредак, 1996.

3. 외국문헌 B. - 영문 문헌

Anderson, Benedict, *Imagined Communities: Reflections on the Origin and Spread of Nationalism*, London: Verso, 1983.

Armour, Ian D., *A History of Eastern Europe, 1740-1918*, New York: Hodder

Arnold, 2006.

Babuna, Aydin, "The Emergence of the First Muslim Party in Bosnia-Hercegovina", *East European Quarterly*, Vol. 30, No. 2, 1996, 131-151.

Banac, Ivo, *National Question in Yugoslavia: Origins, History, Politics*, New York: Cornell University Press, 1994.

Benderly, Jill and Evan Kraft eds., *Independent Slovenia: Origins, Movements, Prospects*, New York: St. Martin's Press, 1994.

Blagojević, Miloš, "On the National Identity of the Serbs in the Middle Ages", Radovan Samardžić and Milan Duškov eds., *Serbs in European Civilization*, Beograd: Nova; Serbian Academy of Sciences and Arts; Institute for Balkan Studies, 1993, 20-31.

Breuilly, John, *Nationalism and State*, Manchester: Manchester University Press, 1985.

Cox, John K., *Sovenia: Evolving loyalties*, London and New York: Routledge, 2005.

Curtis, Glenn E. ed., *Yugoslavia: a country study*, Washington, D. C.: Federal Research Division, Library of Congress, 1992.

Donia, Robert J. and John V.A. Fine, Bosnia and Herzegovina: A Tradition Betrayed, New York: Columbia University Press, 1994.

Dvornik, Francis, *The Slavs: Their Early History and Civilization*, Boston: American Academy of Arts and Sciences, 1959.

Evans, R. J. W., *Austria, Hungary and the Habsburgs: Central Europe c. 1683-1867*, Oxford: Oxford University Press, 2006.

Fine, John V. A., *The Bosnian Church: A New Interpretation*, New York and London: Columbia University Press, 1975.

______________, *The Late Medieval Balkans*, Ann Arbor: The University of Michigan Press, 1994.

Fink-Hafner, Danica and John R. Robbins eds., *Making a New nation: The Formation of Slovenia*, Sydney: Dartmouth, 1994.

Floudas, Demetrius Andreas, "A Name for a Conflict or a conflict for a Name: an Analysis of Greece's Dispute with FYROM", *Journal of Political Military Sociology*, Vol. 24, No. 2, 1996, 285-321.

Gellner, Ernest, *Nations and nationalsim*, Oxford; Ithaca: Basil Blackwell, 1983.

Goldstein, Ivo, *Croatia: a History*, London: Hurst & Company, 1999.

Gow, James & Cathie Carmichael, *Slovenia and the Slovenes: A Small State and the New Europe*, London: Hurst & Company, 2000.

Greenfeld, Lian, *Nationalism: Five Roads to Modernity*, Cambridge: Havard University Press, 1993.

Kann, Robert A. and Zdeněk V. David, *The Peoples of the Eastern Habsburg Lands, 1526-1918*, Seattle and London: University of Washington Press, 1984.

Kohn, Hans, *The Idea of Nationalism: A Study in its Origins and Background*, New York: Macmillan, 1961.

Lampe, John R., *Yugoslavia as History*, Cambridge: Cambridge University Press, 1996.

Mccarthy, Justin, "Ottoman Bosnia 1800 to 1878", Mark Pinson ed., *The Muslims of Bosnia-Hercegovina*, Cambridge: Harvard University Press, 1994, 54-83.

Malcom, Noel, *Bosnia: A Short History*, London: Macmillan, 1994.

Nicol, Donald M., "Justian I and His Successors: AD. 527-610", Philip Whitting ed., *Byzantium: an introduction*, Oxford: Basil Blackwell, 1981, 15-38.

Petrovich, Michael Boro, *A History of Modern Serbia 1804-1918 Vol. I*, New York and London: Harcourt Brace Jovanovich. 1976.

Pinson, Mark ed., *The Muslims of Bosnia-Hercegovina*, Cambridge: Harvard University Press and London: Harcourt Brace Jovanovich, 1994.

Plut-Pregelj, Leopoldina and Carole Rogel, *Historical Dictionary of Slovenia*, Plymouth, UK: The Scarecrow Press, Inc., 2007.

Preveden, Francis R., *A History of the Croatian Peoples Vol. I, II*, New York: Philosophical Library, 1955 / 1959.

Ramet, Pedro, "Religion and Nationalism in Yugoslavia", Pedro Ramet ed., *Religion and Nationalism in Soviet and East European Politics*, Durham and London: Duke University Press, 1989.

Rogel, Carole, "In the Beginning: The Slovene from the Seventh Century to 1945", Jill Benderly and Evan Kraft eds., *Independent Slovenia: Origins, Movements, Prospects*, New York: St. Martin's Press, 1994, 1-21.

Rudić, Vujadin & Milomir Stepić, "Ethnic Changes in the Raška Region", Dušanka Hadži-Jovančić ed., *The Serbian Question in Balkans*, Beograd: Faculty of Geography, University of Belgrade, 1995, 227-240.

Schevill, Ferdinand, *The History of the Balkan Peninsula*, New York: Arno Press and The New York Times, 1971.

Singleton, Fred, *Twentieth-Century Yugoslavia*, New York: Columbia University Press, 1976.

______________, *A Short History of the Yugoslav Peoples*, Cambridge: Cambridge University Press, 1985.

Smith, Anthony D., *Theories of Nationalism*, London: A Torch book Library, 1971.

Sugar, Peter F. & Ivo J. Lederev. eds., *Nationalism in Eastern Europe*, Seattle & London: University of Washington Press, 1994.

Tanner, Marcus, Croatia: *A Nation Forged in War*, New Haven and London: Yale University Press, 1997.

Terzić, Slavenko, "The Right to Self-Determination and the Serbian Question", Dušanka Hadži-Jovančić ed., *The Serbian Question in Balkans*, Beograd: Faculty of Geography, University of Belgrade, 1995, 39-48.

Velimirović, Miloš, "Serbia's Cultural Legacy: the Middle Ages", Alex N. Dragnich ed., *Serbia's Historical Heritage*, New York/ Boulder: Columbia University Press/ East European Monographs, 1994, 1-15.

Vladovich, Simon, *Croatia: The Making of a Nation*, Oklahoma: Vladovich International Publishing, 1995.

Vlasto, A. P., *The Entry of the Slavs into Christendom*, Cambridge: Cambridge University Press, 1970.

〈찾아보기〉

유럽 민족 분쟁의 진원지

발칸유럽 민족 문제의 이해;
민족 기원과 민족주의

초판 인쇄 2010년 12월 14일
초판 발행 2010년 12월 24일

지은이 ▪ 김 철 민
펴낸이 ▪ 박 철
펴낸곳 ▪ 한국외국어대학교 출판부
130-791 서울특별시 동대문구 이문동 270
전화 02)2173-2495, 2496
팩스 02)2173-3363
홈페이지 http://press.hufs.ac.kr
전자우편 press@hufs.ac.kr
출판등록 ▪ 제6-6호(1969. 4. 30)
편집 · 디자인 ▪ (주)이환디앤비 02)2254-4301
인쇄 · 제본 ▪ 동화인쇄공사(주) 02)719-7181

ISBN 978-89-7464-641-7 93920 정가 14,000원

* 잘못된 책은 교환하여 드립니다.